VERHANDLUNGEN

DES I. INTERNATIONALEN KONGRESSES FÜR

SEXUALFORSCHUNG

BERLIN VOM 10. BIS 16. OKTOBER 1926

VERANSTALTET VON DER

INTERNATIONALEN GESELLSCHAFT FÜR SEXUALFORSCHUNG

REDIGIERT VON

DR. MAX MARCUSE

FÜNFTER BAND

STRAF- UND ZIVILRECHT, STRAFPROZESS UND STRAFVOLLZUG, SOZIOLOGIE, ETHNOLOGIE UND FOLKLORE

MIT 11 FIGUREN IM TEXT

BERLIN UND KÖLN

A. MARCUS & E. WEBER'S VERLAG

1928

Inhalt

Über die Sexualparagraphen im tschechoslowakischen Entwurf des Strafgesetzbuches.

Von Dr. *Hugo Bondy*, Prag.

Das Justizministerium der tschechoslowakischen Republik gab heuer im Frühjahr einen Entwurf für ein Strafgesetz über Verbrechen und Vergehen, sowie den Entwurf eines Übertretungsgesetzes im Druck heraus.

Die Justizverwaltung will aus den ihr zugehenden Entwürfen und Gutachten zuerst einmal Material für einen eigenen Entwurf gewinnen der unter Berücksichtigung der Forderungen der Wissenschaft und des praktischen Gebrauches auch den besonderen Verhältnissen unseres Staates und seiner Finanzkraft Rechnung tragen würde[1]).

Bevor ich Ihre geschätzte Aufmerksamkeit für die einzelnen, uns hier besonders interessierenden, Details des Entwurfes in Anspruch nehme, möchte ich vorher bemerken, was ich an dem Entwurf am meisten schätze und was ihn, meiner Ansicht nach, allgemeiner Beachtung wert macht.

Der Entwurf *beseitigt die Todesstrafe* und er gibt dem Richter die Möglichkeit, demjenigen *die Strafe nachzusehen*, *der einen Schwerkranken aus Mitleid tötet*, um ihn von seinen Qualen zu erlösen und seiner unheilbaren Krankheit zu befreien. Der Entwurf richtet *für geisteskranke Häftlinge eine eigene Anstalt ein* und verweist sie in die „*Anstalt für geisteskranke Häftlinge*“, weiter läßt der Entwurf *die von einem Arzte*, unter besonderen Bedingungen, die ich unten wörtlich zitiere, *ausgeführte Tötung der Leibesfrucht straffrei*, *desgleichen den homosexuellen Verkehr zwischen zwei erwachsenen Personen*, soweit nicht der Tatbestand eines anderen Verbrechens oder Vergehens gegeben ist und schließlich *bestraft der Entwurf auch nicht die Unzucht mit Tieren*.

Gestatten Sie mir, bitte, bei diesen zwei Paragraphen, die auszuarbeiten ich die Ehre hatte, einen Augenblick zu verweilen[2]).

In der zugehörigen, für Juristen geschriebenen Arbeit, legte ich dar, daß es besonders der Geist der Zeit ist, der uns einen neuen Ge-

---

1) Vorbereitender Entwurf eines Strafgesetzes für Verbrechen und Vergehen eines Übertretungsgesetzes, Prag 1926, Verlag des Justizministeriums.

2) Wortlaut des § 261, stilisiert nach dem Elaborate des Referenten (Zur Strafbarkeit der Homosexualität) für den zweiten Kongreß der tschechoslowakisch Juristen im des H. Prof. Miřička ausgearbeitet. Unzucht mit Tieren, nach dem geltenden Gesetz Jahre 1925. Sektion III, Frage 3 b, Arbeit 1. Das Elaborat wurde auf Aufforderung § 129 I a, ist im zitierten Elaborat und im vorliegenden Entwurf ebenfalls straffrei.

setzentwurf mit sich bringt. Wenn die alte Gesellschaftsordnung fällt und sie eine neue ablöst, wenn die alte Staatsform sich ändert und eine neue entsteht, revidiert man bei den entstehenden Änderungen auch die Gesetze. So war es nach den napoleonischen Kriegen und der Französischen Revolution und so ist es auch heute nach dem Weltkriege. Die sogenannten Sexualparagraphen scheinen in der gegenwärtigen Zeit ziemlich viel Chancen für eine Reform zu haben. In den Ansichten über die Geschlechtlichkeit und besonders die Geschlechtlichkeit des Menschen, können wir nämlich zwei Richtungen unterscheiden: die negativistische und die positivistische Richtung. Anders bezeichnet man diese beiden Richtungen als die theologisch-philosophische und die biologische, von denen bald die eine bald die andere in der allgemeinen Meinung bei den verschiedenen Nationen, den verschiedensten Zeitperioden der alten und der neuen Welt vorherrscht und darnach, welche von den beiden Richtungen gerade vorherrscht, begegnen wir verschiedenen Gewohnheiten, einer verschiedenen Sittlichkeit und last not least auch verschiedenen gesetzlichen Maßnahmen. Während im klassischen Altertum die positivistische Richtung oben auf war, wurde sie vom reaktionären mittelalterlichen Negativismus ganz verdrängt und erst heute, obwohl sich an dem theologisch-philosophischen Negativismus so manches bereits geändert hat, scheint eine neue biologische Aera aufzugehen.

Ich legte weiter dar, was wir heute in der Sexualpathologie unter Homosexualität verstehen, ich führte die Definition von *Krafft-Ebing* und *Hirschfeld* an, ich verwies auf den Unterschied zwischen Homosexualität und Pseudohomosexualität, auf die Arbeit *Steinachs* über den histologischen Bau der Geschlechtsdrüsen bei homosexuellen Männern, auf die Arbeit *Steinach-Lichtenstern* über die Umstimmung der Homosexualität durch Austausch der Pubertätsdrüse, auf die *Lichtensternsche* Arbeit über die Transplantation der Hoden bei Männern, ich verschwieg aber auch nicht die Einwände, die *Stieve, Schmincke* und *Romeis, Biedl, Benda* u. a. gegen die oben zitierten Arbeiten *Steinachs* erhoben haben und ich vergaß auch nicht auf die Arbeiten *Mühsams* und *Stabels,* deren Schlüsse anders ausfielen, als die *Lichtensterns.* Schließlich verwies ich auf die Arbeiten *Kretschmers, Weil* und *Kronfelds* und so glaube ich, daß es mir gelang, meine Hörer, bzw. Leser von der Konstitutionalität dieser Erscheinung in der Mehrzahl der Fälle zu überzeugen.

Ich hielt es aber auch für nötig darauf hinzuweisen, daß, wenn wir anerkennen, daß es ganz bestimmt Fälle angeborener, konstitutioneller Homosexualität gibt, wir auch betonen müssen, daß das nicht von allen gilt, und daß wir verweisen und aufmerksam machen müssen auf bestimmte in der Kriegs- und Nachkriegszeit sich zeigende und verbreitende soziale Erscheinungen, die bei der systematischen Kultivierung der Homosexualität eine wichtige Rolle spielen. In einzelnen Staaten, in denen der homosexuelle Verkehr strafbar ist, bestehen Vereine, deren Zweck die Aufhebung der entsprechenden Paragraphen ist, die aber außer dieser Tätigkeit pervertierte Individuen vereinigen, Propagandavorträge über die Homosexualität, Bälle, Unterhaltungen u. dgl. veranstalten.

Ungefähr vor einem Jahr unternahmen auch bei uns einige Interessenten den Versuch einen ähnlichen Verein, wie ich ihn oben beschrieb, ins Leben zu rufen. Zweck dieses Vereins sollte, neben anderem, auch der Schutz der homosexuellen Individuen vor dem Gesetze sein. Es ist begreiflich, daß die zuständige Behörde die Gründung eines solchen Vereins nicht bewilligen konnte, der sich zum Schutze von Personen konstituierte, die sich gegen die bestehenden Gesetze vergangen haben.

Es ist auch nötig, einige soziale Erscheinungen zu erwähnen, die die Homosexualität propagieren. Ich denke dabei an die unterschiedliche von homosexuellen Autoren geschriebene wissenschaftliche und halbwissenschaftliche Literatur, in der sie die durch nichts begründete Theorie eifrig propagieren, welche diese Inversion des Geschlechtstriebes als eine banale Variätät des biologischen Geschehens klassifiziert und die jeden sachlichen Einwand ignorieren, ja die schließlich dagegen sprechende Fakta bewußt verschweigen. So führen sie zum B. im Kampfe um die Aufhebung des Paragraphen, welcher den homosexuellen Verkehr bestraft, noch immer *Steinachs* Befunde an, die wir zum Beweise für die Angeborenheit der Homosexualität zitiert haben, aber nirgends finden wir eine Erwähnung von negativen Befunden anderer Forscher. Wissenschaftliche Unaufrichtigkeit und Unehrlichkeit schaut aus einer jeden solchen Tendenzarbeit heraus, woran wir den Autor erkennen. Eigene Herausgeber drucken jährlich Halden von erotischen und pornographischen Büchern, von den besonderen Zeitschriften und ihrem Inseratenteil gar nicht zu sprechen. Es bestehen Vereine und „Vereinchen", welche den gesellschaftlichen Verkehr der Invertierten propagieren.

Die definitive Fixierung der Triebrichtung und des Geschlechtstriebes entsteht gewöhnlich in der Postpubertätzeit und spielen dabei erotisch-sexuelle Erlebnisse aus dieser Zeit eine wichtige, ja bei bestimmten Individuen eine entscheidende Rolle.

Dieser Periode geht gewöhnlich eine mehr oder weniger lange und ausgeprägte Periode geschlechtlicher Indifferenz, intimer Freundschaft zwischen Schülern und Schülerinnen, Freunden und Freundinnen voraus. Die Erfahrung lehrt uns, daß es in nicht gerade seltenen Fällen dabei zu verschiedenen Geschlechtsbetätigungen kommt.

Ich halte jeden Verkehr heranwachsender Knaben und Mädchen mit homosexuellen Personen gerade in dieser Entwicklungsperiode für gefährlich, ja sogar für schädlich. Ich bin weit davon entfernt aus diesen Gründen Institutionen wie z. B. die *Skauts* zu verwerfen, aber die große Zahl der Strafverfahren gegen einzelne Führer wegen homosexuellen Verkehr beweist, wie viele Homosexuelle sich aus leicht durchsichtigen Gründen Zutritt zu ähnlichen Vereinen zu verschaffen wußten. Es ist charakteristisch, daß in Deutschland über die Frage des Verhältnisses der Homosexualität zum Skauting, oder wie in Deutschland die Bewegung heißt, zu dem Wandervogel — eine ganze Literatur besteht.

Ich muß betonen, daß der suggestive Einfluß der Umgebung bisher in dieser Frage unterschätzt wurde. Ich zitiere ein paar Sätze aus der Arbeit *Greils* [1]) über die Prinzipien der geschlechtlichen Differenzierung:

„Eine andere Gruppe von homosexuellen sind präpsychotische Personen, für welche die gleichen okkasionellen Momente bereits eine schwere Konstitutionsprobe bedeuten. Willensschwache, hemmungslose, überregbare, schlaffe, empfindsame, weichlich-ängstliche, gedrückte, verzagende, weinerliche Menschen ohne Selbstvertrauen, haltlos mit herabgesetzter Urteilskraft, erhöhter Einbildungskraft, phantastische Pläneschmiede, grübelnde, schwärmende, unaufrichtige, suggestibile Naturen mit frühzeitig und besonders stark entwickeltem Geschlechtstrieb, exzessiv der Masturbation ergebene Erwachsene, schizoide Charaktere unterliegen besonders leicht Milieuwirkungen, der beabsichtigten Verführung. Ihre Triebunsicherheit und Schwäche, ihre unklare Sexualeinstellung ist eine Teilerscheinung der Konstitutionsanomalie, ihren gesamten psychophysischen Unausgeglichenheit . . . . . . usw."

Von der vorzeitigen Entwickelung des Geschlechtstriebes, dem schizoiden Charakter, der konstitutionellen Anomalie, haben wir uns selbst schon oben geäußert.

Es ist jedoch begreiflich, daß wenn bei voller Bewertung dieser konstitutionellen Faktoren gerade bei den dazu disponierten Individuen (denn nur um solche kann es sich hier handeln) doch ein so großer Einfluß der Verführung und des Milieu beigemessen wird, daß es dem Staate, der Gesellschaft und schließlich dem einzelnen Individuum selbst nicht gleichgiltig sein kann, ob es sich mit einem normalen geschlechtlichen Empfinden entwickelt, wie die übergroße Mehrzahl der Übrigen, oder ob sich sein Geschlechtstrieb invertiert entwickeln wird.

Die psychiatrische Praxis lehrt uns, daß präpsychotische Persönlichkeiten und besonders schizophrene Präpsychotiker sich im Leben halten, solange ihr Schiffchen ruhig schwimmt und solange es nicht von Stürmen bedroht wird, daß sie aber manifest werden und akut erkranken, wenn an sie das Leben mit seiner ganzen Härte herantritt. Wir erwähnten schon den Circulus vitiosus in dem sich solche Individuen bewegen. Schon mit konstitutioneller Anomalie geboren, wachsen sie in eine Umgebung, die für sie gesellschaftlich äußerst ungünstig ist. Ich halte dafür, daß es uns den auffallend hohen Prozentsatz der Homosexuellen, die mit Selbstmord enden, erklärt. 20 bis 25% nach Angaben verschiedener Autoren. Mein Elaborat resumierte ich im nachstehenden Absatz:

Meine Damen und Herren!

In meinem Referate zur Reform des Paragraphen 129 bemühte ich mich ehrlich, alles anzuführen was Ihnen den Anachronismus und die Notwendigkeit einer Reform dieses Paragraphen klarlegen würde. Ich verschwieg aber auch nicht eine gewisse Gefahr, welche

[1]) Prof. Dr. *Greil:* Prinzipien der geschlechtlichen Differenzierung. Wesen und Entstehung, Verhütung und Bekämpfung der Homosexualität. Zeitschrift für Sexualwissenschaft, 1924, Bd. XI, Heft 2, 3.

Personen mit bestimmten und oben näher bezeichneten Qualitäten aus dem Verkehr mit homosexuellen Individuen in der Zeit der pubertalen Ungewißheit und Unbestimmtheit entstehen könnte.

Es wird daher gut sein, wenn der Gesetzgeber an die Erhöhung des sogenannten Schutzalters denken wird. Es ist weiter nötig, daß die homosexuellen Individuen sich dessen bewußt werden, daß es ihrer nur annähernd 1% gibt, daß sie in einer verschwindenden Minderheit sind, daß sie das Recht auf Minderheitenrechte haben, daß aber die überwiegende Mehrzahl der heterosexuellen Menschen eine wie immer geartete Propagierung der Homosexualität ablehnen wird. Und die Tatsache, daß die Homosexualität propagiert wird, verleiht meiner Forderung nach einer Erhöhung des Schutzalters Berechtigung.

Die homosexuelle Prostitution soll denselben Gesetzen und Verordnungen unterliegen wie die heterosexuelle — soweit es sich natürlich nicht um eine Kolision mit anderen Paragraphen handelt. Sonst sei der geschlechtliche Verkehr zwischen mündigen Personen desselben Geschlechtes bzw. zwischen Personen, deren Alter oberhalb der Schutzaltersgrenze steht, unter denselben Bedingungen strafbar, wie der geschlechtliche Verkehr zwischen Personen verschiedener Geschlechter, d. h. er sei unter Ausschluß von Gewalt, öffentlichem Ärger und unter dem Schutze Unmündiger, Unzurechnungsfähiger und Untergeordneter straflos.

Was die U n z u c h t m i t T i e r e n anbelangt, führte ich in dem zitierten Elaborat an, daß die Strafbarkeit des geschlechtlichen Verkehrs mit Tieren so absurd ist, daß es für die Aufhebung dieses Paragraphen keines langen Playdoyers bedarf. Soweit es sich nicht um Mißhandlung oder Diebstahl eines Tieres handelt, soll der geschlechtliche Verkehr mit Tieren straflos sein. In einigen militaristischen Staaten wie z. B. in Deutschland, war die Homosexualität ein Grund zur Entlassung aus dem Militärdienste. Vom Gesichtspunkte der Möglichkeit einer Verführung zur Homosexualität ist es begreiflich, daß der Staat entsprechende Maßnahmen traf, daß die Zahl der Wehrfähigen nicht auf solche Art vermindert werde. Bei dem geschlechtlichen Verkehr mit Tieren kommt weder der Staat, noch die Gesellschaft, noch eine zweite oder dritte Person zum Schaden. Die Z o o p h i l i e, wurde, wie ich am Anfange erwähnte, bei Imbezillen, Dementen, Epileptischen und Degenerierten beschrieben. Es pflegt daher keine schwere Aufgabe zu sein, den Täter auf Grund seiner Geisteskrankheit zu exkulpieren. Bei einer Gesetzreform muß man aber aus prinzipiellen Gründen die Aufhebung auch dieses Paragraphen, oder dessen Reform verlangen.

Der Entwurf hebt die Strafbarkeit der Unzucht mit Tieren auf, desgleichen die Strafbarkeit des homosexuellen Verkehrs, aber er erhöht die Grenze des Schutzalters auf 18 Jahre.

Als der Entwurf im Druck erschienen war, warf Herr *J. U. Dr.* František Čeřovský in der Zeitschrift „Č e s k á A d v o k a c i e" (Nr. 4—5 Jahrgang XII, Juni 1926) die Frage auf, ob in dem Entwurf (§ 261) festgesetzte Schutzaltersgrenze von 18 Jahren für die Unzucht mit einer Person desselben Geschlechtes nicht zu hoch gegriffen ist und er empfahl die Frage der Schutzaltersgrenze sorgfältiger Aufmerksamkeit und Erwägung, denn der Antrag des Entwurfes erschien ihm in einer bestimmten Richtung bedenklich. Und schien ihm schon eine Erhöhung der Altersgrenze von 14 auf 18 Jahre bei heterosexueller Unzucht bedenklich, erschien ihm die Erhöhung der Schutzaltersgrenze bei gleichgeschlechtlicher Liebe (beim homosexuellen Verkehr) um so bedenklicher und gefährlicher. Nach dem Entwurf bildet diese Grenze das vollendete 18. Lebensjahr und begründet wird diese Erhöhung im Entwurf: Das Bestreben Personen mit geringerer Widerstandsfähigkeit, vor allem Kinder und Jugendliche, gegen unsittliche Angriffe solcher Art zu schützen, denn die Verbreitung dieses Lasters würde ohne Zweifel eine soziale Gefahr bedeuten."

Der Autor schreibt weiter: „Ich halte dafür, daß die Motivierung äußerst verfehlt ist. Sie entsteht wahrscheinlich aus der Ansicht, daß die gleichgeschlechtliche Liebe in der Übergangszeit der geschlechtlichen Reife zu erlernen oder anzugewöhnen möglich ist. Diese Ansicht wird von einer geringen Minderheit der medizinischen Wissenschaft verteidigt, der überwiegende Teil lehrt, daß die Homosexualität sich nicht erlernen läßt, daß man sie nicht erwerben kann, sondern daß es eine angeborene, unveränderliche und unheilbare Veranlagung ist."

Und weiter auf Seite 47: „Wenn die heterosexuelle Liebe für die Jugend wirklich die schwere Gefahr der Prostitution, der Geschlechtskrankheiten, vorzeitiger Mutterschaft und Vaterschaft mit sich bringt, und wenn für die Jugend in dieser Richtung nicht besser gesorgt ist, dann ist die Sorge um die Jugend vor der Verführung zur gleichgeschlechtlichen Liebe, bei der diese Gefahren nicht bestehen, mehr als übertrieben und läßt sich die Erhöhung der Altersgrenze auf 18 Jahre unter keinen Umständen begründen."

Schließlich fährt der zitierte Autor auf Seite 48 fort: „Und zum Schluß noch ein Beweis empirischer Art gegen eine hohe Altersgrenze: Das ist die bewährte Erfahrung der Staaten, wo das Schutzalter viel niedriger festgesetzt ist, zum Beispiel in Italien, Spanien und Portugal auf 12, Frankreich auf 13 Jahre und zwar in allen diesen Ländern gleichmäßig für beide Geschlechter". „Alle diese Gründe empfehlen hinsichtlich der Festsetzung der Schutzaltersgrenze große Vorsicht und ernstliche Erwägung und ich halte dafür, daß eine für beide Geschlechter gleichmäßige Altersgrenze von 14 Jahren genügen würde."

Da ich mich für den § 261 des Entwurfes für ein neues Strafgesetz (Unzucht mit einer Person gleichen Geschlechtes) in gewissem und immerhin beträchtlichem Maße verantwortlich fühlte, antworte ich in derselben Zeitschrift vor allem auf die Einwände, soweit sie sich auf die Begründung der Novelle für eine Erhöhung der Altersgrenze beziehen. Das Bestreben Personen mit geringerer Widerstandsfähigkeit, vor allem Kinder und Jugendliche, gegen unsittliche Angriffe solcher Art zu schützen, denn die Verbreitung dieses Lasters würde ohne Zweifel eine soziale Gefahr bedeuten.

Ich verwies auf mein Elaborat „Zur Strafbarkeit der Homosexualität", in welchem ich *für die Straflosigkeit des homosexuellen Verkehrs und für die Aufhebung des § 129 plaidierte* und, um mich gegen den Vorwurf zu schützen, daß die Motivierung aus der Ansicht entstand, „daß die gleichgeschlechtliche Liebe sich in der Übergangszeit der geschlechtlichen Reife erlernen oder angewöhnen lasse" zitierte ich eine andere eigene Arbeit, die sich mit diesem Thema befaßt, und die als Antwort auf einen Artikel geschrieben war, in dem der Autor der Befürchtung Ausdruck gab, „daß die Sachsen die Homosexualität auch zu uns einschleppen" und daß „die Homosexualität ansteckend und daher gefährlich ist".

Ich schrieb damals „daß die Homosexualität keine Ware ist, welche sich über die Grenze paschen läßt, und daß ich entschieden leugne, daß sie für unsere gesunde und von angeborener Homosexualität freie Jugend gefährlich wäre, daß die Homosexualität auch nicht ansteckend ist, nicht einmal in dem Sinne wie die verschiedensten Infektionskrankheiten, aber auch nicht im Sinne übertragbarer Krankheiten deren ätiologisches Agens wir bisher nicht kennen, aber auch nicht in dem Sinne und ich hoffe, daß es mir gelang, es oben genügend darzulegen, daß jemand homosexuell werden könnte, der es früher nicht war, das ist, da es sich um eine Entwicklungsstörung handelt, wer mit dieser Entwicklungsstörung nicht auf die Welt kam.

Damit hoffe ich, daß ich meine Ansicht über die Frage „ob es möglich ist die gleichgeschlechtliche Liebe in der Übergangszeit der geschlechtlichen Entwicklung zu erlernen oder anzugewöhnen" genügend klar dargestellt habe.

Hier handelt es sich aber um etwas anderes. Die Sexualpathologie lehrt, daß die Geschlechtlichkeit von ungefähr 5% der gesamten Menschheit abnormal ist. Ich bin überzeugt, daß die Geschlechtlichkeit vielleicht von 80% der gesamten Jugend mit einem gesunden Instinkt sich heterosexuell entwickelt — auch ohne uns und unsere Gesetze. Und wenn sie in ihrer psychosexuellen Entwicklung irgend ein Trauma mit einer, an irgend einer Perversion leidenden Person, erleidet, so wird sich dieses Trauma leicht von sich abschütteln, und sich weiter in unzweifelhaft heterosexueller Richtung entwickeln und keinen Schaden für ihr späteres Leben nehmen. Schlecht würde es, wenn es nicht so wäre, der Natur ergehen, in der alles so tiefsinnig zur Erhaltung des obersten Naturgesetzes — der Erhaltung der Art — eingerichtet ist. Aber so, wie der Gegenstand der ärztlichen Fürsorge nicht die gesunden sondern die kranken Menschen sind, so ist es heilige Pflicht des Arztes, sobald er in gesetzgeberischen Fragen seine Ansicht zum Ausdruck bringt, auf die Gefahren aufmerksam zu machen, welche den vielleicht restlichen 20%, der sich entwickelnden Jugend drohen, die die Natur anklagen, daß sie nicht mit einer robusten Gesundheit geboren wurden, welche unaufhaltsam in ihrer gesunden Entwicklung fortschreitet, und welche nur allzu leicht geneigt ist, Traumata psychosexueller Art, die sie in ihrer Entwicklung erlitt, durch das ganze Leben als Krankheit zu verarbeiten und schwer zu tragen. D a ß e s s i c h s o v e r h ä l t, davon überzeugt sich der Arzt alltäglich in seiner Ordination. U n d w e i l e s s o i s t, ist es Pflicht der verantwortlichen gesetzgebenden Faktoren zu versuchen es zu verhindern.

Was die Einwände anbelangt „wenn die heterosexuelle Liebe für die Jugend wirklich eine schwere Gefahr der Prostitution, der Geschlechtskrankheiten, vorzeitiger Mutterschaft und Vaterschaft mit sich bringt und wenn für die Jugend in dieser Richtung nicht besser gesorgt ist, dann ist die Sorge um die Jugend vor der Verführung gleichgeschlechtlicher Liebe, wo diese Gefahren nicht bestehen, mehr als übertrieben und läßt sich daher die Erhöhung der Schutzaltersgrenze auf 18 Jahre unter keinen Umständen begründen" so muß man darauf antworten: Es besteht dieselbe Gefahr der Prostitution im heterosexuellen wie im homosexuellen Geschlechtsleben. Geschlechtskrankheiten werden beim heterosexuellen Verkehr genau so übertragen, wie beim homosexuellen Verkehr. Wir haben ein Abolitionsgesetz mit seinen Durchführungsverordnungen, wir haben auch ein Gesetz zur Bekämpfung der Geschlechtskrankheiten.

Daß der homosexuelle Geschlechtsverkehr nicht zur vorzeitigen Vater- oder Mutterschaft führt — das ist allerdings eine unumstößliche Wahrheit.

Und schließlich das letzte Argument: „daß Italien, Spanien und Portugal die Schutzaltersgrenze auf 12, Frankreich auf 13 Jahre festgesetzt hat", läßt sich auf unsere Verhältnisse nicht anwenden, weil Italien, Spanien, Portugal und Frankreich ganz andere geographische und klimatologische Verhältnisse haben, was auf die Zeit der geschlechtlichen Reife von sehr wichtigem Einfluß ist. Die dortigen Verhältnisse lassen sich daher in dieser Frage nicht für unsere Verhältnisse verwenden.

Das Justizministerium bot durch die Herausgabe des Entwurfes der ganzen Öffentlichkeit, vor allem aber den juristischen Fachkreisen Gelegenheit, durch Gutachten und Anregungen dazu beizutragen, damit der Nationalversammlung ein möglichst vollendeter Entwurf vorgelegt werden kann. Das Justizministerium begrüßt jeden Antrag und jede Anregung, welche ihm in dieser Sache zukommen wird.

Die Aufhebung des Paragraphen 129 wird der Jurist anders betrachten als der Arzt, anders der Philosoph und anders der Theologe.

Aber nur dann, wenn wir ein jeder von unserem Guten nur das Beste geben, wird das Gesetz tatsächlich „so vollendet als möglich" sein.

Aus dem allgemeinen Teil des Vorentwurfes eines Strafgesetzes über Verbrechen und Vergehen ist wichtig folgendes zu vermerken:

Erklärung einiger Ausdrücke.

§ 13.

List.

1. List ist die absichtliche Erregung oder hinterlistige Ausnützung eines Irrtums.

Gewalt und gefährliche Drohung.

2. Gewalt ist auch Drohung mit unverzüglicher Gewalt oder Herbeiführung des Zustandes der Wehrlosigkeit, sei es durch narkotische, hypnotische oder andere Mittel.

Die Drohung ist gefährlich, wenn mit Tötung oder mit der Herbeiführung eines Nachteiles am Körper, an der Freiheit, der Ehre, dem Vermögen oder dem Einkommen, mit der Schädigung der wirtschaftlichen Stellung oder der Ausübung des Berufes oder mit der Zufügung eines anderen empfindlichen Übels gedroht wird und diese Drohung mit Rücksicht auf die Umstände geeignet ist, den Bedrohten in eine Zwangslage zu versetzen.

Nicht entscheidend ist, ob die Gewalt oder gefährliche Drohung gegen die angegriffene Person oder gegen eine ihr nahestehende Person gerichtet ist.

§ 15.

Schuld.

Wenn das Gesetz nichts anderes bestimmt, ist derjenige strafbar, der absichtlich oder wissentlich handelt. Fahrlässiges Handeln ist nur dann strafbar, wenn das Gesetz dies ausdrücklich bestimmt.

Fahrlässigkeit.

Fahrlässig handelt, wer unter Außerachtlassung der Sorgfalt handelt, zu der er verpflichtet ist oder die nach den Umständen erforderlich ist.

Grobe Fahrlässigkeit.

Die Fahrlässigkeit ist eine grobe, wenn sich der fahrlässig Handelnde der Möglichkeit bewußt ist, daß Tatsachen vorhanden sind, die die Strafbarkeit seiner Tat begründen, oder daß er durch sein Handeln den im Gesetze bezeichneten Erfolg herbeiführt.

§ 21.

Zurechnungsfähigkeit.

Strafbar ist nicht, wer wegen Geisteskrankheit, Geistesschwäche oder Bewußtseinsstörung zur Zeit der Tat nicht fähig ist, das Unrecht seiner Tat einzusehen oder sein Handeln der richtigen Einsicht gemäß zu bestimmen.

§ 54.

Verweisung in eine Anstalt für kranke Gefangene.

Spricht das Gericht den Beschuldigten wegen Unzurechnungsfähigkeit von der Anklage wegen eines Verbrechens oder Vergehens frei, so verweist es ihn in eine Anstalt für kranke Gefangene:

1. wenn er wegen Geisteskrankheit oder Geistesschwäche freigesprochen wurde und gemeingefährlich ist,

2. wenn die Ursache seiner Tat ungezügelter Hang zu alkoholischen Getränken (Trunksucht) oder zu anderen berauschenden Mitteln und Giften war.

§ 77.

Herabsetzung des Strafsatzes.

Das Gesetz kann den Strafsatz außer den im Gesetz angeführten Fällen herabsetzen:

1. wenn zur Zeit der Tat infolge Geisteskrankheit, Geistesschwäche oder einer anderen geistigen Abnormität oder infolge vorgerückten Alters die Fähigkeit des Schuldigen, das Unrecht seiner Tat einzusehen oder sein Handeln der richtigen Einsicht gemäß zu bestimmen, wesentlich herabgesetzt war;

2. wenn der Schuldige die strafbare Handlung begangen hat, indem er einer außergewöhnlichen Versuchung oder einem außergewöhnlichen Druck unterlag, oder in einem vorübergehendem entschuldbaren außergewöhnlichen Geisteszustand. Diese Bestimmung findet keine Anwendung, wenn dieser außergewöhnliche Geisteszustand durch selbstverschuldete Trunkenheit verursacht wurde.

§ 221.

Verunehrung eines Leichnams . . . . .

Wer eine grobe Ungehörigkeit an einem Leichname, an der Asche eines Leichnames . . . begeht, wird mit Gefängnis von vierzehn Tagen bis zu sechs Monaten (§ 78) oder mit Kerker von einem Monate bis zu einem Jahre bestraft.

Ebenso wird bestraft, wer einen Leichnam, einen Teil eines Leichnams oder Asche von einem Leichnam aus dem Gewahrsam des Berechtigten ohne dessen Einwilligung oder ohne behördliche Bewilligung wegnimmt oder wer den behördlichen Verschluß einer Aschenurne absichtlich verletzt.

Strafbare Handlungen gegen die Familie.

§ 243.

Doppelehe.

Wer, obwohl er verheiratet ist, mit einer anderen Person eine Ehe eingeht, wird mit Gefängnis von vierzehn Tagen bis zu drei Jahren oder mit Kerker von einem Monat bis zu drei Jahren bestraft.

Ebenso wird bestraft, wer mit einer verheirateten Person eine Ehe eingeht.

Handelt der Schuldige aus grober Fahrlässigkeit, so wird er mit Gefängnis von vierzehn Tagen bis zu sechs Monaten oder mit Geldstrafe bestraft.

§ 244.

Erschleichung einer Ehe.

Wer einen anderen durch Erregung oder Ausnützung eines solchen Irrtumes, der die Ehe ungültig macht, oder durch Verschweigung eines der Gültigkeit der Ehe im Wege stehenden Hindernisses zu einer Ehe bestimmt, wird mit Gefängnis von vierzehn Tagen bis zu drei Jahren (§ 78) oder mit Kerker von einem Monate bis zu drei Jahren bestraft.

Zur Verfolgung bedarf es eines Antrages.

§ 245.
Ehebruch.

Wer, obwohl er verheiratet ist, mit einer anderen Person den Beischlaf vollzieht, wird mit Gefängnis von vierzehn Tagen bis zu sechs Monaten oder mit Geldstrafe bestraft.

Ebenso wird derjenige bestraft, der mit dem Ehegatten eines anderen den Beischlaf vollzieht.

Die Tat wird nur über Privatanklage verfolgt. Die Anklage kann widerrufen werden, solange das Urteil nicht rechtskräftig geworden ist.

Die Verfolgung ist ausgeschlossen, wenn der Berechtigte vor der Rechtskraft des Urteiles stirbt oder wenn vor der Tat die Ehe rechtskräftig geschieden wurde oder die Ehegatten selbst die eheliche Gemeinschaft aufgegeben haben.

§ 246.
Entführung.

Wer einen Minderjährigen, einen Geisteskranken oder eine andere nicht eigenberechtigte Person aus dem Machtbereiche dessen, dem die Fürsorge für seine Person obliegt, entfernt oder außerhalb desselben zurückhält oder wer eine solche Person dazu bestimmt, sich aus diesem Machtbereiche zu entfernen, oder ihr dabei behilflich ist, wird mit Gefängnis von vierzehn Tagen bis zu drei Jahren (§ 78) oder mit Kerker von einem Monate bis zu drei Jahren bestraft.

Begeht der Schuldige die Tat mit der Absicht, daß er selbst oder ein anderer mit der entführten Person eine Ehe schließe, so bedarf es zur Verfolgung eines Antrages des gesetzlichen Vertreters der entführten Person. Ist es zur Eheschließung einer minderjährigen Person gekommen, so gebührt das Recht zum Antrag ihr selbst, wenn sie über achtzehn Jahre alt ist. In die für den Antrag festgesetzte Frist wird die Zeit nicht eingerechnet, während welcher der Berechtigte durch die strafbare Handlung an der Stellung des Antrages verhindert ist.

§ 249.
Vernachlässigung der pflichtgemäßen Fürsorge.

Wer seine Pflicht, für einen Minderjährigen zu sorgen, verletzt, so daß er der Gefahr der Verwahrlosung ausgesetzt ist,

wer seine Pflicht, einen anderen zu erhalten oder zu unterstützen, verletzt, so daß er der Not preisgegeben ist oder daß er, um nicht der Not preisgegeben zu sein, von anderer Seite unterstützt werden muß,

wer sein Kind weglegt oder verläßt, um sich seiner zu entledigen,

wird mit Gefängnis von vierzehn Tagen bis zu sechs Monaten (§ 78) oder mit Kerker von einem Monate bis zu einem Jahre bestraft.

§ 250.
Fälschung des Personenstandes.

Wer durch Unterschiebung eines Kindes, durch Anzettelung unechter oder durch Unterstützung echter Beweise oder auf andere Weise absichtlich die Verwechslung oder Verheimlichung der Familienangehörigkeit eines anderen bewirkt, wird mit Gefängnis von vierzehn Tagen bis zu drei Jahren (§ 78) oder mit Kerker von einem Monate bis zu einem Jahre bestraft.

Strafbare Handlungen gegen die Sittlichkeit

§ 251.
Unzucht.

Unter Unzucht (unzüchtiger Handlung) wird, wenn nicht aus dem Gesetze etwas anderes hervorgeht, der außereheliche Beischlaf und jede andere mit einer Person des anderen oder desselben Geschlechtes zur Befriedigung oder Erregung des Geschlechtstriebes ausgeübte schamverletzende Handlung verstanden.

§ 252.
Nötigung zur Unzucht.

Wer einen anderen mit Gewalt oder durch gefährliche Drohung dazu nötigt, eine unzüchtige Handlung vorzunehmen oder an sich zu dulden, wird mit Kerker von einem Monate bis zu drei Jahren oder mit Gefängnis von vierzehn Tagen bis zu drei Jahren bestraft.

Wer eine Frau durch gefährliche Drohung zum außerehelichen Beischlafe nötigt, wird mit Kerker von sechs Monaten bis zu fünf Jahren oder mit Gefängnis von drei Monaten bis zu drei Jahren bestraft.

§ 253.

Notzucht.

Wer eine Frau mit Gewalt zum außerehelichen Beischlafe nötigt, wird mit Kerker von einem Jahre bis zu acht Jahren oder mit Gefängnis von sechs Monaten bis zu fünf Jahren bestraft.

§ 254.

Schändung.

Wer die Geisteskrankheit, den Blödsinn, die Bewußtseinstörung oder einen Zustand der Wehrlosigkeit eines anderen zu einer unzüchtigen Handlung mißbraucht, wird mit Kerker von einem Monate bis zu drei Jahren oder mit Gefängnis von vierzehn Tagen bis zu drei Jahren bestraft.

Wer einen solchen Zustand einer Frau zum außerehelichen Beischlafe mißbraucht, wird mit Kerker von sechs Monaten bis zu acht Jahren oder mit Gefängnis von drei Monaten bis zu fünf Jahren bestraft.

§ 255.

Erschleichung der Unzucht.

Wer einen anderen durch List oder durch Mißbrauch seiner Geistesschwäche oder Zwangslage dazu bestimmt, eine unzüchtige Handlung vorzunehmen oder an sich zu dulden, wird mit Kerker von einem Monate bis zu drei Jahren oder mit Gefängnis von vierzehn Tagen bis zu drei Jahren bestraft.

Zur Verfolgung bedarf es eines Antrages.

§ 256.

Erschleichung des Beischlafes.

Wer eine Frau durch List oder Mißbrauch ihrer Geistesschwäche oder Zwangslage zum außerehelichen Beischlafe bestimmt, wird mit Kerker von sechs Monaten bis zu drei Jahren oder mit Gefängnis von drei Monaten bis zu drei Jahren bestraft.

Besteht die List in der Erregung oder Ausnützung eines Irrtums, durch den die Verführte den Beischlaf für einen ehelichen hält, so ist die Strafe Kerker von einem Jahre bis zu fünf Jahren oder Gefängnis von sechs Monaten bis zu drei Jahren.

Zur Verfolgung bedarf es eines Antrages.

§ 257.

Mißbrauch der Macht zur Unzucht.

Wer einen andern durch Mißbrauch seiner amtlichen oder dienstlichen Abhängigkeit oder einer Macht, die er in anderer Weise von Rechtswegen oder in Wirklichkeit über ihn hat, dazu bestimmt, eine unzüchtige Handlung vorzunehmen oder an sich zu dulden, wird mit Gefängnis von vierzehn Tagen bis zu sechs Monaten oder mit Kerker von einem Monate bis zu einem Jahre bestraft.

Wer auf diese Weise eine Frau zum außerehelichen Beischlafe bestimmt, wird mit Gefängnis von vierzehn Tagen bis zu drei Jahren oder mit Kerker von einem Monate bis zu drei Jahren bestraft.

Zur Verfolgung bedarf es eines Antrages.

§ 258.

Mißbrauch einer Person unter 16 Jahren.

Wer eine Person unter sechzehn Jahren zu einer unzüchtigen Handlung mit ihr mißbraucht, wird mit Kerker von sechs Monaten bis zu drei Jahren oder mit Gefängnis von drei Monaten bis zu drei Jahren bestraft.

Ebenso wird bestraft, wer eine Person unter sechzehn Jahren dazu mißbraucht, daß er vor ihr eine unzüchtige Handlung vornimmt.

Wer ein Mädchen unter sechzehn Jahren zum außerehelichen Beischlafe mißbraucht, wird mit Kerker von sechs Monaten bis zu fünf Jahren oder mit Gefängnis von drei Monaten bis zu drei Jahren bestraft.

Wer eine Person unter sechzehn Jahren zu einer unzüchtigen Handlung verführt, wird mit Kerker von einem Monate bis zu drei Jahren oder mit Gefängnis von vierzehn Tagen bis zu drei Jahren bestraft.

Handelt der Schuldige aus grober Fahrlässigkeit in Bezug auf das Alter der mißbrauchten Person, so wird er mit Gefängnis von vierzehn Tagen bis zu drei Jahren bestraft.

§ 259.

Unzucht mit einer verwandten Person.

Wer mit einer in absteigender Linie verwandten Person eine unzüchtige Handlung vornimmt, wird mit Kerker von einem Monate bis zu drei Jahren oder mit Gefängnis von vierzehn Tagen bis zu drei Jahren bestraft.

Wer mit einer in absteigender Linie verwandten Person den Beischlaf vollzieht, wird mit Kerker von sechs Monaten bis zu drei Jahren oder mit Gefängnis von drei Monaten bis zu drei Jahren bestraft.

Wer mit einer in aufsteigender Linie verwandten Person, mit einem voll- oder halbbürtigen Bruder oder einer voll- oder halbbürtigen Schwester den Beischlaf vollzieht, wird mit Kerker von einem Monate bis zu einem Jahre oder mit Gefängnis von vierzehn Tagen bis zu sechs Monaten bestraft.

§ 260.

Unzucht mit einer anvertrauten Person.

Wer mit seinem minderjährigen Stiefkinde oder angenommenen Kinde, mit seinem minderjährigen Mündel oder Pflegling, mit seinem minderjährigen Schüler oder Lehrling oder mit einer anderen minderjährigen seiner Erziehung, seinem Unterricht oder seiner Fürsorge anvertrauten Person eine unzüchtige Handlung begeht, wird mit Kerker von einem Monate bis zu drei Jahren oder mit Gefängnis von vierzehn Tagen bsi zu drei Jahren bestraft.

Ebenso wird bestraft ein Angestellter einer öffentlichen oder privaten Erziehungsanstalt, eines Krankenhauses, eines Siechenhauses oder einer anderen derartigen Anstalt für der Fürsorge oder Hilfe bedürftige Personen, einer Gefangenen- oder Sicherungsanstalt, wenn er mit einer in einer solchen Anstalt verwahrten Person, die unter achtzehn Jahren oder seiner Fürsorge oder Aufsicht anvertraut ist, eine unzüchtige Handlung begeht,

ein öffentlicher Beamter, der mit einer seiner amtlichen Fürsorge anvertrauten Person oder mit einer Person, mit der er eine Amtshandlung vornimmt, eine unzüchtige Handlung begeht,

ein Geistlicher, der während der Ausübung der Seelsorge mit einer Person, auf die sich diese Ausübung bezieht, eine unzüchtige Handlung begeht.

Vollzieht der Schuldige mit einer Frau den außerehelichen Beischlaf, so wird er mit Kerker von sechs Monaten bis zu drei Jahren oder mit Gefängnis von drei Monaten bis zu drei Jahren bestraft.

§ 261.

Unzucht mit einer Person desselben Geschlechtes.

Wer mit einer Person desselben Geschlechtes unter achtzehn Jahren eine unzüchtige Handlung vornimmt,

wer eine solche Person zu einer unzüchtigen Handlung mit ihm verführt,

wird, wenn die Tat nicht gemäß § 258 strafbar ist, mit Kerker von einem Monate bis zu drei Jahren oder mit Gefängnis von vierzehn Tagen bis zu drei Jahren bestraft.

Wer mit einer Person desselben Geschlechtes gewerbsmäßig eine unzüchtige Handlung vornimmt,

wer sich gewerbsmäßig zu einer unzüchtigen Handlung mit einer Person desselben Geschlechtes anbietet.

wird mit Kerker von einem Monate bis zu drei Jahren bestraft.

§ 262.

Gemeinsame Bestimmung zu § 252 bis 262.

Führt der Schuldige durch eine der im § 252 bis 261 angeführten Handlungen für die von ihm mißbrauchte Person wissentlich, die Gefahr des Todes, einer schweren Körperbeschädigung (§ 275, Abs. 2) oder der Ansteckung mit einer Geschlechtskrankheit herbei, so kann das Gericht den Strafsatz erhöhen.

§ 263.

Kuppelei.

Wer durch Verführung, Vermittlung, Verschaffung oder Gewährung von Gelegenheit die Unzucht eines anderen mit einer Person unter achtzehn Jahren, mit seiner Ehegattin, seinem Kinde, seinem Enkel oder Enkelin oder mit einer ihm anvertrauten Person (§ 260) absichtlich begünstigt, wird mit Kerker von einem Monate bis zu drei Jahren oder mit Gefängnis von vierzehn Tagen bis zu drei Jahren bestraft.

Ebenso wird derjenige bestraft, der unter Mißbrauch seiner Macht (§ 257) die Unzucht eines anderen absichtlich begünstigt.

Wer aus Gewinnsucht durch Verführung, Vermittlung, Verschaffung oder Gewährung von Gelegenheit die Unzucht eines anderen absichtlich begünstigt, wird mit Kerker von einem Monate bis zu drei Jahren, und wenn er die Tat gewerbsmäßig begeht, mit

Kerker von sechs Monaten bis zu drei Jahren bestraft. Bloßes Gewähren der Wohnung ist nur dann strafbar, wenn damit eine Ausbeutung der Unzucht verbunden ist.

Wer eine Frau zu Zwecken der Unzucht eines anderen in das Ausland befördert oder wer sie dazu verlockt, anwirbt oder liefert, wird mit Kerker von sechs Monaten bis zu fünf Jahren bestraft.

§ 264.

Begünstigung gewerbsmäßiger Unzucht.

Wer ein Freudenhaus errichtet oder unterhält, wird mit Kerker von sechs Monaten bis zu drei Jahren bestraft.

§ 265.

Frauenhandel.

Wer eine Frau zur gewerbsmäßigen Ausübung der Unzucht verlockt, anwirbt oder liefert, wird mit Kerker von einem Monate bis zu drei Jahren bestraft.

Der Schuldige ist mit Kerker von sechs Monaten bis zu acht Jahren zu bestrafen,

wenn die Frau noch nicht einundzwanzig Jahre alt ist,

wenn sie seine Ehegattin, Tochter oder Enkelin oder eine ihm anvertraute Person ist (§ 260),

wenn er seine Macht mißbraucht (§ 257) oder Gewalt, gefährliche Drohung oder List anwendet,

wenn er die Tat gewerbsmäßig begeht,

wenn die Frau in das Ausland befördert werden soll.

Wer sich mit einem anderen zum Betriebe des Frauenhandels vereinigt, wird mit Kerker von einem Monate bis zu fünf Jahren bestraft.

§ 266.

Zuhälterei.

Ein Zuhälter einer gewerbsmäßig Unzucht treibenden Frau, der sich aus dem Ertrage dieses Gewerbes ganz oder zum Teile aushalten läßt oder der aus Gewinnsucht oder aus einem anderen niederen Beweggrund einer solchen Frau bei der Ausübung ihres unzüchtigen Gewerbes Schutz gewährt, wird mit Kerker von einem Jahre bis zu drei Jahren bestraft.

§ 267.

Gemeinsame Bestimmung zu § 263 bis 266.

In den Fällen des § 263 bis 266 kann das Gericht neben der Freiheitsstrafe auf eine Geldstrafe erkennen.

§ 268.

Gefährdung der öffentlichen Sittlichkeit.

Wer Schriften, Abbildungen oder andere Sachen, die geeignet sind, das Schamgefühl gröblich zu verletzen,

verkauft oder auf andere Weise verbreitet,

zum Zwecke der Verbreitung herstellt, herstellen läßt, bezieht, einführt, vorrätig hält oder feilhält,

öffentlich ankündigt, ausstellt, vorführt oder verleiht, wird mit Gefängnis von vierzehn Tagen bis zu sechs Monaten oder mit Geldstrafe bestraft.

Wer eine solche Sache einer Person unter achtzehn Jahren verkauft, zum Kauf anbietet, leiht oder auf andere Weise zugänglich macht,

wird mit Gefängnis von vierzehn Tagen bis zu sechs Monaten bestraft.

§ 269.

Öffentliche schamverletzende Handlungen.

Wer öffentlich schamlos handelt, so daß dies Ärgernis erregen oder das Schamgefühl gröblich verletzen kann, wird mit Gefängnis von vierzehn Tagen bis zu sechs Monaten oder mit Geldstrafe bestraft.

Verübt der Schuldige die Tat vor einer Person unter achtzehn Jahren, so wird er mit Gefängnis von vierzehn Tagen bis zu sechs Monaten bestraft.

§ 270.

Ärgernis erregende Ausübung der Unzucht.

Wer auf eine für die Mitbewohner des Hauses oder die Nachbarn Ärgernis erregende Weise Unzucht treibt, wird mit Gefängnis von vierzehn Tagen bis zu sechs Monaten oder mit Geldstrafe bestraft.

Gibt der Schuldige durch die Tat einer Person unter achtzehn Jahren Ärgernis, so wird er mit Gefängnis von vierzehn Tagen bis zu sechs Monaten bestraft.

§ 281.

Gefährdung durch Geschlechtskrankheit.

Wer einen anderen durch Beischlaf oder auf andere Weise der Gefahr der Ansteckung mit einer Geschlechtskrankheit aussetzt, wird mit Gefängnis von vierzehn Tagen bis zu drei Jahren bestraft.

Wer aus Fahrlässigkeit einen anderen durch Beischlaf oder auf andere Weise der Gefahr der Ansteckung mit einer Geschlechtskrankheit aussetzt, wird mit Gefängnis von vierzehn Tagen bis zu sechs Monaten oder mit Geldstrafe bestraft.

Ist eine nahestehende Person gefährdet worden, so bedarf es zur Verfolgung eines Antrages.

§ 285.

Tötung der Frucht.

Eine Schwangere, die ihre Frucht abtreibt oder auf andere Weise tötet oder sie durch einen anderen töten läßt, wird mit Gefängnis von vierzehn Tagen bis zu sechs Monaten oder mit Kerker von einem Monate bis zu einem Jahre bestraft.

Wer mit Einwilligung der Schwangeren deren Frucht abtreibt oder auf andere Weise tötet oder daran teilnimmt, wird mit Gefängnis von vierzehn Tagen bis zu drei Jahren oder mit Kerker von einem Jahre bis zu drei Jahren bestraft.

Wer ohne Einwilligung der Schwangeren deren Frucht abtreibt oder auf andere Weise tötet, wird mit Gefängnis von sechs Monaten bis zu drei Jahren oder mit Kerker von einem Jahre bis zu acht Jahren bestraft.

§ 286.

Von der Strafbarkeit ausgenommene Fälle.

Die von einem Arzte mit Einwilligung der Schwangeren vorgenommene Tötung der Frucht ist nicht strafbar:

1. wenn sie zu dem Zwecke geschehen ist, um von der Schwangeren die Gefahr des Todes oder eines schweren Schadens an der Gesundheit abzuwenden;

2. wenn es unzweifelhaft ist, daß die Befruchtung durch Notzucht, Schändung oder durch strafbaren Mißbrauch eines Mädchens unter sechzehn Jahren erfolgt ist;

3. wenn die Befürchtung begründet ist, daß das zur Welt gebrachte Kind körperlich oder geistig schwer belastet wäre;

4. wenn die Schwangere bereits drei eigene Kinder hat, für die sie sorgen muß, oder wenn sie schon mindestens fünfmal geboren hat und in beiden Fällen mit Rücksicht auf ihre Verhältnisse die Austragung der Frucht von ihr billigerweise nicht verlangt werden kann.

Ist die Schwangere geisteskrank oder blödsinnig, so bedarf es der Einwilligung ihres gesetzlichen Vertreters.

Übertretungsgesetz.

§ 51.

Aufforderung zur Unzucht.

Wer öffentlich zur Unzucht anbietet oder zur Unzucht auffordert, so daß dies Ärgernis erregen oder das Schamgefühl gröblich verletzen kann,

wer eine Anzeige veröffentlicht, durch die ein unzüchtiger Verkehr vermittelt werden soll,

wird mit Haft oder mit Geldstrafe bestraft.

§ 54.

Anbieten von Mitteln oder von Hilfe zur Tötung der Frucht.

Wer öffentlich Mittel oder seine oder fremde Hilfe zur Tötung der Frucht anbietet, wird mit Haft von einem Tage bis zu drei Monaten oder mit Geldstrafe bestraft.

§ 51.

Unbefugte Heilbehandlung.

Mit Haft oder mit Geldstrafe oder mit beiden genannten Strafen wird bestraft,

wer, ohne die gesetzliche Berechtigung dazu zu besitzen, die Tätigkeit eines Arztes oder einer Geburtshelferin als Gewerbe oder als Beruf ausübt,

wer sich in einer Druckschrift oder auf andere Weise öffentlich zu einer derartigen Tätigkeit ohne solche Berechtigung anbietet,

wer einem anderen ein Geheimmittel oder ein durch behördliche Kundmachung verbotenes Heilmittel oder Präparat verkauft oder wer ein solches Heilmittel (Geheimmittel) oder ein solches Präparat feilhält, in Verkehr setzt oder in Druckschriften anzeigt,

wer in der Ankündigung eines Heilmittels oder eines Heilverfahrens durch eine Druckschrift eine unwahre Angabe über seine Wirkung macht.

Zu den einzelnen Paragraphen gibt der Entwurf nachstehenden Kommentar.

§ 13. List.

Zu Z. 1. List, die das Mittel zur Begehung verschiedener Delikte bildet, ist einerseits absichtliche Erregung eines Irrtums, andererseits dessen Ausnützung (wenn ihn der Täter unabsichtlich erregt hat oder jemand anderes ohne sein Zutun), jedoch unter der Bedingung, daß diese Ausnützung auf hinterlistige Weise erfolgt ist (zum Beispiel durch Bestärkung des Irrtums).

Gewalt.

Gewalt ist nicht nur physische, sondern teilweise auch psychische Gewalt, das ist die Vergewaltigung des Willens durch Drohung mit unverzüglicher Gewalt und die Anwendung von Mitteln, durch die jemand in den Zustand der Wehrlosigkeit versetzt wird; einige solche Mittel erwähnt der Entwurf beispielsweise, nämlich die Narkose und die Hypnose, und gibt auch damit den Charakter solcher Mittel an.

Gefährliche Drohung.

Die Drohung mit einem Übel, das nicht unverzüglich eintreten soll, kann dann als gefährliche Drohung angesehen werden, wenn das Übel, mit dem jemandem gedroht wird, mit Rücksicht auf die Umstände, unter denen ihm gedroht wird, so empfindlich ist daß die Drohung geeignet ist, ihn in eine Zwangslage zu versetzen.

§ 15. Schuld.

Der Entwurf bekennt sich offen und vorbehaltlos zum Grundsatze der Schuldhaftung und nicht zum Grundsatze der Erfolgshaftung. Die Strafbarkeit der Tat und die Höhe der Strafe macht er nicht vom oft zufälligen Erfolge der Tat abhängig, sondern sieht die Schuld als entscheidend an. Was der Schuldige beabsichtigt hat, was er vorausgesehen hat oder was er voraussehen sollte, hat den Maßstab seiner Strafbarkeit zu bilden und keineswegs das, was aus seiner Tat vielleicht durch zufällige Verkettung der Umstände hervorgegangen ist. Der Entwurf unterscheidet: Die Absicht, Wissentlichkeit, Fahrlässigkeit und grobe Fahrlässigkeit.

§ 21. Zurechnungsfähigkeit.

Die Zurechnungsfähigkeit ist ein Rechtsbegriff, der nicht etwa mit dem ärztlichen Begriffe der geistigen Gesundheit vermengt werden darf. Als Rechtsbegriff bringt die Zurechnungsfähigkeit im Strafrecht die psychische Fähigkeit zu strafrechtlich bedeutsamem Handeln zum Ausdruck. Der Entwurf macht die Unzurechnungsfähigkeit nicht lediglich von einer Geisteskrankheit oder Geistesstörung abhängig, sondern fordert, daß diese Krankheit oder Störung in den geistigen Äußerungen des Täters in einer für seine Fähigkeit zu strafbarem Handeln bedeutsamen Weise zum Ausdrucke komme. Dies deshalb, weil nicht jede Geisteskrankheit und Geistesstörung Unzurechnungsfähigkeit begründet und weil diese Abgrenzung des Kreises der Geisteskrankheit und Geistesstörungen, denen diese Wirkung zuerkannt werden soll, nicht Sache der psychiatrischen Wissenschaft, sondern eine Rechtsfrage ist.

§ 54. Anstalten für kranke Gefangene.

Die Anstalten für kranke Gefangene sind für zwei Gruppen von Insassen bestimmt; einerseits für solche, die wegen Unzurechnungsfähigkeit freigesprochen wurden, anderseits für kranke Verurteilte. In die erste Gruppe gehören einerseits gemeingefährliche geisteskranke oder geistesschwache Personen, die zügellosem Alkohol- bzw. Morphium, Kokain, usw. -Genüsse ergeben sind. Die zweite Gruppe der Insassen der Anstalt für kranke Gefangene bilden Personen, die wegen eines Verbrechens oder Vergehens verurteilt wurden, und zwar gemeingefährliche Personen von verminderter Zurechnungsfähigkeit (vergl. oben bei § 21) und Trinker ohne Rücksicht auf die Höhe der Strafe, sonst nur Personen, die für wenigstens ein Jahr oder unter Bedingungen verurteilt wurden, unter denen die Abgabe in eine Zwangsarbeitsansalt erforderlich ist.

Die Höchstdauer dieser Maßnahme festzusetzen war nicht möglich, weil im Interesse der öffentlichen Sicherheit namentlich Geisteskranke solange festgehalten werden müssen, als sie gemeingefährlich sind also unter Umständen auch lebenslang, wie dies in den Anstalten für Geisteskranke geschieht.

§ 77. „Herabsetzung des Strafsatzes“ und „außerordentliche Strafmilderung“.

Als allgemeine Gründe für die Herabsetzung des Strafsatzes führt § 77 die sogenannte verminderte Zurechnungsfähigkeit (vergl. oben bei § 21), eine außergewöhnliche Versuchung, einen außergewöhnlichen Druck oder einen vorübergehenden außergewöhnlichen Geisteszustand (verursacht z. B. durch einen außergewöhnlich starken Affekt) an. Dieser außergewöhnliche Geisteszustand muß aber *entschuldbar* sein; aus diesem Grunde schließt der Entwurf ausdrücklich die *verschuldete Trunkenheit* aus d. i. eine Trunkenheit, die sich der Täter selbst durch unmäßigen Genuß eines geistigen Getränkes oder auch eines anderen Rauschmittels zugezogen hat.

Die besonderen Strafnormen zum Schutze des Familienbandes finden ihre Stütze im § 126 der Verfassungsurkunde, demzufolge Ehe, Familie und Mutterschaft unter dem besonderen Schutze der Gesetze stehen.

§ 243. Doppelehe.

In einer die Monogamie als unentbehrliche ethische und soziale Grundlage eines geordneten Zusammenlebens erachtenden staatlichen Gemeinschaft bedarf die Strafdrohung gegen die Doppelehe keiner besonderen Begründung.

Daher muß jeder für strafbar erklärt werden, der eine neue Ehe eingeht, bevor seine frühere gültige Ehe rechtskräftig aufgelöst wurde, sei es durch Tod des anderen Ehegatten, sei es durch Trennung, und allerdings auch derjenige, der, selbst ledig, mit einer solchen Person eine Ehe eingeht.

§ 244. Erschleichung einer Ehe.

Der Entwurf schränkt die zur Begehung der Eheerschleichung tauglichen Mittel auf solche ein, die nach dem bürgerlichen Rechte zur Auflösung der Ehe führen können.

Nach dem geltenden Rechte ist dies namentlich die Herbeiführung eines Irrtums in der Person des Ehegatten und die Verschweigung der Schwangerschaft mit einem anderen oder eines anderen trennenden Ehehindernisses. Nach der gewählten Formulierung ist es eine Bedingung der Strafbarkeit, daß sich der andere Teil in Kenntnis der wahren Sachlage nicht zur Heirat entschlossen hätte.

§ 245. Ehebruch.

Der Entwurf bestimmt ausdrücklich, daß der Ehebruch nur durch Beischlaf begangen werden kann und daß die Tat nicht strafbar ist, wenn die Ehe zur Zeit der Tat rechtskräftig geschieden war. Dem stellt der Entwurf den Fall gleich, daß die Ehegatten die eheliche Gemeinschaft ohne formelle Scheidung aufgegeben haben (faktische Scheidung).

§ 246. Entführung.

Der Entwurf nimmt keine besondere Bestimmung über die Entführung einer Frau gegen ihren Willen zu geschlechtlichen Zwecken auf, wobei er sich in dieser Hinsicht dem Standpunkte der Gesetzgebung Belgiens, Norwegens und einiger Schweizer Kantone anschließt. Was ferner die Entführung einer verheirateten Frau mit ihrer Einwilligung anlangt, gewährt die Strafdrohung gegen Ehebruch dem Ehegatten genügend Schutz.

Einer besonderen Regelung bedarf der Fall, daß die Entführung in der Absicht auf Heirat, sei es des Schuldigen selbst, sei es einen anderen mit der entführten Person begangen wurde. Erfahrungsgemäß kommt es in solchen Fällen häufig zur Eheschließung, und zwar mit Einwilligung der entführten Person und mit nachträglicher Einwilligung des gesetzlichen Vertreters oder des Gerichts. Daher erfordert der favor matrimonii, daß, wenn die Tat in der angegebenen Absicht geschehen ist, das Strafverfahren nur über Antrag des gesetzlichen Vertreters eingeleitet werde, und wenn es tatsächlich zur Eheschließung gekommen ist, nur über Antrag des Minderjährigen selbst, falls er schon achtzehn Jahre alt ist.

§ 249. Vernachlässigung der pflichtgemäßen Fürsorge.

Als typischen Fall der Verletzung der pflichtgemäßen Fürsorge für einen Minderjährigen erwähnt der Entwurf die Weglegung eines Kindes zu dem Zwecke, damit sich der Schuldige seiner entledige. Daraus geht hervor, daß nur eine solche Person Täter sein kann, die die Pflicht hat, für das Kind zu sorgen. Der Weglegung muß die Verlassung gleichgehalten werden. Die ausdrückliche Erwähnung der Weglegung ist deshalb notwendig, damit ersichtlich sei, daß diese Verletzung der Fürsorgepflicht schon an und für sich als eine solche zu betrachten ist, wodurch das Kind der Gefahr der Not oder Verwahrlosung ausgesetzt wird. Wurde hierbei gleichzeitig die Gesundheit oder sogar das Leben des Kindes gefährdet, so liegt Konkurrenz mit den Bestimmungen über die Gefährdung des Körpers oder des Lebens vor. (§ 71.)

§ 250. Fälschung des Personenstandes.

Der Entwurf bestraft hier lediglich die Verwechselung und Verheimlichung eines fremden Personenstandes. Soweit es sich um die Fälschung des eigenen Personenstandes handelt, kann mit den

Bestimmungen über Betrug, Fälschung einer öffentlichen Urkunde u. a. das Auslangen gefunden werden.

Strafbare Handlungen gegen die Sittlichkeit.

Die Frage bis zu welchem Jahre die Jugend absolut d. h. gegen jedweden geschlechtlichen Mißbrauch geschützt werden soll, wurde zum Unterschiede von den geltenden Strafgesetzen aus dem Jahre 1852 und 1878, denen zufolge die Erreichung des vierzehnten Lebensjahres entscheidend ist, in der Art beantwortet, daß die Grenze des absoluten Schutzes bis zum vollendeten sechzehnten Lebensjahre hinaufgesetzt wurde. Die Gründe hierfür werden weiter unten angeführt werden (bei § 258). Allerdings sind auch Jugendliche (bis zu 18 Jahren) und Minderjährige (bis zu 21 Jahren) in einigen Richtungen eines besonderen, in der Form strengerer Strafsätze gewährten Schutzes teilhaftig. Einen solchen erhöhten Schutz gewährt der Entwurf Frauen überhaupt dann, wenn der unzüchtige Angriff im außerehelichen Beischlaf besteht, und zwar mit Rücksicht auf die verhängnisvollen Folgen, die gerade diese Art der Unzucht für Frauen haben kann.

Die Frage der Strafbarkeit der Homosexualität ist in der Weise gelöst worden, daß unzüchtige Handlungen zwischen Personen desselben Geschlechtes grundsätzlich ebenso strafbar sind, wie dieselben Handlungen zwischen Personen verschiedenen Geschlechtes. Wann für die Homosexualität besondere Bestimmungen gelten, wird weiter unten dargelegt werden.

§ 251. Unzucht.

Unter Unzucht oder unzüchtiger Handlung wird sowohl der außereheliche Beischlaf als auch eine sonstige unzüchtige Handlung verstanden, das ist eine solche, die zur Befriedigung oder wenigstens zur Erregung der geschlechtlichen Begierde dienen soll. Auch eine unzüchtige Handlung zwischen Personen desselben Geschlechtes gehört hierher. Ob die genötigte Person dabei aktiv beteiligt oder nur passives Objekt der Handlung ist, sodaß sie den unzüchtigen Akt bloß zuläßt, ist gleichgültig.

§ 252 und 253. Nötigung zur Unzucht und Notzucht.

Die Notzucht ist ein besonders qualifizierter d. h. strenger strafbarer Fall der Nötigung zur Unzucht. Ihr Objekt kann nur eine Frau sein. Die Tätigkeit besteht in der Nötigung zum außerehelichen Beischlaf. Als Mittel dient hier Gewalt gemäß § 13 Z. 2, d. i. physische Gewalt oder Drohung, daß auf der Stelle Gewalt angewendet werden wird.

Jeder andere Fall der Nötigung zu einer unzüchtigen Handlung ist strafbar als Nötigung zur Unzucht. Hierher gehört insbesondere die Nötigung einer Person männlichen Geschlechtes zu einer beliebigen unzüchtigen Handlung, ferner die Nötigung einer Frau zu einer anderen unzüchtigen Handlung als zum außerehelichen Beischlaf, aber auf andere Weise als durch Gewalt.

§ 254. Schändung.

Den wehrlosen Personen stellt der Entwurf Geisteskranke und Blödsinnige gleich, da auch diese zur Leistung eines Widerstandes unfähig sind, wenn nicht aus einer anderen Ursache, so schon deshalb, weil sie sich der Bedeutung der von ihnen begehrten unzüchtigen Handlung nicht bewußt sind.

§ 255 und 256. Erschleichung der Unzucht und Erschleichung des Beischlafes.

Personen, die an einer den Grad des Blödsinnes nicht erreichenden Geistesschwäche leiden, können in geschlechtlicher Hinsicht zwar nicht in demselben Maße geschützt werden wie Blödsinnige oder Geistesschwache; denn dies würde heißen, sie der Berechtigung auf Befriedigung des Geschlechtstriebes vollkommen zu berauben. Jedenfalls müssen sie jedoch durch eine Strafdrohung gegen den Mißbrauch ihrer Geistesschwäche zur Unzucht geschützt werden; denn die Erfahrung lehrt, daß gerade solche Personen geschlechtlichen Verführungen besonders zugänglich sind. Ein solcher Mißbrauch könnte namentlich dann gegeben sein, wenn es sich um eine Person handelte, die wegen ihrer Geistesschwäche nicht einmal fähig wäre, die Bedeutung der von ihr verlangten unzüchtigen Handlung zu erfassen.

§ 257. Mißbrauch der Macht zu Unzucht.

Die Abhängigkeit kann namentlich durch ein amtliches oder dienstliches Verhältnis begründet sein, mag es sich nun um einen öffentlichen oder Privatdienst handeln. Es kann dies aber auch wirtschaftliche Abhängigkeit, z. B. ein Arbeitsverhältnis sein. Der Entwurf macht keinen Unterschied in der Hinsicht, ob es sich um eine rechtliche oder bloß faktische Macht handelt.

§ 258. Mißbrauch einer Person unter achtzehn Jahren.

Wenn der Entwurf sich dennoch entschloß, die Grenze des absoluten Schutzes der Jugend auf das vollendete sechzehnte Lebensjahr hinaufzusetzen, so war hierfür die Erkenntnis maßgebend, daß das Bedürfnis nach Schutz der Jugendlichen zwischen dem 14. und 16. Jahre in dieser kritischen Zeit des geschlechtlichen Heranreifens und der noch nicht vollendeten sittlichen Entwicklung eher noch größer ist als vorher.

Strafbar ist nach dem Entwurfe nicht nur der außereheliche Beischlaf, sondern auch eine sonstige unzüchtige Handlung mit einer Person unter 16 Jahren, wiederum ohne Rücksicht darauf, ob sie aktiv oder nur passiv daran beteiligt ist. Strafbar soll es jedoch auch sein, wenn ein solcher Jugendlicher auf die Weise mißbraucht wird, daß die unzüchtige Handlung vor ihm ausgeführt wird, falls dies deshalb geschieht, um eben dadurch den Geschlechtstrieb des Schuldigen zu erregen, zu steigern oder zu befriedigen.

§ 259. Unzucht mit einer verwandten Person.

Der Entwurf beharrt aus den angegebenen Gründen bei der Strafbarkeit solcher Taten, schränkt sie jedoch auf Ascendenten, Descendenten und voll- und halbbürtige Geschwister ein, gleichgültig, ob es sich um eheliche oder uneheliche Verwandtschaft handelt. Stiefkinder und angenommene Kinder sind als anvertraute Personen geschützt.

§ 260. Unzucht mit einer anvertrauten Person.

Der Entwurf macht jedoch den Mißbrauch oder wenigstens die Ausnützung dieses Verhältnisses nicht zur Bedingung der Strafbarkeit, wie dies beim Mißbrauche der Macht zur Unzucht der Fall ist, und zwar einerseits deshalb, weil der Beweis dieses Umstandes häufig schwierig wäre und weil ferner die Tat auch dann verwerflich und strafwürdig bleibt, wenn der Antrieb dazu von der anvertrauten Person selbst ausgegangen ist.

§ 261. Unzucht mit einer Person desselben Geschlechtes.

Wo in den vorhergehenden Paragraphen andere unzüchtige Handlungen als der Beischlaf für strafbar erklärt wurden, wird zwischen Unzucht zwischen Personen verschiedenen Geschlechtes und Personen desselben Geschlechtes kein Unterschied gemacht; diese ist daher in gleicher Weise strafbar wie jene. Insoweit ist also die Homosexualität strafbar. Dies ist vollkommen richtig, da kein Grund vorliegt, sie in dieser Richtung zu privilegieren. Hier handelt es sich jedoch um die Frage, ob die Unzucht zwischen Personen desselben Geschlechtes an und für sich strafbar sein soll, also auch wenn die von den Bestimmungen der §§ 252, 255, 256, 258—260 geforderte Qualifikation nicht gegeben ist.

Die Mehrzahl der bestehenden Gesetze bejaht diese Frage. Einige jedoch davon beschränken die Strafbarkeit auf Unzucht zwischen Männern (Päderastie), wobei sich noch häufig die Tendenz zeigt, nur beischlafsähnliche Akte, insbesondere die typische immissio in anum zu bestrafen. Einige namentlich romanische Gesetzgebungen enthalten keine Bestimmung über die allgemeine Strafbarkeit der Homosexualität. Von den Entwürfen bestraft der österreichische die Unzucht zwischen Personen desselben Geschlechtes überhaupt, der deutsche Entwurf — ebenso wie das geltende deutsche Strafgesetz — nur Unzucht zwischen Männern, der schweizerische Entwurf nur qualifizierte Fälle der Homosexualität.

Für die allgemeine Strafbarkeit der Unzucht zwischen Personen desselben Geschlechtes wird insbesondere angeführt, daß dies eine nach der allgemeinen Überzeugung in hohem Grade unsittliche, der menschlichen Natur widerstrebende Handlung ist, daß sie auch die Gesundheit gefährden kann und daß die Ausbreitung dieses Lasters eine soziale Gefahr mit sich bringt. Dagegen wird insbesondere wieder angeführt, daß das Strafgesetz nicht dazu berufen ist, jede Unsittlichkeit zu verfolgen, da es sonst z. B. auch die Onanie bestrafen müßte, und daß nur dort Strafe zuzulassen ist, wo durch die unzüchtige Handlung solche allgemeine Interessen gefährdet werden, die auch sonst durch Strafdrohung geschützt werden müssen. Insbesondere wird jedoch darauf verwiesen, daß es sich in der Regel oder wenigstens zum großen Teil um eine psychische Abnormität (Perversität) handelt, die es dem Betroffenen unmöglich macht, dem homosexuellen Trieb zu widerstehen, daß es schwierig ist, solche psychische Abnormitäten, unter den übrigen Fällen zu erkennen, so daß mit den Schuldigen auch Unschuldige getroffen würden, und daß durch die Strafe ihre Heilung erschwert wird. Ja in letzter Zeit wird von manchen die Meinung vertreten, daß die Ursache einer solchen Abnormität auch in abnormaler physiologischen Beschaffenheit der Geschlechtsorgane gelegen sein kann *(Kronfeld, Hirschfeld, Steinach)*.

Obwohl die wissenschaftliche Forschung in dieser Hinsicht noch nicht zu unzweifelhaften Ergebnissen gelangt ist und die Ärzte und Psychiater selbst über diese Fragen nicht einig sind, so muß doch schon die bloße Möglichkeit, daß hier, wenn auch nur in einem Teile der vorkommenden Fälle, eine psychische oder sogar körperliche Abnormität vorliegt, den Gesetzgeber zur Vorsicht mahnen, zumal da die Unterscheidung solcher Fälle von den übrigen schwierig ist. Diese Möglichkeit muß den Gesetzgeber dazu führen, die Strafdrohung nicht über das unumgänglich notwendige Maß auszudehnen. Namentlich kann für ihn nicht allein maßgebend sein, daß die Unzucht zwischen Personen desselben Geschlechtes nach der allgemeinen Überzeugung eine sittlich verwerfliche Handlung ist, sondern er muß geradeso wie bei anderen Strafsachen prüfen, welche besonderen Interessen es erfordern, daß solche Taten strafrechtlich verfolgt werden, und in welchem Maße sie zu bestrafen sind.

Die Homosexualität ist sicherlich ein Laster, das im Falle seiner Ausbreitung unzweifelhaft eine soziale Gefahr bedeuten würde. Daher muß einer solchen Ausbreitung mit Strafdrohungen entgegengetreten werden. Dies erfordert es, daß gegen unsittliche Angriffe dieser Art vor allem Personen von geringerer Widerstandskraft namentlich Kinder und Jugendliche, anvertraute und abhängige, wehrlose und geistesschwache Personen, ebenso auch Verwandte geschützt werden. Außerdem muß jedermann gegen Gewalt und Nötigung in dieser Hinsicht wenigstens in demselben Maße geschützt werden, wie gegen sonstige unzüchtige Angriffe. Dies erreicht der Entwurf einfach dadurch, daß er, wie bereits angeführt, die bezüglichen gesetzlichen Tatbestände so formuliert, daß sie auch homosexuelle Handlungen erfassen.

Soll jedoch der Ausbreitung dieses Lasters mit Erfolg gesteuert werden, so müssen diese Tatbestände noch durch eine besondere Strafdrohung gegen jede unzüchtige Handlung mit einer Person desselben Geschlechtes unter achtzehn Jahren ergänzt und muß auch die Verführung solcher Personen zu derartigen Handlungen für strafbar erklärt werden, sofern allerdings diese Taten nicht bereits nach den strengeren Bestimmungen des § 258 strafbar sind, also soweit es sich um Personen über sechzehn Jahre handelt, und muß ferner die gewerbsmäßige Homosexualität und das gewerbsmäßige Anbieten zur Unzucht mit Personen desselben Geschlechtes verfolgt werden. Im Gesetze die Straflosigkeit des zur Tat verführten Jugendlichen festzusetzen, ist aus den bei der Unzucht mit einer verwandten Person angeführten Gründen nicht empfehlenswert. Strafbar wird er allerdings nur dann sein, wenn er die homosexuelle Handlung mit einem anderen Jugendlichen begeht oder wenn eine andere der oben erwähnten Qualifikationen vorliegt.

Wenn die Verführungen zu homosexuellen Handlungen im Interesse eines anderen erfolgt, so wird sie als Kuppelei nach § 263 bestraft. Insofern durch die unzüchtige Handlung zwischen Personen desselben Geschlechtes die öffentliche Sittlichkeit verletzt wird, wäre sie nach § 269 strafbar.

Einen Unterschied zwischen männlicher und weiblicher Homosexualität zu machen, ist kriminalpolitisch unbegründet. Bemerkt muß werden, daß der nach dem Gesagten vom Entwurf in der Frage der Strafbarkeit der Unzucht zwischen Personen desselben Geschlechtes eingenommene Standpunkt die volle Zustimmung der zu Pfingsten 1925 in Brünn abgehaltenen zweiten Tagung der tschechoslowakischen Juristen erlangt hat.

Was den zweiten in den Strafgesetzen als Unzucht gegen die Natur verfolgten Fall, nämlich die Unzucht mit Tieren (Sodomie) anlangt, gewähren die bestehenden Gesetzgebungen annähernd dasselbe Bild wie hinsichtlich der Unzucht mit Personen desselben Geschlechtes. Der deutsche Entwurf bestraft sie, der schweizerische und österreichische keineswegs. Der tschechoslowakische Entwurf schloß sich der Meinung an, daß keine dringende Veranlassung für eine besondere Bestimmung bestehe, durch die unzüchtige Handlungen mit Tieren als strafbar erklärt würden. Es sind dies nur vereinzelt, besonders bei Hirten als Ausfluß der Einsamkeit und Langeweile auftretende Erscheinungen. Eine Gefahr der Ausbreitung dieses Lasters besteht nicht. Wenn die Handlung derartig begangen würde, daß dadurch die öffentliche Sittlichkeit gefährdet wäre, wäre sie gemäß § 269 strafbar.

Die Leichenschändung (Nekrophilie) — der dritte Fall der Unzucht gegen die Natur — wird als Verunehrung eines Leichnames (§ 221) bestraft.

§ 263. Kuppelei.

Der Entwurf faßt unter der Bezeichnung Kuppelei eine solche Tätigkeit zusammen, durch die die Unzucht einer anderen Person begünstigt werden soll. Der § 263 zählt typische Formen dieser Tätigkeit auf: Verführung, Vermittlung, Verschaffung oder Gewährung von Gelegenheit.

Der Entwurf bestimmt daher ausdrücklich, daß die bloße Gewährung einer Wohnung nur dann strafbar ist, wenn damit Ausbeutung der Unzucht verbunden ist. Selbstverständlich ist eine solche Ausbeutung auch in verschleierter Form möglich, z. B. in Gestalt eines unverhältnismäßig hohen Mietzinses.

§ 264. Begünstigung gewerbsmäßiger Unzucht.

Da die Freudenhäuser gemäß § 14 des Gesetzes vom 11. Juli 1922 S. d. G. u. V. Nr. 241 betreffend die Bekämpfung der Geschlechtskrankheiten aufgehoben und ihre Errichtung und Unterhaltung untersagt wurden, ist dadurch der bisherige Widerspruch beseitigt worden, daß eine Tätigkeit, die nach dem Gesetze eine strafbare Handlung darstellt, von der Sicherheitsbehörde geduldet, ja sogar durch Polizeivorschriften reglementiert ist.

§ 265. Frauenhandel.

Durch die Bestimmung des § 265 soll jene unter dem Namen Mädchenhandel oder richtiger Frauenhandel bekannte typische Tätigkeit mit Strafe belegt werden, die den Zweck hat, den Freudenhäusern „Material“ zu liefern. Da dieser Handel nicht an die Staatsgrenzen gebunden ist, sondern in bedeutendem Maße auch international geführt wird und seine Verfolgung dadurch erschwert ist, war diese Frage bereits wiederholt Gegenstand der Verhandlungen zwischenstaatlicher Konferenzen, namentlich des Pariser Übereinkommens aus dem Jahre 1910 und des Genfer Übereinkommens vom Jahre 1921. Mit Rücksicht darauf, daß die tschechoslowakische Republik in Erfüllung der aus Art. 20 des Friedensvertrages von St. Germain fließenden Verbindlichkeit durch die Ratifikation vom 21. September 1923, kundgemacht unter Nr. 123 S. d. G. u. V. 1924, dem Genfer (und damit indirekt auch dem Pariser) Übereinkommen beigetreten ist, so war der Entwurf bestrebt, die Bestimmungen über den Frauenhandel so weit als möglich dem Inhalte der angeführten Übereinkommen anzupassen.

§ 266. Zuhälterei.

Der Entwurf gibt diesen Bestimmungen eine passende Fassung. Namentlich nimmt er darauf Rücksicht, daß es manchmal schwer sein wird, einem solchen Zuhälter nachzuweisen, daß er sich ganz oder zum Teile vom Freudenmädchen aus dem Ertrage ihres unzüchtigen Gewerbes aushalten läßt. Daher erklärt der Entwurf nach dem Muster des schweizerischen und deutschen Entwurfes einen solchen Zuhälter für strafbar, der aus Gewinnsucht oder aus einem anderen niedrigen Beweggrunde einem Freudenmädchen bei der Ausübung ihres unzüchtigen Gewerbes Schutz gewährt. Daß sich auch der Ehegatte eines Freudenmädchens der Zuhälterei schuldig machen kann, versteht sich von selbst.

§ 268. Gefährdung der öffentlichen Sittlichkeit.

Das allgemein anerkannte Bedürfnis nach wirksamerem Schutze der Jugend vor der verderblichen Wirkung der unsittlichen Schundliteratur erforderte, daß, wer pornographische Erzeugnisse an Personen unter achtzehn Jahren verkauft, wenigstens insoferne durch eine schwere Strafe getroffen werde, daß die Geldstrafe als Hauptstrafe ausgeschlossen ist. Ebenso strafbar ist, wer Jugendlichen solche Erzeugnisse zum Kauf anbietet, verleiht oder in anderer Weise zugänglich macht. (Abs. 2).

Übrigens kann es sich hier außer um Schriften und Abbildungen auch um andere Dinge handeln, die geeignet sind, das Schamgefühl gröblich zu verletzen.

§ 269. Öffentliche schamverletzende Handlungen.

Die Bestimmung des Abs. 1 belegt jede öffentliche schamlose Handlung mit Strafe, daher auch eine Verhandlung, die geeignet ist, das Schamgefühl gröblich zu verletzen, wie dies im wesentlichen § 516 des Strafgesetzes 1852 und § 249 St. G. Art. 5/1878 tun. Daß der Entwurf hier nicht von unzüchtigen, sondern von schamlosen Handlungen spricht, erklärt sich daraus, daß hier auch solche Handlungen in Frage kommen, die nach den vorhergehenden Bestimmungen nicht strafbar sind (z. B. Onanie, ehelicher Beischlaf u. a.).

§ 270. Ärgernis erregende Ausübung der Unzucht.

Der Entwurf stellt sich auf den bereits vom Gesetze vom 11. Juli 1922 S. d. G. u. V. Nr. 241 betreffend die Bekämpfung der Geschlechtskrankheiten eingenommenen Standpunkt, daß die Ausübung gewerbsmäßiger Unzucht an und für sich nicht strafrechtlich verfolgt werden soll, sondern nur ihre Auswüchse, durch die solche Interessen gefährdet werden, die auch sonst strafrechtlich geschützt sind.

§ 281. Gefährdung durch Geschlechtskrankheit.

Eigentlich wäre also eine besondere Bestimmung über die Strafbarkeit der Gefährdung durch eine Geschlechtskrankheit nicht notwendig, sondern man könnte sich mit den allgemeinen Bestimmungen begnügen. Daß trotzdem eine solche Sonderbestimmung in den Entwurf aufgenommen wurde, geschah deshalb, um jeden möglichen Zweifel über die Strafbarkeit einer solchen Tat auszuschließen, besonders da heutzutage, wie bekannt, solche Handlungen straflos bleiben, obwohl auch das geltende Gesetz ihre Bestrafung ermöglicht.

§ 285 und 286. Tötung der Frucht.

Der Gesetzgeber, der sich die Frage vorlegt, ob und in welchem Maße er die Fruchtabtreibung mit Strafe verfolgen soll, muß seine Aufmerksamkeit zunächst auf eine wichtige Erscheinung lenken, nämlich die, daß dieses Übel, trotzdem es im geltenden Gesetze mit sehr strengen Strafen bedroht ist, in Wirklichkeit vielleicht in noch größerem Maße wuchert, als allgemein angenommen wird. Eine größtenteils auf dem Papier bleibende Strafnorm ist jedoch geeignet, die Achtung vor dem Gesetze zu gefährden. Daher muß der Gesetzgeber in einem derartigen Falle umso sorgfältiger erwägen, ob er bei einer solchen Strafdrohung beharren soll und was er eigentlich dadurch erreichen will.

In den breiten Massen ist bis nun die Überzeugung eingewurzelt, daß eine geschwängerte Frau die moralische Pflicht hat, die Frucht auszutragen, und daß die Verletzung dieser Pflicht eine unsittliche Handlung ist. Dies ist ein Moment, das, wenn es auch allein zur Strafbarkeit der Tötung der Frucht nicht ausreicht, — denn Moral und Strafrecht decken sich, wie bekannt, nicht immer — doch für den Gesetzgeber nicht ohne Bedeutung ist. Auch der Umstand ist nicht maßgebend, daß durch die Strafdrohung eine Frucht, also ein künftiger Mensch, geschützt wird, wenn das Schutzobjekt zur Zeit der Tat doch noch kein selbständiges Wesen, sondern „pars corporis“ der Frau ist und es sich darum handelt, ihr Verfügungsrecht über diesen Teil ihres eigenen Körpers unter Strafdrohung einzuschränken. Hier müssen unmittelbar jene konkreten rechtlichen Interessen bezeichnet werden, die durch eine solche Strafdrohung geschützt werden sollen.

In dieser Hinsicht muß an erster Stelle die G e s u n d h e i t u n d d a s L e b e n d e r S c h w a n g e r e n s e l b s t angeführt werden, die durch die Fruchtabtreibung gefährdet werden können. Nach der Lehre der ärztlichen Wissenschaft kann die Unterbrechung der Schwangerschaft zu bedeutenden, häufig auch dauernden Störungen des Organismus führen und gar manche Schwangere hat einen solchen Eingriff mit ihrem Leben bezahlt. Von diesem Gesichtspunkte aus wäre es allerdings fraglich, ob auch die Schwangere selbst bestraft werden kann, wenn die Selbstgefährdung sonst für straflos erklärt wird; sicherlich könnte eine mit Einwilligung der Schwangeren von einem Fachmanne lege artis ausgeführte Unterbrechung der Schwangerschaft nicht bestraft werden, weil, wenn sie auch nicht völlig gefahrlos sein mag, diese Gefahr — namentlich in den ersten Monaten der Schwangerschaft — gewiß nicht größer ist als bei der Geburt.

Sollen auch diese Fälle strafbar sein, so muß noch ein anderes Rechtsgut durch die Tat in Mitleidenschaft gezogen werden. Als ein solches Rechtsgut wird das populationistische Interesse des Staates angeführt. Sicherlich kann nicht bestritten werden, daß in ausgedehntem Maße durchgeführte künstliche Fehlgeburten zu einer wesentlichen Verminderung der Vermögenszahl führen können. Allerdings könnte zweifelhaft sein, ob dieses Moment in einer Zeit geltend gemacht werden kann, in der das Staatsgebiet zur Ernährung der heutigen Einwohnerschaft nicht ausreicht, in der sich die Arbeitslosigkeit ausbreitet und Tausende jährlich ihre Heimat verlassen, um in der Fremde eine bessere Existenz zu suchen. Aber auch wenn wir mit Rücksicht darauf zum Schlusse gelangten, daß der Staat derzeit kein erhebliches Interesse an einer zahlreichen Bevölkerung hat, so bliebe noch die Frage offen, wie sich die Situation gestalten würde, wenn den Schwangeren die Unterbrechung der Schwangerschaft ohne Einschränkung freigestellt wäre, und ob dann die Bevölkerungszahl nicht in dem Maße sinken würde, daß dadurch die durch den Weltkrieg ziemlich bedeutend geschwächte militärische Bereitschaft des Staates bedroht wäre. Von diesem Gesichtspunkte aus wäre allerdings nur an einer körperlich und geistig tüchtigen Nachkommenschaft gelegen und auch unter dieser Bedingung könnte die Austragung der Frucht von einer solchen Frau nicht verlangt werden, die ihre Pflicht gegenüber dem Staate durch eine bestimmte Geburtszahl bereits erfüllt hat.

Aus allen diesen Erwägungen geht hervor, daß es sich empfiehlt, auf der grundsätzlichen Strafbarkeit der Fruchtabtreibung zu beharren, jedoch keineswegs uneingeschränkt, sondern daß in denjenigen Fällen Ausnahmen zuzulassen sind, in denen die angeführten Interessen durch die Tat nicht berührt werden, sowie auch in denjenigen Fällen, in denen die Strafdrohung nach der allgemeinen Überzeugung wirkungslos bliebe. Nach diesen Gesichtspunkten sind die Bestimmungen des Entwurfes über die Fruchtabtreibung geregelt.

Die bisherige Bezeichnung „Fruchtabtreibung" wurde durch den Ausdruck „Tötung der Frucht" ersetzt; dies deshalb, weil die Tat nicht durch Abtreibung der Frucht, sondern auch durch ihre Tötung im Mutterleibe begangen werden kann. Dadurch soll auch hervorgehoben werden, daß bei dieser Straftat die Tötung der Frucht wesentlich ist, so daß die bloße Bewirkung der vorzeitigen Geburt eines lebenden Kindes nicht unter diesem Gesichtspunkte strafbar ist.

Dadurch wurde also die bekannte Streitfrage des geltenden Rechtes gelöst. Eine andere solche zweifelhafte Frage ist die, wer eigentlich als Täter anzusehen ist, wenn eine andere Person mit Einwilligung der Schwangeren die Frucht abtreibt oder ihr dabei behilflich ist. Diesen Zweifel löst der Entwurf in dem Sinne, daß in einem solchen Falle die Person sowie auch die Schwangere Mittäter sind.

Für die Schwangere wurde mit Rücksicht auf den psychischen Zustand, in dem sie sich infolge der Schwangerschaft befindet, ein milder Strafsatz aufgestellt (analogie zur Kindertötung). Für andere Täter gilt ein strengerer Strafsatz und mit Rücksicht darauf, daß der Beweggrund der Tat auch ein niedriger sein kann, z. B. Gewinnsucht, wurde auch Kerkerstrafe zur Wahl gestellt. Ein noch höherer Strafsatz und gleichfalls wahlweise Gefängnis und Kerker sind für denjenigen bestimmt, der eine Frucht ohne Einwilligung der Schwangeren tötet. Für rückfällige und gewerbsmäßige Fruchtabtreiber brauchte kein besonderer Strafsatz aufgestellt zu werden, denn hier genügen die Bestimmungen des § 68 und 75 Abs. 1 Z. 3. Auch wurde kein strengerer Strafsatz für den Fall festgesetzt, daß durch die Tat der Tod der Schwangeren verursacht wurde, und zwar folgerichtig im Einklange mit dem Grundsatze der Schuldhaftung, mit Rücksicht darauf, daß die Gefährdung der Gesundheit und des Lebens der Schwangeren bereits einen Grund für die Strafbarkeit der Tat bildet.

Zu den einzelnen Fällen, in denen die Tötung der Frucht mit Einwilligung der Schwangeren für straflos erklärt wird, ist zu bemerken:

1. Der Entwurf schließt die Straflosigkeit der Tötung der Frucht im Falle des Notstandes nicht aus, falls dessen Bedingungen, insbesondere eine unmittelbar drohende, auf andere Weise nicht anwendbare Gefahr für irgendein Rechtsgut vorliegen (§ 23). Ein besonderer Fall des Notstandes ist dann gegeben, wenn die Unterbrechung der Schwangerschaft zur Rettung der Mutter vor dem Tode oder vor einem schweren Schaden an der Gesundheit erfolgt. Hier bedarf es jedoch einer ausdrücklichen Bestimmung namentlich deshalb, weil es nicht zweckmäßig wäre eine unmittelbare drohende Gefahr zu fordern. Das Einschreiten soll gleich in den ersten Schwangerschaftsmonaten, da der künstliche Abortus verhältnismäßig leichter ist, möglich sein, wenn unzweifelhaft feststeht, daß der Mutter bei der Geburt die Gefahr des Todes oder eines schweren Schadens an der Gesundheit drohen würde. Auch soll die Straflosigkeit nicht ausgeschlossen sein, wenn die Gefahr durch andere Eingriffe abgewendet werden könnte, die — wie der Kaiserschnitt und die Symphyseotomie — mit bedeutenden körperlichen Leiden für die Schwangere verbunden zu sein pflegen und nicht weniger gefährlich sein können als die Geburt selbst.

2. Billigerweise kann von der Frau die Austragung der Frucht dann nicht verlangt werden, wenn die Befruchtung durch Gewalt erfolgt ist. Es fände sich kaum ein Richter, der in einem solchen Falle wegen Fruchtabtreibung strafen wollte. Ebenso behandelt der Entwurf den Fall, wenn die Befruchtung durch Schändung, d. i. durch strafbaren Mißbrauch einer Geisteskranken oder Blödsinnigen oder einer Bewußtlosen oder sonst wehrlosen erfolgt ist oder wenn ein Mädchen unter 16 Jahren mißbraucht wurde. Hier entscheiden allerdings bereits auch Gründe der Rassenhygiene, da Kinder solcher Mütter erfahrungsgemäß körperlich minderwertig zu sein pflegen.

3. In diesem Zusammenhange wird gewöhnlich die Forderung aufgestellt, auch die Unterbrechung der von einem geisteskranken Manne verursachten Schwangerschaft zu gestatten, und zwar

gleichfalls aus Gründen der Rassenhygiene. Der Entwurf erachtet diese Forderung mit Rücksicht auf die vorangeschickten allgemeinen Erwägungen für berechtigt, verleiht jedoch der betreffenden Bestimmung einen weiteren Umfang, indem er auch alle anderen Fälle hieher zählt, wo die Befürchtung begründet ist, daß das zur Welt gebrachte Kind geistig oder körperlich schwer belastet sein wird. Denn was für ein Interesse kann die Gesellschaft daran haben, daß solche minderwertige Individuen zur Welt kommen, die nur anderen zur Last sind? Durch die Tötung der Frucht werden da sowohl der Familie als auch dem Kinde selbst Leiden und der Öffentlichkeit unter Umständen die Erhaltungskosten erspart.

4. Der Entwurf will von der Verpflichtung zur Austragung der Frucht auch eine solche Frau befreien, die bereits eine bestimmte Anzahl von Kindern hat, für die sie sorgen muß, oder die wenigstens schon eine bestimmte Anzahl von Geburten hinter sich hat und sich in solchen Verhältnissen befindet, daß die Austragung der Frucht von ihr billigerweise nicht verlangt werden kann. Der Entwurf betrachtet in dieser Hinsicht die Zahl von drei Kindern oder fünf Geburten als angemessen. Die hier zu berücksichtigenden Verhältnisse können sowohl im körperlichen Zustand und im Alter der Frau als auch in den Vermögens-, Ernährungs- und anderen Verhältnissen bestehen, wobei die Erwägung zum Leitfaden dienen soll, ob unter diesen Verhältnissen noch die Geburt einer tüchtigen Nachkommenschaft und ihre ordentliche Erziehung erwartet werden kann.

Es wäre denkbar, die Straflosigkeit in den angeführten Fällen davon abhängig zu machen, daß die Bedingungen der Straflosigkeit noch vor dem Eingriffe auf amtlichem Wege festgestellt werden. Der Entwurf tut dies nicht, da es sich im Falle Z. 1 um einen unaufschiebbaren Eingriff handeln kann, während sich im Falle Z. 2 bis 4 die Frau wohl kaum einem solchen Verfahren unterwerfen wollte und sich lieber zur heimlichen Abtreibung entschließen würde. Zu erwägen wird jedoch sein, ob nicht in der Durchführungsverordnung für eine Einrichtung vorgesorgt werden sollte, die zur Feststellung der Bedingungen einer straflosen Fruchtabtreibung berufen wäre, wenn dies die Schwangerschaft selbst wünscht, weil sie sich so vor der Gefahr einer Strafverfolgung schützen will. Sonst wird es Sache des um die Einleitung des künstlichen Abortus ersuchten Arztes sein, wenn er sich nicht selbst dieser Gefahr aussetzen will, sich auf geeignete Weise die Gewißheit zu verschaffen, daß die Bedingungen der Straflosigkeit gegeben sind, und im Zweifelsfalle den Eingriff abzulehnen.

Bedingung der Straflosigkeit in allen angeführten Fällen ist nämlich, daß die Unterbrechung der Schwangerschaft durch einen Arzt ausgeführt wurde.

Wenn sie durch eine andere Person vorgenommen wurde, ist nicht nur diese Person strafbar, sondern auch die Schwangere, mit deren Einwilligung dies geschehen ist. Denn der Entwurf will im Interesse der Schwangeren selbst wegen der damit verbundenen Gefahr jeden Eingriff eines Nichtarztes ausschließen. Die von einem

Ärzte zur Rettung der Schwangeren ohne ihre Einwilligung ausgeführte Unterbrechung der Schwangerschaft kann allerdings — ebenso wie die eigenmächtige Heilbehandlung — eine Übertretung gegen die Freiheit begründen (§ 57 des Entwurfes des Übertr. Ges.).

Die gesetzliche Zusicherung der Straflosigkeit in jenen Fällen, wo dies vom kriminalpolitischen Gesichtspunkt aus begründet ist, wird zur erhöhten Wirksamkeit der Strafdrohung in den übrigen Fällen beitragen. Das Bewußtsein, daß die von einem Nichtarzt ausgeführte Fruchtabtreibung unbedingt strafbar ist, wird wahrscheinlich zur Folge haben, daß sich die Schwangeren mit solchen Anliegen eher an die Ärzte wenden werden, die auf diese Weise Gelegenheit haben werden, durch Belehrung und Rat nicht nur von einer nach dem Gesetze strafbaren Tötung der Frucht zu warnen, sondern auch vor den Folgen der erlaubten Abtreibung.

Die Fälle, deren Ausschluß von der Strafdrohung der Entwurf empfiehlt, sind solche, die durch sie überhaupt nicht erfaßt werden können. In solchen Fällen mit Strafe zu drohen, hieße nur die Schwangeren unerfahrenen und gewissenlosen Helferinnen in die Arme zu treiben und sie dadurch der Gefahr einer schweren Gesundheitsstörung, wenn nicht der Gefahr des Todes auszusetzen.

Indem der Entwurf die angeführten Ausnahmen von der Strafbarkeit der Tötung der Frucht zuließ, die sich, wie ersichtlich, teils auf die medizinische Indikation, teils auf ethische und soziale Gründe, teils auf Rücksichten der Rassenhygiene stützen, glaubt er in dieser Hinsicht bis zur äußersten Grenze gegangen zu sein, bis zu der gegangen werden kann, sollen nicht die oben erwähnten wichtigen Interessen gefährdet werden. Der Entwurf lehnt namentlich die Anregung ab, jede bis zu einem bestimmten Anfangsstadium der Schwangerschaft (z. B. wie von einigen Seiten beantragt wurde, bis zu drei Monaten) erfolgte Fruchtabtreibung als straflos und daher als frei zu erklären; dies deshalb, weil mit Rücksicht auf die Schwierigkeiten, die die Feststellung verursachen würde, ob die Schwangerschaftsunterbrechung gerade noch in diesem Zeitabschnitt erfolgt ist, der Mißbrauch dieser Freiheit auch in einem späteren Stadium nicht ausgeschlossen wäre. Übrigens würde es durch diese Bestimmung ermöglicht, im angeführten Zeitabschnitt jede Schwangerschaft zu unterbrechen, was zu den obenangeführten bedenklichen Folgen führen könnte.

Nicht unerwähnt soll bleiben, daß der vom Entwurf in der Frage der Strafbarkeit der Fruchtabtreibung eingenommene Standpunkt in einer Resolution, die bei der zu Pfingsten 1925 in Brünn abgehaltenen zweiten Tagung der tschechoslowakischen Juristen angenommen wurde, grundsätzliche Zustimmung gefunden hat.

Eine damit zusammenhängende Übertretung enthält der § 54 des Entwurfes des Übertretungsgesetzes: die öffentliche Anbietung von Mitteln oder von Hilfe zur Tötung der Frucht. Auch das öffentliche Anbieten von verhängnisverhindernden Mitteln mit Strafe zu bedrohen, wie dies z. B. der schweizerische Entwurf tut, dafür bestehen keine zureichenden Gründe.

Kommentar zum Übertretungsgesetz.

§ 51. Aufforderung zur Unzucht.

Eine Übertretung begeht, wer sich auf einen zur Erregung von Ärgernis oder zur Verletzung des Schamgefühls geeignete Weise zur Unzucht anbietet oder dazu auffordert. Bedingung ist, daß dies öffentlich geschieht.

§ 54. Anbietung von Mitteln oder von Hilfe zur Tötung der Frucht.

Diese Bestimmung wurde bereits bei § 285 und 286 St. G. Entw. erläutert.

§ 56. Unbefugte Heilbehandlung.

Da die Bestimmung des § 343 St. G. 1852 nach den gemachten Erfahrungen nur deshalb nicht häufiger angewendet werden konnte, weil sich nicht nachweisen ließ, daß für die Leistung ein Entgelt genommen wurde, fordert der Entwurf nicht, daß die unbefugte Behandlung gewerbsmäßig geschehe, sondern es soll genügen, wenn sie, wenn auch unentgeltlich, als Beruf ausgeübt wird. Ferner wird auch die öffentliche Anbietung zur unbefugten Heilbehandlung für strafbar erklärt.

Zur Aetiologie der Sexualdelikte.

Von Univ.-Prof. Dr. *Wenzel Gleispach*, Wien.

Mit 11 Figuren.

Es wird schon eine Reihe von Jahrzehnten Kriminalaetiologie getrieben. Gleichwohl sind wir weit davon entfernt, über die Aufgaben, den Gegenstand der Untersuchung und die Methode einig zu sein. Darum scheint es mir unvermeidlich, ein paar allgemeine Bemerkungen über diese Dinge vorauszuschicken. Ich muß mich dabei freilich auf Behauptungen beschränken und darauf zumeist verzichten, sie zu rechtfertigen, weil sonst die Zeit nicht ausreichen würde, glaube aber, das tun zu dürfen, weil ich bei der vorletzten Tagung der Internationalen Kriminalistischen Vereinigung in Innsbruck, im September 1925, meine Auffassung von der Erforschung der Verbrechensursachen in einem Vortrag ausführlich dargelegt habe, den ich zwar leider bisher noch nicht veröffentlicht habe, der aber in einem der nächsten Hefte der Zeitschrift für die gesamte Strafrechtswissenschaft erscheinen wird und auf den ich also verweisen möchte[1]).

Fragen wir uns nach dem Sinne der Aussage, daß wir Ursachenforschung treiben, so ergibt sich, daß streng genommen von Ursachen besser gar nicht gesprochen würde. Denn, wenn Ursache das bezeichnen soll, was wir als vorhanden annehmen müssen, um eine Erscheinung, hier das Verbrechen, zu erklären, so ist dieses Etwas eine Fülle von Bedingungen, und zwar ganz regelmäßig eine solche Fülle, daß wir außer Stande sind, sie vollständig zu überschauen. Dazu kommt, daß jede Bedingung selbst wieder bedingt ist, und somit eine endlose Reihe in die Vergangenheit zurückführt, wobei offenbar die Zahl der Bedingungen in geometrischer Progression wächst und wir zu einer Menge kommen, die das Vorstellungsvermögen übersteigt. Verstehen wir also unter Ursache die Summe der Bedingungen, dann ist uns die Erkenntnis der Ursachen versagt. Vielfach versteht man bekanntlich unter Ursache etwas anderes. Man untersucht alle „Umstände" einer Erscheinung und trennt dann die bloß begleitenden von den bewirkenden, die konditionellen von den eigentlich kausalen Momenten, die eigentlichen Ursachen von den bloßen Bedingungen. Sicherlich ist nicht jeder begleitende Umstand Bedingung. Aber innerhalb der bedingenden Umstände, unter dem Gesichtspunkt eigentlicher oder uneigentlicher, mehr oder minder großer Kausalität oder Beziehung zum Untersuchungsgegenstand Unterscheidungen aufzustellen, beruht auf unklaren Gedankengängen und ist logisch unhaltbar. Es gibt eben keine Grade oder Abstufungen der Kausalität. Somit scheinen wir vor einem unlösbaren Problem zu stehen und der Schein trügt nicht, soferne wir abseits von jedem Zweckgesichtspunkt, nur Erkenntnis um ihrer selbst willen anstreben. Es ist uns eben das rest-

[1]) Z. f. d. ges. Strafrechtswissenschaft. Bd. 48, Heft 2. S. 99 ff.

lose Erkennen der Welt, in der wir leben, versagt. Dem scheint aber zu widersprechen, daß wir doch eine Fülle von Vorgängen, eine Fülle von Willenshandlungen im besonderen uns befriedigend zu erklären vermögen, daß die Kriminalaetiologie Ergebnisse aufzuweisen hat, wenn auch nicht im entferntesten erschöpfende oder abschließende. So gelingt es, um den einfachsten Fall heranzuziehen, keineswegs immer, aber doch häufig, das Zustandekommen einzelner Verbrechen in wissenschaftlich haltbarer Weise zu erklären, d. h. wir vermögen einzelne Bedingungen aufzuzeigen, die uns die verbrecherische Betätigung verständlich machen, so daß das Streben nach einer Erklärung zur Ruhe kommt. Freilich ist dabei oft das Dunkel, das die Entwicklung bis zu einer bestimmten Willenshandlung einhüllt, oft genug um nur eine oder zwei Stufen der Entwicklung aufgehellt. Aber wir begnügen uns damit, sei es, daß wir uns der Unfähigkeit bewußt sind, weiter vordringen zu können, sei es, daß uns das weiter in der Vergangenheit Zurückliegende gar nicht interessiert, wobei übrigens bei der großen Mehrzahl der Menschen, wenn auch ihnen oft unbewußt, jene Unfähigkeit dieses Interesse beeinflußt.

Das Verfahren, mittels dessen wir also in der Ursachenforschung zu Ergebnissen gelangen, besteht darin, daß wir einmal in die unübersehbare Fülle der Bedingungen ordnende Gesichtspunkte hineintragen und dann darin, daß wir von ganzen Bedingungsreihen absehen, nicht darum, weil es sich um Umstände handelt, die nicht eigentlich oder doch weniger kausal wären, als die anderen, sondern weil sie uns nicht interessieren, uns keine Aufklärung für den Zweck der Untersuchung zu bieten vermögen.

Zunächst die ordnenden Gesichtspunkte: an erster Stelle steht die Unterscheidung von äußeren und inneren Bedingungen, die Unterscheidung, ob es sich um einen Umstand handelt, der im Augenblick der Tat außerhalb des Täters gelegen war, von seinem Standpunkt aus der Umwelt angehörte, oder ob der Umstand in ihm selbst lag. Man spricht auch von individuellen und sozialen Bedingungen, aber der Unterschied ist damit nicht scharf gekennzeichnet. Weiters haben wir Bedingungen erster, zweiter, dritter Ordnung oder Stufe, oder wenn man will, primäre, sekundäre usw. Bedingungen zu unterscheiden; unmittelbare und mittelbare Bedingungen, je nach der Stelle, die dem einzelnen Umstand in der Kausalreihe zukommt. Schon die erste Einteilung der Bedingungen ist teleologisch begründet. Für den Kriminalpolitiker ist es von ausschlaggebender Bedeutung, ob das Verbrechen vorwiegend oder gar ausschließlich durch Umstände bedingt ist, die im Täter liegen, oder ob äußere Umstände mitbestimmend waren und in welchem Ausmaße. Daß es keineswegs einen Verstoß gegen die grundlegende Annahme der Gleichwertigkeit aller Bedingungen bedeutet, wenn wir von einem Überwiegen einer oder der anderen Bedingungsgruppe sprechen, sei hier nur nebenbei angemerkt, mit dem Hinweis auf eingehendere Erörterung an der schon früher angeführten Stelle. Durch den Zweck der Untersuchung ist auch die Art der Bedingungsgruppen gegeben, von welchen wir absehen. Ich spreche hier von einem Auswahl- oder Ausscheidungsverfahren. Für jede kriminalpolitisch orientierte Untersuchung, wie übrigens nicht minder etwa für eine zu Zwecken der Sozialpolitik ist alles auszuscheiden, was unabänderlich ist, menschlicher Einwirkung überhaupt entzogen, aber auch alles „Normale“, normal nicht im arithmetischen, sondern im teleologischen Sinn verstanden.

Ich leugne nicht im mindesten, daß das Ausscheidungsverfahren auf Bewertungen, auf Werturteile zurückgeht. Weil wir das Verbrechen als gemeinschädlich betrachten, weil es als ein zu Verhütendes ein Gegenstand unseres Interesses ist, suchen wir nach anormalen Umständen unter den Bedingungen und finden in ihnen eine Erklärung für sein Zustandekommen. Nur wenn behauptet werden sollte, daß solches Verfahren spezifisch geisteswissenschaftlich und darum hier nicht anwendbar sei, müßte widersprochen werden.

Wir haben bisher die kausale Untersuchung einzelner Verbrechen vor Augen gehabt. Gegenstand der Untersuchung kann auch die Kriminalität sein, das Verbrechen als Massenerscheinung. Die wenigstens bei den Kriminalisten herrschende Lehre nimmt an, es handle sich dabei nur um einen Wechsel in der Methode der Forschung. Im Gegensatz dazu lege ich das größte Gewicht darauf, daß wir es vielmehr mit einem anderen Untersuchungsobjekt zu tun haben. Selbst wenn die Kriminalität nichts anderes wäre, als eine irgendwie begrenzte Summe einzelner Verbrechen, so ist Verschiedenheit der Objekte gegeben, weil eben ein Teil nicht gleich der Summe ist. Aber Kriminalität ist nicht Summe von Einzelverbrechen, sondern ein Kollektivbegriff. Darum ist es auch ein vergebliches Bemühen, e i n e abstrakte Formel zu suchen, die sowohl das einzelne Verbrechen als auch die Kriminalität kausal zu erklären vermöchte. Wenn man das einzelne Verbrechen als das Produkt der Eigenart des Täters zur Zeit der Tat und der zu dieser Zeit ihn umgebenden äußeren Verhältnisse bezeichnet, was im allgemeinen zutrifft, so muß für die Kriminalität in irgend einer räumlich-zeitlichen Begrenzung eine andere Formel aufgestellt werden; sie kann als das Produkt der Eigenart der Bevölkerung und der in dieser räumlich-zeitlichen Begrenzung sie umgebenden äußeren Verhältnisse bezeichnet werden. Eine Formel solcher Art und das Arbeiten mit ihr ist aber wenig ertragreich, das Unternehmen, einen Katalog sämtlicher Bedingungen der Kriminalität aufzustellen, ist ebenso nutzlos, als es nie zu einem Ende käme. Der Kriminalität gegenüber besteht die Aufgabe einer Wissenschaft, die unter einem Zweckgesichtspunkt betrieben wird, nicht darin, das S e i n der Kriminalität zu erklären, — wissen wir doch, daß es mit dem Zusammenleben der Menschen zumindest im Kulturzustand untrennbar verbunden ist, — sondern das S o - sein, das uns durch den Vergleich mit irgend einem anderen Sosein erkennbar wird. Mit anderen Worten und in der hier gebotenen Kürze: während die Ursachenforschung bei einzelnen Verbrechen Erscheinungen zum Gegenstand hat, die sie als isolierte geschichtliche Gegebenheiten betrachtet, sozusagen eine statische Aetiologie ist, so hat die Ursachenforschung das Kollektivum der Kriminalität in seiner Bewegung zu erfassen, die Bedingungen für die Schwankungen der Kriminalität aufzuzeigen, mit dem Endziel, womöglich „Gesetze“ der Bewegung der Kriminalität (selbstverständlich Gesetze im soziologischen Sinne) zu ermitteln. Ich werde mich hier nicht mit einzelnen Delikten, sondern mit einer Gruppe aus der Gesamtkriminalität beschäftigen.

Wenn ich die Gruppe als die der Sexualdelikte bezeichnet und nicht von Sittlichkeitsdelikten gesprochen habe, so liegt darin nicht nur ein äußerlicher Gleichklang mit dem Namen unseres Kongresses, sondern mehr. Sittlichkeitsdelikte und Sexualdelikte sind nicht ganz dasselbe; der erstere Begriff ist teils weiter, teils enger, er ist nach dem juristischen Gesichtspunkt gebildet, der Handlungen oder Tatbestände zusammenfaßt, die Angriffe auf dasselbe Rechtsgut enthalten. Dabei wird aber unter dem Rechtsgut Sittlichkeit nicht immer das Gleiche verstanden. Es handelt sich bald um Angriffe auf die geschlechtliche Freiheit, bald um Angriffe auf gewisse beschränkende Normen für den geschlechtlichen Verkehr, bald um Angriffe auf das Sittlichkeitsgefühl, ja nach der Strafgesetzgebung des Deutschen Reiches und anderer Länder auch um Angriffe auf die Eheordnung, weil diese Gesetzgebungen auch Doppelehe und Ehebruch zu den Sittlichkeitsverbrechen zählen und endlich um die Förderung fremder, aber keineswegs notwendigerweise strafbarer Unzucht. Daß es sich hier um recht Verschiedenes handelt, das angegriffene Rechtgut bei manchen dieser Angriffe zu bestimmen, kaum oder auch gar nicht gelingen will oder nur ein formales Ergebnis liefert, daß endlich ein einheitliches Rechtsgut der Sittlichkeit, gegen das alle Sittlichkeitsverbrechen gerichtet wären, nicht vorhanden ist oder eben wiederum nur ganz formal als die Ordnung in geschlechtlichen Dingen bestimmt werden kann, das alles ist schon oft ausführlich dargelegt worden, — es seien hier etwa nur die eindringenden Ausführungen *Mittermaiers* in der vergleichenden Darstellung des deutschen und ausländischen Strafrechts genannt, — und ich brauche mich dabei füglich nicht weiter aufzuhalten. Die von den Strafgesetzen ausgebildete Gruppe der Sittlichkeitsdelikte ist darum kriminologisch wenig brauchbar; die Beziehung der Tat zum Geschlechtsleben kann nicht nur beim Täter ganz fehlen, man denke nur an die Kuppelei, an lediglich aus Gewinnsucht betriebene Pornographie u. s. f., sie muß überhaupt nicht vorhanden sein, — so z. B. bei einer Doppelehe, die den Beteiligten lediglich ein Geschäft bedeutet, ohne daß an geschlechtlichen Verkehr auch nur gedacht würde, — und sie ist, wenn vorhanden, in sehr verschiedener Weise gestaltet. Anders beim Sexualverbrechen, das ohne Beziehung zum Geschlechtsleben niemals gegeben ist, durch diese Beziehung aber gegeben sein kann, ohne daß es darauf ankäme, in welchen der vom Strafgesetz ausgeprägten Formen die Tat auftritt. Sexualverbrechen ist der Lustmord ebenso wie die sadistische oder masochistische Körperverletzung, die Sachbeschädigung, die etwa als sexuell betontes Erwürgen von Tieren vorkommt, der Diebstahl des Fetischisten, unter Umständen eine Freiheitsbeschränkung oder, wie *Aschaffenburg* betonte, eine Beleidigung. Freilich, wenn auch über das eben Gesagte Übereinstimmung der Ansichten bestehen sollte, eine scharfe Abgrenzung der Sexualverbrechen ist damit noch nicht gegeben. Wir sollen meines Erachtens den Kuppler, Mädchenhändler, Pornographen nicht ausschalten, wir dürfen aber auch nicht jede verbrecherische Tat Sexualverbrechen nennen, sofern nur der Endzweck ein sexueller ist, sonst müßte auch die Unterschlagung fremder Depots hierher gestellt werden, die ein Bankbeamter sich zu Schulden kommen läßt, um die Mittel zu besitzen, sich weiterhin die Gunst seiner finanziell sehr anspruchsvollen Geliebten zu erhalten. Sexualverbrechen sind, so könnte man wohl am besten sagen, Verbrechen, die der Erregung oder Befriedigung des Geschlechtstriebes dienen. Innerhalb dieser weitgespannten Gruppe ist aber sofort die wichtige Unterscheidung zu machen, ob es sich um den Geschlechtstrieb des Handelnden, des Täters selbst oder um den anderer handelt. Wir erhalten also zwei Untergruppen: Verbrechen der eigenen Sexualsphäre und solcher fremder Sexualsphäre, wenn man will, eigentliche und uneigentliche Sexualverbrechen. Man muß sich aber darüber klar sein, daß diese Unterscheidung durch das, was unsere Strafgesetze als einen Typus betrachten, sozusagen mitten durch geht, ja daß sie selbst einzelne Taten mit mehreren Beteiligten spaltet, denn bei einer Notzucht z. B. gehört der Täter zur ersten, der Gehilfe in der Regel zur zweiten Gruppe, es wäre denn, daß er selbst die Hilfeleistung als sexuell erregend oder befriedigend empfindet.

Das eben Gesagte bedürfte noch eingehenderer Ausführung. Ich verzichte hier auf sie, weil man bei der Beobachtung der Schwankungen der Kriminalität mit dem Begriff des Sexualverbrechens bestenfalls nur ganz im Großen und Rohen arbeiten kann und es darum auf scharfe Abgrenzung und feine Unterscheidung gar nicht ankommt; ja wir sind sogar oft gezwungen, doch wieder zu der Umgrenzung der Sittlichkeitsverbrechen zurückzukehren. Das deshalb, weil ja füglich das einzige Material, daß uns im Großen zur Verfügung steht, von den Kriminalstatistiken geboten wird, die sich eben an die Abgrenzung und Gruppierung der Tatbestände in den Strafgesetzbüchern halten und leider nicht an das, was der Kriminologe braucht, — ein merkwürdiger Vorgang, wenn man erwägt, daß die kriminalstatistischen Ausweise doch eigentlich für die Kriminologen gemacht werden oder doch zumindest in erster Reihe um der kriminologischen Auswertung willen gemacht werden sollten. Ich werde am Schluß meiner Ausführungen darauf zurückkommen. Jetzt endlich zu den tatsächlichen Erscheinungen, nachdem uns abstrakte Betrachtungen vielleicht ohnehin schon zu lange aufgehalten haben, zu den Schwankungen der Kriminalität auf unserem Gebiet seit dem Ausbruch des Krieges.

Der Zustand vorher ist ja wohl bekannt. Im Rahmen der Gesamtkriminalität sind die Sittlichkeitsdelikte keine große Masse. Im Durchschnitt der drei letzten Jahre vor dem Kriege entfielen in Oesterreich[1]) auf 100 000 der strafmündigen Zivilbevölkerung 27,6 wegen Sittlichkeitsverbrechen Verurteilte im Alter bis zu 20 Jahren und 19,1 im höheren Alter, während die entsprechenden Zahlen der wegen Verbrechens überhaupt Verurteilten 229,7 und 205,8 sind, mit anderen Worten der Anteil der Sittlichkeitsverbrechen an der gesamten Kriminalität betrug bei den Jugendlichen (unter 20 Jahren) 12 Prozent und bei den Erwachsenen 9,28 Prozent. Der Anteil des weiblichen Geschlechts ist verschwindend klein, nennenswert eigentlich nur bei dem uneigentlichen Sexualdelikt der Kuppelei. Dabei sei hier hervorge-

[1]) D. h. annähernd die Gebiete des alten Österreich, die heute die Republik bilden.

hoben, daß nach österreichischem Recht die gleichgeschlechtliche Unzucht auch unter Frauen strafbar ist. Die Sexualdelikte sind auf alle Altersstufen verteilt, aber der verhältnismäßigen Verteilung nach ein Frühdelikt. Die Altersstufe 14 bis 18 ist am stärksten belastet, insbesondere durch Notzucht und Schändung.

Welche Veränderungen sind seit dem Ausbruch des Krieges eingetreten? Ich darf wohl annehmen, daß die Entwicklung der Kriminalität seit diesem Zeitpunkt im allgemeinen bekannt ist; darf auf das Kapitel „Krisen und Krieg" in dem führenden aetiologischen Werk *Aschaffenburgs* und etwa auf den kürzlich erschienenen Vortrag „Krieg und Kriminalität" von *Franz Exner* verweisen, mit dessen Abdruck er die von ihm herausgegebene Reihe kriminalistischer Abhandlungen eröffnet hat. Nur um das Bild in ganz großen Zügen aufzufrischen: in den ersten Kriegsjahren geht die Kriminalität stark zurück, um noch vor dem Ende des Krieges anzusteigen und die Friedenskriminalität zu überschreiten und dann nach dem Zusammenbruch und Umsturz weiter jäh anzusteigen, im wesentlichen vermöge einer geradezu ins Phantastische gehenden Zunahme der Vermögensverbrechen, allen anderen weit voran des Diebstahls. Erst in den letzten Jahren zeigt sich ein noch geringes Abflauen der Gesamtkriminalität. An dieser Kurve sind aber die der Masse nach wichtigen Verbrechen keineswegs, wie schon angedeutet, in gleichem Maße beteiligt, zeigen vielmehr zum Teil geradezu das Gegenbild. Die Körperverletzungen nehmen nicht nur zu Anfang des Krieges, sondern auch späterhin ab, da die Vermögensverbrechen stark ansteigen und *Exner* führt an, daß während 1913 Diebstähle und Körperverletzungen sich ungefähr die Wage hielten, 1923 auf je 10 Diebstähle nur eine Körperverletzung entfällt.

Die weitverbreitete Annahme, nach dem Kriege würden die Körperverletzungen ansteigen, hat sich als durchaus irrig erwiesen, die Entwicklung vielmehr der Voraussicht weniger Kundiger Recht gegeben, daß sie stark zurückgehen werden. Um nur eine Zahlenreihe als Beleg zu bringen: 1910—1913 entfielen auf 100 000 der Zivilbevölkerung 30,8 wegen Verbrechens der Körperverletzung verurteilte Erwachsene, 1919—1922 aber nur 11,9, 1923 allerdings bereits 23,1; d. h. also die Körperverletzungen betragen in den Jahren unmittelbar nach dem Krieg gegenüber der Vorkriegszeit nur 38 Prozent, um 1923 auf 75 Prozent der Vorkriegskriminalität zu steigen [1]). Freilich haben die Morde keineswegs gleichfalls abgenommen, ihre Zahlen betragen in den Nachkriegsjahren das Dreifache bis Fünffache der Vorkriegskriminalität und wenn man Gewalttätigkeiten gegen Leib und Leben zusammennimmt, so zeigt sich, daß mit der Abnahme der Extensität eine Zunahme der Intensität verbunden ist, übrigens nichts auffallendes, weil ja die umgekehrte Verbindung das für viele Jahrzehnte der Vorkriegszeit Kennzeichnende und für die letzten Kriegsjahre und zumindest die ersten Nachkriegsjahre eine Kriminalität mit atavistischen Zügen den Verhältnissen adaequat war. Aber man mag auch den Unwert des Mordes gegenüber der Körperverletzung verhältnis-

[1]) Siehe „Zahlenmäßige Darstellung der Rechtspflege", herausgegeben vom österr. Bundesamt für Statistik, II. Jahrgang, 1. Heft, 1925.

mäßig sehr hoch einschätzen, so wird doch nichts an dem Gesamtbild geändert.

Die österreichische Kriminalstatistik weist nun an wegen Sittlichkeitsverbrechen Verurteilten für die Jahre 1910—1913 im Jahresdurchschnitt 896 aus, also nicht ganz 900 und zwar für die Gebiete des alten Oesterreich, die die heutige Republik Oesterreich bilden. Für 1914 besitzen wir kein Material. Die Verurteiltenziffern der folgenden Jahre zeigt die nachstehende Tabelle (Männer und Frauen):

Es wurden wegen Sittlichkeitsverbrechen (Paragraph 125—132 St. G. B.) verurteilt in den Jahren:

1915	480	1920	287
1916	297	1921	558
1917	165	1922	686
1918	107	1923	1072
1919	169	1924	1071

Wir sehen deutlich ein ständiges Abfallen der Ziffern, zuerst langsamer, dann in den Jahren 1916, 1917 und 1918 am stärksten, bis im letzten Kriegsjahr der Tiefpunkt erreicht ist, eine Ziffer, die nicht einmal $^1/_9$ der Friedenshöhe beträgt, dann ein langsames Aufsteigen, wobei besonders zu bemerken ist, daß in den Jahren 1919 und 1920 das Aufsteigen fast nur durch die Verurteilungen Erwachsener bewirkt wird, während in Wien die Verurteilungen Jugendlicher in diesen Jahren überhaupt noch nicht zunehmen, die außerhalb Wien's sehr langsam. Von 1920 auf 1921 tritt fast eine Verdoppelung der Verurteiltenziffern ein, 1923 ist der Friedensstand bereits überschritten.

Die folgende Tafel zeigt — mit der Lücke des Jahres 1914 — die eben besprochene Bewegung durch eine Kurve. Daß das Bild im wesentlichen richtig ist, obwohl es auf absoluten Zahlen beruht, ergibt sich aus der Gegenüberstellung der Einwohnerziffern.

Tafel 1.

Verurteilungen von Personen männlichen und weiblichen Geschlechtes wegen Sittlichkeitsverbrechen:

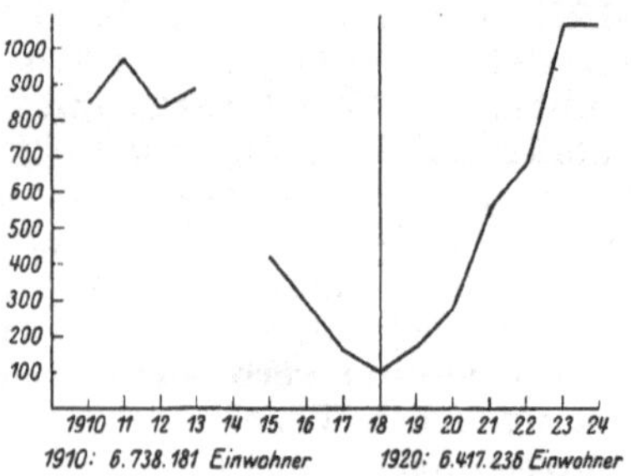

Das nächste Bild zeigt die Kurven der Gesamtkriminalität, dann der Diebstahlskriminalität, der übrigen Verbrechen und endlich die der Sittlichkeitsverbrechen allein; und zwar getrennt für Jugendliche und für Erwachsene. Sie beruhen auf relativen Zahlen. Die Schwankung der Häufigkeit der Sittlichkeitsdelikte kann hier nicht scharf hervortreten, weil die relativen Ziffern an sich zu klein sind. Aber deutlich zeigt sich doch, wie Gesamtkriminalität und Diebstahl in ihren Kurven gerade das Gegenbild liefern zur Kurve der Sittlichkeitsverbrechen.

Tafel 2.

Es kommen auf 100 000 der Gesamtbevölkerung in einem Jahre durchschnittlich Verurteilungen wegen Verbrechen:

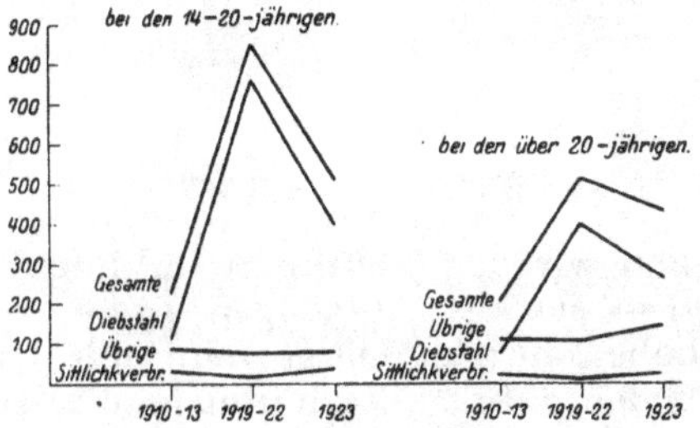

Für das Deutsche Reich kann ich nur eine unvollständige Übersicht geben. Bekanntlich fehlen in der Reichskriminalstatistik die Jahre 1918—1920 und 1922. Das Heft für 1924 ist noch nicht erschienen. Die folgende Tafel führt die absoluten Ziffern der Verurteilungen (Männer und Frauen) wegen der von der Reichskriminalstatistik ausgewiesenen Sittlichkeitsdelikte mit Ausnahme der Verurteilungen wegen Doppelehe und Ehebruch auf (also No. 41 bis 48 g des neuen Verzeichnisses) und zeigt auch das Verhältnis der eigentlichen zu den uneigentlichen Sexualdelikten, soweit die statistischen Ausweise gestatten, es darzustellen. Die Bewegung in den statistisch erfaßten Jahren tritt in anschaulicher Weise hervor. Gegenüber Östereich fällt besonders auf, daß die Zunahme der Sittlichkeitsdelikte schon 1922 abbricht; 1923 zeigt einen schwachen Rückgang; es bleibt abzuwarten, ob er anhält. Im Großen ist die Entwicklung die gleiche wie in Oesterreich [1]).

Tafel 3.

Absolute Zahlen der Verurteilungen wegen Sittlichkeitsdelikte im Deutschen Reiche:

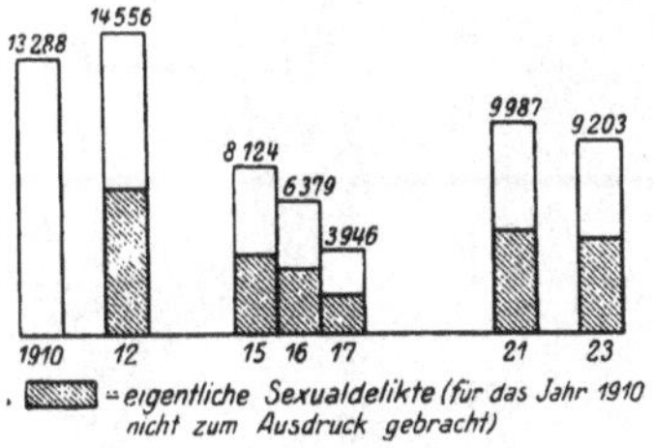

Italien, das bekanntlich erst später in den Krieg eintrat, bietet nach seiner amtlichen Statistik folgendes Bild:

[1]) Aus der mir erst nach dem Kongress zugänglich gewordenen Kriminalstatistik für das Jahr 1924 ergibt sich eine ganz bedeutende Zunahme für dieses Jahr. Die Ziffer der Verurteilungen beträgt 12.207, stellt also einen Höhepunkt dar; die Zunahme stammt von den eigentlichen Sittlichkeitsdelikten, die mit 6533 gegen 4598 des Vorjahres vertreten sind.

Tafel 4.

Absolute Zahlen der Verurteilungen wegen Sittlichkeitsdelikte in Italien:

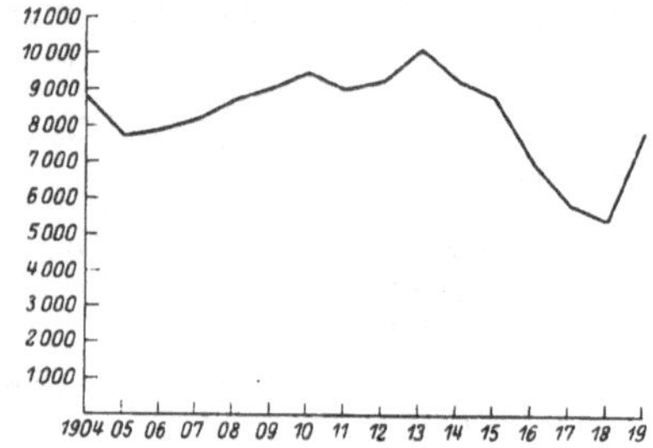

Auch hier haben wir den Tiefpunkt im Jahre 1918, dann ein — absolut genommen — starkes Aufsteigen schon bis 1919, das sich wohl fortgesetzt haben dürfte; leider fehlt mir das statistische Material für die folgenden Jahre. Verhältnismäßig ist die Zunahme der Verurteilungen in Italien im Jahre 1919 geringer als in Oesterreich.

Endlich ein neutrales Land, Schweden. Zu Grunde gelegt sind die Verurteiltenziffern der amtlichen Statistik, Verbrechen und Übertretungen umfassend. Doch sind die Delikte, die nicht einmal als uneigentliche Sexualdelikte angesprochen werden können, ausgeschieden, obwohl sie das schwedische Strafgesetzbuch und die Kriminalstatistik mit den Sittlichkeitsdelikten vereinigt. Daß sich die wirtschaftlichen Folgen des Weltkrieges auch in Schweden sehr stark geltend gemacht haben, und die Vermögensverbrechen demgemäß sich ähnlich entwickelten, wie bei den Zentralmächten, darf ich als bekannt voraussetzen.

Tafel 5.

Absolute Zahlen der Verurteilungen wegen Sittlichkeitsdelikte in Schweden:

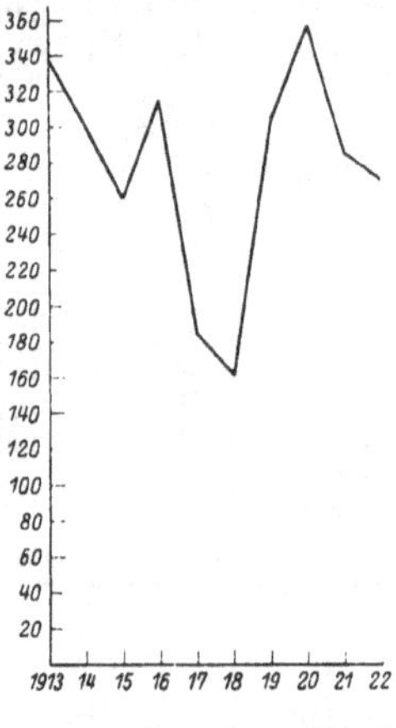

In großen Zügen ist nunmehr das Bild der Entwicklung aufgezeigt. Freilich ist damit die Beschreibung dieses Teiles der Kriminalität, — man könnte hier auch von Kriminographie sprechen, — noch lange nicht vollendet. Aber die Knappheit der Zeit gestattet mir nur noch ganz Weniges hinzuzufügen, wobei ich die Ziffern der österreichischen Kriminalstatistik der letzten Jahre herausgreifen will und nur die Verurteilungen von Personen männlichen Geschechts berücksichtige, weil die Zahlen der Verurteilten weiblichen Geschlechtes zu klein sind.

Um zu zeigen, wie gering der Anteil der Frauen an den Verurteilungen wegen Sittlichkeitsdelikten ist, so daß sie mit Recht vernachlässigt werden dürfen, sei das folgende Bild eingeschaltet, das auf den Zahlen der in Österreich durchschnittlich in einem Jahre wegen Sittlichkeitsverbrechen Verurteilten beruht (links die Verurteilten unter 20 Jahren, rechts die erwachsenen Verurteilten).

Tafel 6.

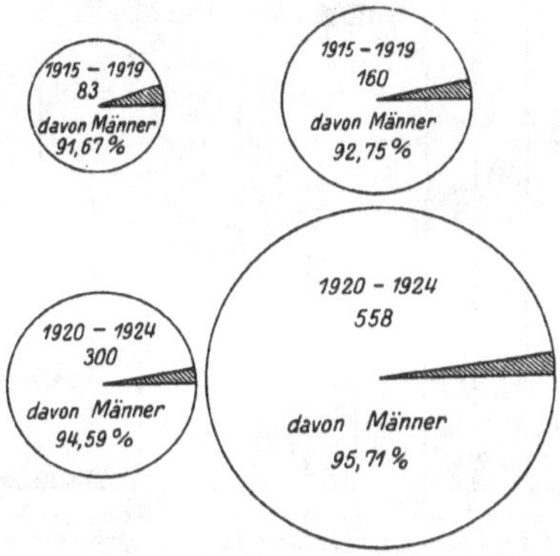

Die folgende Tafel zeigt Ihnen, meine Damen und Herren, die absoluten Ziffern der in Wien verurteilten Männer, wobei die Schändung nach Paragraph 128 St. G. B. (Unzucht mit Unmündigen) und das Verbrechen nach Paragraph 129 b (gleichgeschlechtlicher Verkehr) besonders herausgehoben, die übrigen Sittlichkeitsverbrechen aber in einer Gruppe zusammengefaßt sind.

Tafel 7.

Absolute Zahlen der in Wien verurteilten Personen männlichen Geschlechts:

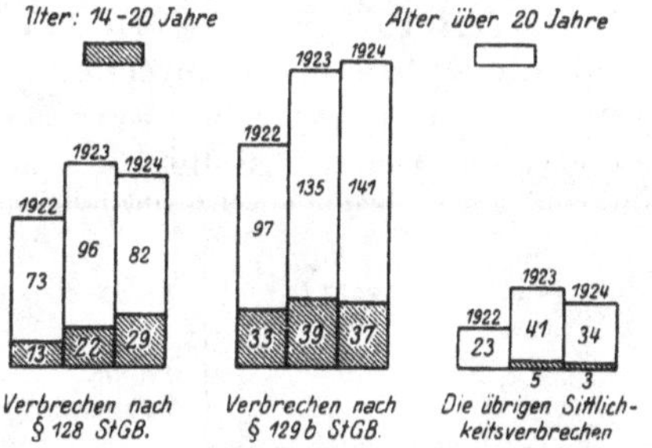

Durch diese Tafel wird deutlich gezeigt, daß für die Wiener Sexualkriminalität eigentlich nur die zwei besonders hervorgehobenen Verbrechen ausschlaggebend sind, die anderen verhältnismäßig verschwinden, auch das Verbrechen nach Paragraph 129 a, das ist Unzucht mit Tieren, die in Wien besonders in der Form des Mißbrauches von Hühnern vorkommt, neuestens aber in dieser Form auch aufs Land dringt. Die Tafel zeigt weiters die verhältnismäßige Beteiligung der Jugendlichen und daß ihr Anteil zunimmt (die Verurteilungen Jugendlicher sind schraffiert aufgetragen, die weißen Räume zeigen die Verurteilungen Erwachsener an, die Gesamtziffer der Verurteilungen wird durch die ganzen Rechtecke — schraffiert und weiß — dargestellt.

Dieselbe Darstellung für die österreichischen Bundesländer, aber ohne Wien, weist einige abweichende Züge auf.

Tafel 8.

Absolute Zahlen der in Österreich außerhalb Wiens verurteilten Personen männlichen Geschlechts:

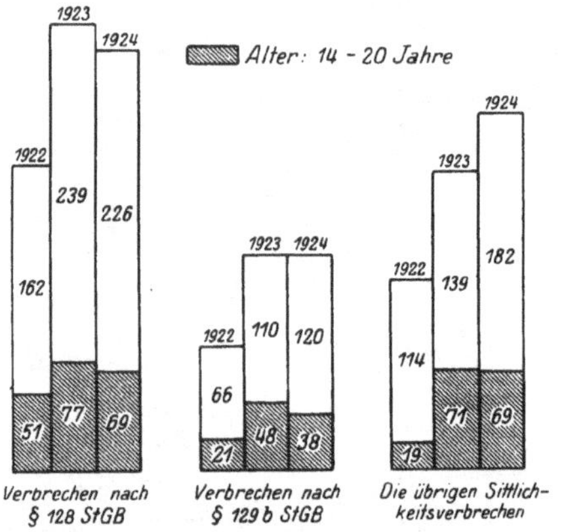

Vor allem sind hier die übrigen Verbrechen, außer Schändung und homosexuellem Verkehr, — stärker vertreten, als die besonders benannten und nehmen ständig zu. Das ist zum kleinen Teil darauf zurückzuführen, daß am Land die Notzucht häufiger ist, ja mit Rücksicht auf ihre Seltenheit in Wien könnte man fast sagen, hier allein vorkommt, ganz zum überwiegenden Teil aber auf die relativ große und zunehmende Häufigkeit des Verkehrs mit Tieren (hauptsächlich mit Kühen und Schafen).

Das folgende Bild zeigt zur größeren Deutlichkeit die Aufteilung der Gesamtziffer auf die einzelnen Verbrechen.

Tafel 9.

Absolute Zahlen der in den Jahren 1922—1924 durchschnittlich in einem Jahre wegen Sittlichkeitsverbrechen verurteilten Personen männlichen Geschlechts:

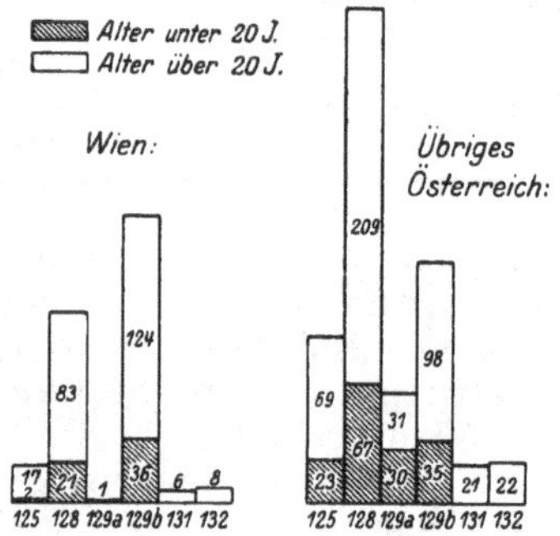

Die Zunahme des perversen Geschlechtsverkehrs wird sehr zu beachten sein.

Während wir in den letzten Bildern den Anteil der Jugendlichen und Erwachsenen zwar durch relative Zahlen dargestellt haben, aber doch auf die Gesamtbevölkerung bezogen, will ich Ihnen für die zwei wichtigsten Verbrechen noch zeigen, wie sich die Belastung der nach Jahrfünften gebildeten Altersgruppen der Bevölkerung darstellt, wenn wir die Ziffern der Verurteilungen in einer bestimmten Altersgruppe jeweils auf die in derselben Altersgruppe tatsächlich vorhandenen Leute umrechnen.

Die folgende Tafel weist diese Berechnung für das Verbrechen der Schändung aus und zwar getrennt für Wien und das übrige Oesterreich für die Jahre 1922, 1923 und 1924. Sie spricht für sich selbst.

Tafel 10.

Anzahl der in den Jahren 1922—1924 von je 100 000 der männlichen Bevölkerung gleicher Altersklasse wegen Schändung (§ 128 Österr. St.-G.) verurteilten Personen männlichen Geschlechts:

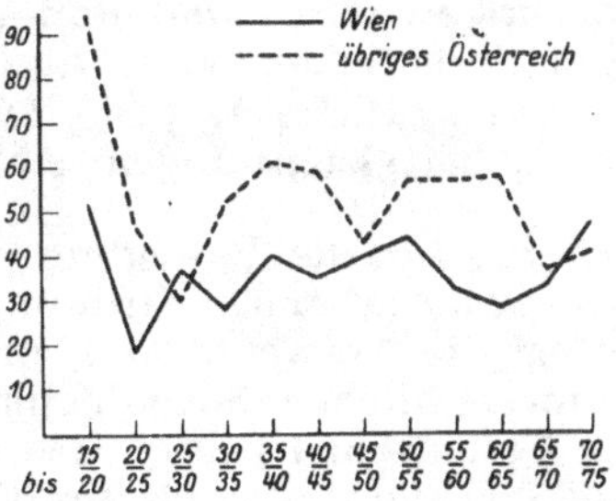

Die nächste Tafel zeigt das Ergebnis derselben Berechnung für die gleichgeschlechtliche Unzucht; besonders bemerkenswert ist auch hier wieder der Höchstbelastung in der Altersgruppe der Jugendlichen und die stärkere Belastung der Wiener Bevölkerung.

Tafel 11.

Anzahl der in den Jahren 1922—1924 von je 100 000 der männlichen Bevölkerung der gleichen Altersklasse wegen gleichgeschlechtlicher Unzucht (§ 129, I b Österr. St.-G.) verurteilten Personen männlichen Geschlechts:

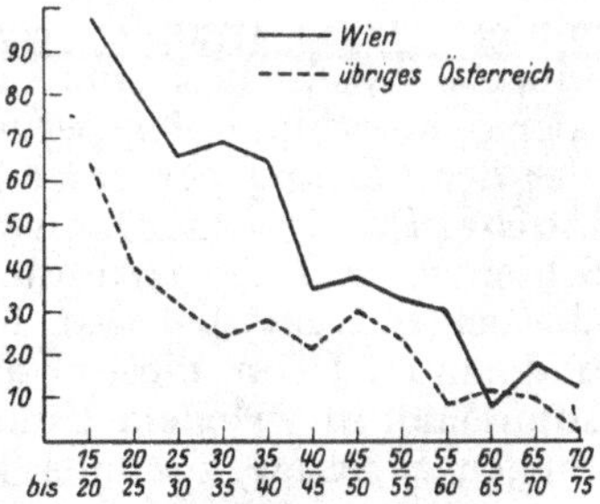

Der Versuch, die dargelegte Bewegung der Sexualkriminalität zu erklären, kann unmittelbar an das zuletzt Besprochene angeknüpft werden.

Es leuchtet ohne weiteres ein, daß vom Ausbruch des Krieges an die Kriminalität sinkt, weil die Einziehung zum Waffendienst die kriminalstatistisch erfaßte Bevölkerung vermindert und zwar um Altersgruppen die der höchstbelasteten nahe stehen und damals im Bevölkerungsaufbau stark vertreten waren. Die Einberufungen, die ja immer größere Kreise erfaßten, vermindern zugleich die Zahl der am Geschlechtsverkehr außerhalb der waffentragenden Bevölkerung beteiligten Männer bei gleichbleibender Zahl der Frauen, und damit wächst für die Männer die Möglichkeit und Leichtigkeit, ihre geschlechtlichen Bedürfnisse zu befriedigen, ohne Strafbares zu tun, — etwa von der Übertretung des Ehebruches abgesehen. Dazu kommt die größere Bereitschaft der Frauen, besonders der jungen Mädchen, zu sexuellem Verkehr. Gerade die Ausbreitung sittlicher Verwahrlosung unter der weiblichen Jugend wird schon für das zweite Kriegsjahr von vielen Beobachtern festgestellt, so unter anderem auch von *Hellwig* in seiner Schrift über Krieg und Kriminalität der Jugendlichen schon 1916. Dazu kommt dann noch als eine sehr wirksame Bedingung der Rückgang des Alkoholkonsums, und zwar in der doppelten Form, daß überhaupt weniger getrunken wird und daß die verbrauchten Getränke weniger Alkoholgehalt haben. Der Alkoholmißbrauch erhöht aber bekanntlich die geschlechtliche Agressivität an sich und die Neigung zu perversen Akten, bei gleichzeitigem Abbau der Hemmungen.

Wenn wir ein Schema für die Bewegung der Sexualkriminalität nur bezüglich der Bedingungen erster Ordnung aufzustellen versuchen, so zeigt sich sofort die Notwendigkeit, die zwei Untergruppen, die eigentlichen und uneigentlichen Sexualdelikte zu trennen. Denn schon die Stärke des Geschlechtstriebes, das zweifellos wechselnde Maß der Rolle, die das Sexuelle im gesellschaftlichen Leben spielt, ist Bedingung erster Ordnung nur bei den eigentlichen Sexualdelikten; bei den anderen kommt es nur sekundär in Betracht. Denn um in Beispielen zu sprechen, die Tätigkeit des Kupplers oder Pornographen entspringt dem Erwerbstrieb, wird freilich bei gesteigertem sexuellen Appetit aussichtsreicher, kann aber auch unter der Einwirkung wirtschaftlichen Druckes mit dem Ziel entfaltet werden, den sexuellen Appetit zu reizen und dadurch die Erwerbsmöglichkeit zu steigern.

Für die eigentlichen Sexualverbrechen kommen weiter in Frage die Stärke der Hemmungen gegen strafbare sexuelle Betätigung und die größere oder geringere Leichtigkeit der unstrafbaren Befriedigung. Weiterhin ist noch die Gruppe der perversen Sexualkriminalität abzusondern, bei der der Umfang perverser Neigungen als wesentlich biologisch-medizinisches Problem hier nicht weiter erörtert werden soll, aber auch die Schichten, auf die sich die Perversität erstreckt, und die Geneigtheit, die der Perverse bei dem ihm genehmen Partner antrifft, von Bedeutung sind. Denn diese Umstände sind offenbar wieder dafür sehr bestimmend, in welchem Umfang Anzeigen erstattet werden und Verurteilungen zustande kommen können.

Wenn man all das zur Abnahme der Sexualkriminalität bis 1918 in Beziehung setzt, so ist die Abnahme überhaupt ja wohl erklärt, nicht aber eine Abnahme in dem tätsächlich zu beobachtenden Umfang.

Nun hat schon 1919 *Dück* im 6. Band der Zeitschrift für Sexualwissenschaft auf eine weitere wichtige Bedingung hingewiesen, das ist die Einschränkung der Nahrung oder auch ihres Eiweißgehaltes. Man muß füglich annehmen, daß mit zunehmenden Erfolgen der Hungerblockade die sexuelle Angriffslust sinkt und wäre geneigt, dasselbe von dem zunehmenden psychischen Druck auszusagen, nur ist zu beachten, daß ja dieselbe Bewegung wie im Deutschen Reiche und Oesterreich auch in anderen Staaten festzustellen ist, für die wohl Ernährungseinschränkungen angenommen werden können, nicht aber Kriegssorgen.

Das Aufsteigen der Kriminalitätskurve zeigt zwei Phasen, eine mehr allmähliche Steigerung ab 1918 bis 1920 und dann jähe Zunahme. Man hat natürlich ohne weiteres hier an das Zurückströmen der Soldaten zu denken, und daran, daß viele tausende von Kriegsgefangenen erst nach 1918 in die Heimat zurückkehrten, daß sich das Übergewicht der Frauen verminderte und die Schwierigkeiten der Ernährung zunächst bestehen blieben. Aber mit dem Fortschreiten der Inflation änderten sich die Verhältnisse und damit hauptsächlich fällt das jähe Ansteigen zusammen, wenigsten in Oesterreich. Die Jahre 1921 und 1922 bedeuten den Höhepunkt der Inflation. Auch der Alkoholkonsum steigt mächtig an, die Getränke werden wieder alkoholhältiger hergestellt.

Über den Alkoholmißbrauch in Oesterreich besitzen wir leider keine statistischen Ausweise. Aber einige Ziffern, die mir das Bundesministerium für Finanzen freundlichst zur Verfügung stellte, geben doch gute Anhaltspunkte. So ist die Erzeugung von Bier von 2,6 Mill. Hektoliter im Jahre 1919 auf 4,9 Millionen hl im Jahre 1925 gestiegen (Einfuhr und Ausfuhr gleichen sich ungefähr aus), die Branntweinerzeugung (einschließlich Einfuhr) betrug 1919: 46,500 hl im Jahre 1925 aber 273,800 hl, die Erzeugung und Einfuhr von Wein (Ausfuhr spielt keine Rolle) weist keine wesentliche Veränderung auf.

Daß Zusammenbruch und Revolution die den strafbaren Handlungen entgegenstehenden Hemmungen stark herabgesetzt haben, ist eine bekannte Tatsache. Dazu kommt eine ganz systematisch betriebene Beeinflussung der Massen, besonders der Jugend, mit dem Ziel, alle Hemmungen im sexuellen Verkehr niederzureißen, jedes sexuelle Verbrechen zu entschuldigen, wenn nicht zu verherrlichen und die Sexualität immer mehr aufzureizen. Daß das auch im Gewand von pseudo-wissenschaftlichen Abhandlungen und angeblichen Neuaufbaues der Sexualethik betrieben wird, macht diese Literatur noch wirksamer und gefährlicher. Daß die Hemmungen gegen Sexualdelikte nachhaltiger sind und nur langsamer abgebaut werden können, als etwa die gegen strafbare Eingriffe in fremdes Eigentum, darf sicher angenommen werden und würde zum Teil erklären, das die Hochflut der Sexualdelikte erst einige Jahre nach 1918 kommt. Aber es ist doch auch zu beachten, daß der Abbau der Hemmungen auch die straflose sexuelle Befriedigung erleichtert, die laxere Moral des weiblichen Geschlechtes das straffreie Terrain vergrößert. Der Frotteur braucht heute nur irgendwo einzutreten, wo eine Jazzband aufspielt ..... Nur dort gelten solche Erwägungen nicht, wo die vom Strafgesetz gezogenen Schranken vom Verhalten des Partners unabhängig sind, also bei Blutschande, Mißbrauch Willenloser und Unmündiger und homosexuellem oder überhaupt perversem Verkehr. Aber haben wir nicht anzunehmen, daß diese perversen Befriedigungsarten in ihrem Umfang von der Schwierigkeit bestimmt sind, normale Befriedigung zu finden? Meines Erachtens ist diese Annahme angesichts der Statistik kaum haltbar und es würde sich also die Frage ergeben, aus welchen anderen Gründen die perversen Neigungen zugenommen haben, eine wesentlich medizinische Frage. Ich möchte auf sie nur hingewiesen haben. Für sicher halte ich namentlich mit *von Hentig* eine sehr starke Zunahme der gleichgeschlechtlichen Neigungen und Betätigungen, namentlich auch unter dem weiblichen Geschlecht.

Eine Fülle von Erscheinungen und Beobachtungen spricht dafür. Um nur ein paar herauszugreifen: die weibliche Homosexualität ist bühnenfähig geworden, „die Gefangene" erweist eben jetzt auch hier in Berlin die starke Zugkraft. Das erste künstlerisch ausgeführte Lichtbild, das mir in Berlin in die Augen fiel und „Unter den Linden" zu sehen ist, stellt zwei Frauen so dar, daß zumindest die Vorstellung einer sexuellen Beziehung zwischen ihnen nahegelegt ist. Für das Vorherrschen der Perversität spricht auch die herrschende Frauenmode und vielleicht auch das weibliche Schönheitsideal von heute. Dort, wo die gleichgeschlechtliche Unzucht zwischen Frauen strafbar ist, würde die besprochene Erscheinung dazu führen müssen, daß die Statistik eine wesentlich höhere Sexualkriminalität der Frauen ausweist. In Oesterreich ist das nicht der Fall. Der perverse Verkehr zwischen Frauen entzieht sich viel leichter der Wahrnehmung durch amtliche Organe, den Anzeigen und Verfolgungen, als der unter Männern. Dabei spielt eine Reihe von Umständen mit: die größere Stärke des weiblichen Schamgefühles, das häuslichere Leben, der Umstand, daß intime Frauenfreundschaft noch nichts Auffälliges ist; daß die Bevölkerung zu Anzeigen gegen Frauen wegen homosexueller Betätigung viel weniger geneigt ist; daß es perversen Frauen viel leichter zu fallen scheint, Gleichgesinnte ihres Kreises als Partnerinnen zu finden, wodurch die Wahrscheinlichkeit einer Anzeige wesentlich herabgesetzt ist. Das alles führt zunächst zu dem Schluß, daß die Sexualkriminalität der Frauen, wie die Statistik sie ausweist, in ganz übernormaler Weise hinter der wirklichen zurückbleibt, daß aber in der Verbreitung der homosexuellen Neigung bei den Frauen auch eine Bedingung für die Zunahme der Sexualkriminalität der Männer gefunden werden kann, weil durch die starke Verbreitung dieser Neigung die Zahl der zum normalen Verkehr bereiten Frauen eingeschränkt wird.

Fassen wir kurz zusammen: Die Sittlichkeitsverbrechen sinken vom Beginn des Krieges an, erreichen im letzten Kriegsjahr den Tiefpunkt, steigen dann wieder an, erreichen 1922 die Friedenshöhe, um sie aber im folgenden Jahr noch erheblich zu überschreiten. Die Zunahme geht zum großen Teil auf Rechnung der p e r v e r s e n sexuellen Betätigung und der stärkeren Belastung der J u g e n d l i c h e n. Um das Letztere scharf hervortreten zu lassen, sei noch folgende Tafel, der österreichischen Kriminalstatistik entnommen, hergesetzt, die beide Geschlechter umfaßt:

Auf je 100 000 der Bevölkerung (für das erste Jahrviert: Zivilbevölkerung) entfielen Verurteilungen wegen Sittlichkeitsverbrechen:

im Durchschnitt	bei den 14 bis 20 jährigen	bei den Erwachsenen[1])
der Jahre 1910 — 13	27.6	19.1
„ „ 1919 — 22	13.4	7.8
im „ 1923	36.4	19.5

Während also die Belastung der Erwachsenen gegenüber der Vorkriegszeit kaum (um 2%) gestiegen ist, hat die der Jugendlichen fast um ein Drittel (31.89%) zugenommen. Eines der traurigen Erbgüter der Kriegszeit, die Verwahrlosung der Jugendlichen, wirkt sich auch hier aus.

Betrachtet man die Sittlichkeitsdelikte im Rahmen der Gesamtkriminalität und in ihrem Verhalten zu den zwei großen Hauptgruppen, der Vermögensverbrechen und der Körperverletzungen, so zeigt sich, daß ihre Kurve mit der der Körperverletzungen parallel verläuft, aber der Hauptsache nach gegensätzlich zu der der Vermögensverbrechen. Während die letzteren schon vor Kriegsende bedeutend zunehmen, fallen die Sittlichkeitsverbrechen bis 1918 beständig; zur Zeit des Höchststandes von Diebstahl vor allem und der übrigen Vermögensverbrechen stehen die Sittlichkeitsdelikte zwar über dem Tiefpunkt von 1918, aber noch erheblich unter dem Friedensstand und erheben sich über ihn zu einer Zeit, da die Hochflut der Vermögensverbrechen bereits zurückgeht. Ganz im Großen scheint dieselbe Bewegung, wie sie für Österreich und das Deutsche Reich aufgezeigt wurde, auch in Siegerstaaten und neutralen Ländern vor sich gegangen zu sein: wirtschaftliche Lage und damit im engsten Zusammenhang: Umfang des Alkoholmißbrauches stehen demgemäß unter den äußeren Bedingungen erster Ordnung im Vordergrund, Umfang der Verwahrlosung der Jugend und der perversen Neigung unter den primären inneren Bedingungen.

Die eben zusammengefaßten Linien der Schwankungen, die sich im Zusammenhang mit den außerordentlichen Verhältnissen der Kriegszeit und Nachkriegszeit ganz im Großen aufzeigen lassen, drängen zu einigen Hypothesen die ich noch kurz darlegen will, wenn auch, wie ich nachdrücklich betonen möchte, nur mit allen den Vorbehalten, die sich daraus ergeben, daß ich von Hypothesen spreche.

Jede Naturbetrachtung lehrt uns, daß die schöpferische Kraft der Natur ihre Grenzen hat, daß die Ausstattung eines Individuums — das Wort im weitesten Sinne genommen — durch ungewöhnliche Fähigkeiten, Vermögen oder Eigenschaften durch Mängel nach anderen Richtungen hin ausgeglichen, gleichsam kompensiert wird. Dasselbe gilt für Völker und dasselbe auch für ihre Leistungen. Gerade die Kriegszeit hat das deutlich gezeigt, die Höchstleistungen auf den für die Kriegsführung notwendigen Gebieten war mit Ausfällen auf

[1]) Die Ziffern sind allerdings nicht ganz genau, weil bei ihrer Berechnung auf die durch den Staatsvertrag von St. Germain geänderten Grenzen von Österreich nicht in vollem Umfang Rücksicht genommen werden konnte.

anderen Gebieten verbunden. Es wird aber auch für gesellschaftsfeindliche Betätigungen gelten müssen, auch für die Kriminalität. Wenn man einmal von jeder Wertung absieht oder, nur um der Verdeutlichung willen, das Verbrechen wie eine wünschenswerte Erscheinung ansieht, so ist also zu sagen, daß aus einer bestimmten Bevölkerung selbst unter außerordentlichen äußeren Verhältnissen nicht Verbrechen beliebiger Menge und Art herausgeholt werden können. Vielmehr gibt es gleichsam einen Punkt der **kriminellen Sättigung**, der nicht überschritten werden kann. Wenn die Kriminalität auf einem Gebiet außerordentlich ansteigt, bleibt sie deswegen, wenn auch nur mittelbar deswegen auf andern zurück und umgekehrt.

Mit dieser Annahme stimmt es überein, daß sich die Vermögensverbrechen auf der einen und die Körperverletzungen auf der anderen Seite — bildlich gesprochen — die Wage halten, freilich unter **sehr** großen Schwankungsbreiten, und die Sexualdelikte mit den Körperverletzungen gehen. Denn diese letzteren gehören zweifellos zur aktiven Kriminalität, d. h. es sind die aktiven Naturen, die Körperverletzungen begehen und dasselbe wird überwiegend auch von den Sexualverbrechern zu gelten haben, soferne wir von pathologischen Fällen absehen, während die Vermögensverbrechen, zumal der Diebstahl bei rapider Zunahme überwiegend zur passiven Kriminalität zu zählen sind. Wenn eine durch Hunger geschwächte Bevölkerung weiterhin unter stärksten wirtschaftlichen Druck gestellt ist, treten Nahrungstrieb und lange zurückgedrängte Genußsucht beherrschend in den Vordergrund, Selbstbehauptungstrieb und Geschlechtstrieb treten zurück.

Schließlich eine dritte Erwägung, die sich den beiden vorangehenden reibungslos zuordnet. Wir legen uns die Frage vor: wie lassen sich ganz im Großen die gewaltigen Schwankungen der Gesamtkriminalität erklären? Wenn die Kriminalität das Produkt aus den Anlagen der Bevölkerung und den sie umgebenden Verhältnissen ist, wie können dann die Kriminalitätskurven Bilder aufweisen, die dem Zickzack der Wetternadel vergleichbar sind. Die Anlagen der Bevölkerung können sich doch nicht in kurzen Zeiträumen grundstürzend ändern, also — so meint man gemeiniglich — sind es nur die äußeren Verhältnisse, die das Emporschnellen der Kriminalität bewirken. Daraus pflegt man Beruhigung zu schöpfen und fügt dann gerne den schon bis zum Überdruß wiederholten Satz an, eine gute Sozialpolitik sei die beste Kriminalpolitik. Ich halte das für ganz verfehlt. Daß sich der Charakter einer Bevölkerung nicht von einem Jahr zum andern völlig ändern könne, ist richtig, nur dürfen wir nicht vergessen, daß mit jedem Jahr sozusagen ein neuer Jahrgang in die Strafmündigkeit einrückt, der ihre Zusammensetzung beeinflußt. Auch sind die Veränderungen, die unter der Einwirkung außerordentlicher Ereignisse in der „Mentalität" einer Bevölkerung vor sich gehen können, nicht gering zu schätzen. Aber sehen wir davon auch ab, die Ausbreitung der Kriminalität geht so vor sich, daß ein verstärkter äußerer Druck oder Anreiz Bevölkerungsteile, die dem schon bei geringerem Druck oder Reiz kriminell Werdenden nahestehen, in die Kriminalität hineintreibt, aber nicht ohne daß sie antisoziale oder doch asoziale Triebe oder Neigungen oder Charakterdefekte überhaupt schon vorher besessen hätten. Der äußere Druck erzeugt nicht von heute auf morgen die Minusvarianten (in sozialem Sinn), ohne die Kriminalität unmöglich ist, sondern läßt latente Kriminalität zur manifesten werden. Jede Bevölkerung hat sozusagen ihre kriminelle Reservearmee, die äußeren Verhältnisse erlassen die Einberufungsbefehle. Wenn ich zeichnen könnte, würde ich eine große Zahl konzentrischer Kreise auf der Tafel aufzutragen haben, die Farbe der innersten Kreisfläche wäre schwarz, die der nach außen hin folgenden Kreisringe grau in immer schwächer werdenden Schattierungen. Die Kreisringe würden durch radial gezogene Grade in viele Segmente geteilt. Das schwarze Zentrum stellt die eigentlichen Kriminellen dar, die Berufsverbrecher, wenn man will: die geborenen Verbrecher, die folgenden Kreisringe die weniger kriminell Gearteten, dann die nur mit einzelnen Defekten größerer und dann geringerer Zahl und Stärke Behafteten, während die äußeren Kreisringe die einschließen, die dem Idealtypus des normalen Menschen in teleologisch-sozialem Sinn am nächsten kommen. Die radialen Linien sollen die Auffassung ablehnen, der zufolge die in einem Kreisring Befindlichen als homogene Masse gedacht würden. Bei steigendem äußerem Druck oder Reiz fallen immer weitere Kreise der Kriminalität anheim, bei abnehmendem Druck oder Reiz scheiden die früher noch einbezogenen Kreise, genauer Kreissegmente aus, sie fallen nicht mehr in die Zone der Kriminalitätsgefährdung. Um zu dem früher gebrauchten Bild zurückzukehren: die kriminelle Reservearmee ist sehr buntscheckig zusammengesetzt, sie besteht aus den verschiedenartigsten Waffengattungen und der Einberufungsbefehl kann niemals an alle Waffengattungen zugleich ergehen. Selbst wenn der Punkt der kriminellen Sättigung erreicht ist, sind noch Reserven vorhanden, die aber nicht mehr einberufen werden können. Was die einen in die kriminelle Betätigung hineintreibt oder straucheln läßt, behütet die anderen.

Damit bin ich am Ende meiner Ausführungen angelangt. Niemand kann den Beitrag zur Aetiologie der Sexualdelikte, den ich Ihnen, meine Damen und Herren, in einer sehr kurz bemessenen Spanne Zeit zu geben hatte, mehr als unzulänglich empfinden, als der Vortragende, und ich bin durchaus geneigt, dafür — um eine heute oft gebrauchte Unterscheidung nochmals anzuwenden — inneren Bedingungen einen breiten Raum zuzuweisen. Gestatten Sie mir noch ein paar Worte über die äußeren Bedingungen des Mangels. Es ist heute dem Einzelnen schwer, ein großes statistisches Material verschiedener Länder zu sammeln, und doch wäre der Besitz des womöglich ganz Europa umfassenden Materials erste Voraussetzung für befriedigende Ergebnisse. Zu dem erforderlichen Material gehört aber beileibe nicht nur die Kriminalstatistik. Dazu gehört auch Bevölkerungsstatistik, Statistik über Eheschließungen, Geburten, wirtschaftliche Lage, Alkoholkonsum, Geschlechtskrankheiten u. a. Es gibt zweitens die Kriminalstatistik nicht die erforderlichen Aufschlüsse, wir müßten dafür sorgen, daß wirklich die Sexualkriminalität erfaßt und die eigentlichen von den uneigentlichen Sexualdelikten geschieden würden oder daß doch zumindest bei der Benützung der statistischen Ausweise diese Scheidung durchführbar wäre. Es ist endlich drittens einem

Einzelnen nicht möglich, internationales statistisches Material wirklich erfolgreich zu bearbeiten. Nur der sollte die Statistik eines Landes zu deuten unternehmen, der die Verhältnisse des Landes genau kennt. Sonst sind schwere Irrtümer unvermeidlich. Die erforderliche volle Vertrautheit besitzt der Einzelne in aller Regel nur für e i n Land. Darum möchte ich ein kleines internationales Kommité von Sachverständigen gebildet sehen, das zunächst die von mir dargelegten methodologischen Grundsätze zu prüfen und auf dieser oder einer verbesserten Grundlage eine Stelle zur internationalen Forschungsarbeit auf unserem Gebiet einzurichten hätte. Das Unglück des Weltkriges hat Erkenntnis m ö g l i c h k e i t e n in ungeahntem Maße geschaffen, die bisher kaum benützt sind. Sie voll auszuschöpfen, ist die Aufgabe, die der wissenschaftlichen Forschung gestellt ist und die nur durch internationale Zusammenarbeit gelöst werden kann.

D i s k u s s i o n :

Siegfried Löwenstein, Berlin: Zu dem vom Herrn Grafen *Gleispach* geäußerten Wunsche, daß die Kriminalstatistik des Deutschen Reichs auf wissenschaftlicher Grundlage einen weiteren Ausbau und eine gründlichere Beachtung erfahren möge, kann ich mich nur zustimmend äußern. Ich möchte diesen Wunsch nachdrücklichst unterstreichen, weil nach meiner Überzeugung eine derartige Statistik geeignet ist, auch für die Praxis Schlüsse über die Notwendigkeit bestimmter strafrechtlicher Bestimmungen und über ihre Wirkung zu ziehen. Allerdings möchte ich gleichzeitig im Gegensatz zu dem Herrn Berichterstatter vor allzu weitgehenden Schlüssen aus solcher Statistik warnen. Man darf nach meiner Meinung z. B. daraus, daß sich die Bestrafungen wegen bestimmter Delikte in absteigender Kurve befinden, nicht ohne weiteres schließen, daß dann auch die Verbrechen selbst zurückgegangen sind. Die Frage, ob Verbrechen bestraft werden, ist von der Frage, ob Verbrechen begangen werden, himmelweit verschieden. Die Ursachen, die dazu führen, daß begangene Verbrechen nicht bestraft werden, sind ganz andere als diejenigen, die dazu führen, daß die Verbrechen überhaupt nicht begangen werden. Man muß also, wenn man die Statistik richtig bewerten will, immer im Auge behalten, daß von den weitaus meisten Verbrechen sich mindestens 95%, wenn nicht 99%, der strafrechtlichen Kognition, Aburteilung und insbesondere der Bestrafung entziehen, und daß diese 95 bis 99% sich natürlich auch der statistischen Erfassung entziehen. Bei den hier besonders interessierenden Sexualdelikten und der ihnen verwandten Abtreibung ist dieser Prozentsatz unzweifelhaft noch außerordentlich viel höher. Wenn sich die Gründe, die dazu führen, daß diese Dinge nicht zur strafrechtlichen Kognition gelangen, ändern, dann ergibt sich auch eine ganz andere Statistik, an die man nicht den gleichen Maßstab anlegen darf wie an die frühere, wenn man nicht zu falschen Ergebnissen kommen will. Wenn ich also auch prinzipiell dem Ausbau der Statistik durchaus zustimme, so möchte ich doch nach der angedeuteten Richtung hin laut die warnende Stimme erheben.

Wenzel Gleispach, Wien: Wir sind uns alle darüber klar, daß die Verurteilungsziffern nicht die Zahl der verübten Verbrechen ausweisen. Der bekannte Statistiker *v. Mayr* hat ja das Wort geprägt, daß man diese Verurteilungsziffern als Repräsentanten der wirklich vorhandenen Kriminalität betrachten müsse. Welches der Prozentsatz der statistisch erfaßten in Bezug auf die wirklich verübten Verbrechen ist, ist für die Bewegung der Kriminalität gleichgültig. Nur das ist sehr zu beachten, ob nicht besondere Umstände auf dem einen oder anderen Gebiet der Kriminalität vorhanden sind, die diesen Prozentsatz verschieben. Auch die kriminelle Reizsamkeit der Bevölkerung und die Verfolgungsintensität schwanken nach Zeit und Ort. Sie sind sicher dadurch beeinflußt, ob auf einem Gebiet eine besonders starke Entwicklung der Kriminalität hervortritt. In dieser Richtung kann ich dem Herrn Vorredner nur zustimmen.

„Sittlichkeitsverbrechen" aus Aberglauben.

Von Landgerichtsdirektor Dr. *Albert Hellwig*, Potsdam.

Ich möchte die Aufmerksamkeit auf eine Gruppe von sogenannten „Sittlichkeitsverbrechen" lenken, über die in der bisherigen sexualwissenschaftlichen Literatur nicht viel zu finden ist. Ich meine die „Sittlichkeitsverbrechen", die auf den Volksglauben zurückgehen, daß man sich insbesondere von bestimmten Geschlechtskrankheiten dadurch heilen könne, daß man den Coitus mit einer Jungfrau, einer menstruierenden Frau oder einer schwangeren Frau ausübt, daß man die Pädicatio vollführt oder sodomitische Akte ausübt.

Es handelt sich bei diesen Bräuchen nicht um Sittlichkeitsverbrechen im Sinne des Strafgesetzbuches, da zwar der objektive Tatbestand eines Sittlichkeitsverbrechens dabei in der Regel erfüllt wird, nicht aber der subjektive Tatbestand, der erfordert, daß die betreffende Handlung aus dem Motiv der Geilheit heraus geschieht, d. h. in der Absicht, die eigene Geschlechtslust oder die Geschlechtslust eines anderen zu erregen.

Über diese Volksanschauungen finden sich einige kurze Mitteilungen sowohl in Handbüchern der gerichtlichen Medizin wie denen von *Casper, Harnak,* in sexualwissenschaftlichen Werken wie denen von *Krafft-Ebing, Moll, Iwan Bloch* sowie in kriminalistischen Werken wie denen von *Weingart* und *Groß*. Es handelt sich dabei stets nur um einige kurze Andeutungen, die nicht ahnen lassen, wie außerordentlich verbreitet dieser Volksglaube ist.

Ich habe vor dem Kriege in einer ausführlichen Arbeit über „Sittlichkeitsverbrechen und Aberglaube" in der „Vierteljahrsschrift für gerichtliche Medizin" 3. Folge Bd. 47 die mir damals bekannten Materialien zusammengestellt und in ihren Gedankengängen erläutert. Ich will das dort behandelte Material nicht von neuem in seinen Einzelheiten wiedergeben, sondern mich damit begnügen, hier einen kurzen Überblick über den Inhalt jener Arbeit zu geben.

Den Glauben, daß Coitus mit einer Jungfrau Geschlechtskrankheiten zur Heilung bringe, habe ich nachgewiesen bei den Südslaven, den Wallonen, den Ungarn, in Bayern, Franken, Wien, in der Altmark, am Niederrhein, in Oberitalien, bei den Slowaken, in Südrußland, in Galizien, in Westpreußen und in Schlesien.

Ich konnte auch einige Fälle aus der gerichtlichen Praxis anführen, die bestätigen, daß es sich noch um einen durchweg lebendigen Volksglauben handelt. Der eine Fall aus dem Jahre 1854, anscheinend aus Schlesien, ist in einer älteren gerichtsmedizinischen Zeitschrift eingehend dargestellt worden. Der zweite, der sich gleichfalls um die Mitte des vorigen Jahrhunderts abgespielt hat, wird aus Barmen berichtet und der dritte aus Bozen aus dem Jahre 1902.

Den Glauben, daß Coitus mit einer Menstruierenden gegen Tripper helfe, habe ich nur aus Kroatien nachweisen können.

Dagegen habe ich mehrfach feststellen können, daß der Glaube besteht, daß der Coitus mit einer Schwangeren ein treffliches Heilmittel sei. Dieser Glaube ist mit bekannt geworden aus Bayern, Berlin, aus der Bukowina, aus Südrußland, Galizien und Westpreußen.

Verschiedentlich wird auch berichtet, daß als heilkräftig gelte der Coitus mit einem besonders schwarzen Weibe, oder wie mitunter gesagt wird, einer Mohrin. Dieser Glaube besteht in Britisch-Ostindien, bei den Mohammedanern in der Türkei sowie in Marokko.

In Norddalmatien soll der Coitus mit der eigenen Frau den Mann vom Tripper kurieren.

Sodomie mit Pferden als Heilmittel kennt man im arischen Altertum, mit einer Eselin in Britisch-Ostindien, mit einem Pferd oder einer Eselin bei den Mohammedanern in der Türkei, mit einem Pferd oder einer Eselin in Persien und zwar nicht nur gegen Geschlechtskrankheiten sondern auch gegen Hüftweh, mit einer Henne in Thüringen, auch gegen andere als Geschlechtskrankheiten bei den Mohammedanern in der Türkei.

Aus Kroatien läßt sich der Glaube nachweisen, daß der Coitus ganz allgemein als Heilmittel gilt.

Ich konnte auch darauf hinweisen, daß früher auch von Ärzten der Coitus vielfach empfohlen worden ist.

Ich wies in meiner Arbeit schon darauf hin, daß dieser Volksglaube im wesentlichen auf den Gedanken zurückgeht, daß man Krankheiten auf leblose Dinge, auf Pflanzen, auf Tiere und auf Menschen übertragen und sich dadurch von ihnen befreien könne. Mitunter ist dabei die Gestaltung des Glaubens die, daß die betreffende Person, auf die die Krankheit übertragen wird, selbst krank wird, während man mitunter glaubt, daß der aktive Teil zwar von seiner Krankheit befreit wird, ohne daß aber der passive Teil angesteckt wird.

Ich möchte nunmehr die wesentlichsten neuen Materialien, die ich über die Verbreitung dieses Volksglaubens gesammelt habe, mitteilen, sowie vor allem auch über die Gedankengänge, die diesen Volksanschauungen zu Grunde liegen, weitere Materialien beibringen und mich eingehender über die praktische Bedeutung dieses Volksglaubens äußern.

Es zeigt sich hier wieder einmal, daß man irgendwelche absonderlich anmutenden Bräuche und Anschauungen des Volksaberglaubens nur dann verstehen und richtig würdigen kann, wenn man sie nicht aus dem Zusammenhange herausreißt, mit anderen Worten, wenn man mit dem Volksaberglauben überhaupt in allen seinen verschiedenen Abarten vertraut ist. Es finden sich dann oft Beziehungen zwischen Anschauungen, die scheinbar nichts miteinander zu tun haben und die in Wirklichkeit doch, wenn man etwas in die Tiefe geht, miteinander in innigem Zusammenhang stehen.

So ist es zweifellos von erheblicher Bedeutung für den Glauben, daß man sich durch den Coitus mit einer Jungfrau von Geschlechtskrankheiten heilen kann, wenn man weiß, daß der Glaube besteht, daß man durch den Coitus mit einer Jungfrau geschlechtskrank werden könne.

Höfler hat eine alte Sage mitgeteilt, deren Kern die Anschauung ist, daß es nichts Giftigeres gibt als das Blut der Jungfrau, das beim ersten Geschlechtsakt fließt. Man meint, die Syphilis entstehe durch den Geschlechtsverkehr mit Jungfrauen. Auch die Anschauung ist verbreitet, daß der Coitus mit einer Menstruierenden die Ursache von Geschlechtskrankheiten sei. So führt *Wilhelm von Saliceto* (1280) Geschwüre am Penis auf den Coitus mit einer foeda mulier, einem gräßlichen Weibe, zurück. Er meint damit offenbar eine menstruierende Frau, wie aus der Bemerkung von *Steinlein* zu entnehmen sein wird, im Mittelalter habe man Geschwüre am Penis oft dem Umgang cum foeda sive menstruata zugeschrieben.

Dafür, daß der Coitus insbesondere mit einer Jungfrau als Heilmittel gilt, kann ich verschiedene weitere Materialien beibringen.

Hotchkiß berichtet im Jahre 1892 aus Indien, daß nach dem dortigen Volksglauben der geschlechtliche Verkehr mit einer Jungfrau oder einem jungen Kinde sichere Heilung der Syphilis und Gonorrhoe bringe: „Das ist die Ursache so vieler Vergewaltigungen junger Kinder durch Erwachsene und der Trippererkrankungen junger Mädchen, die diesen so leicht mitgeteilt wird", wie *Abels* erwähnt.

Der Glaube, daß Coitus mit einer Jungfrau Tripper heile, ist nach *Stern* auch den christlichen Balkanvölkern bekannt. *Abels* meint, der Glaube, daß man sich durch den Coitus mit einer Jungfrau oder mit einer schwangeren Frau vom Tripper heilen könne, sei seines Wissens in Deutschland erst Anfang der 16. Jahrhunderts aufgekommen. Das trifft aber nicht zu, denn *Proksch* erwähnt, daß *Richardus Anglicus* schon im 13. Jahrhundert die Anschauung vertrete, daß die Genitalgeschwüre durch den Coitus mit menstruierenden Weibern enständen und setzt hinzu, daß *Richardus Anglicus* es als allgemein bekannt hinstelle und empfehle, bei großem Schmerz und bei großer Geschwulst des Gliedes lange im Coitus bei einem Weibe zu verweilen, da die Vagina durch Saugen erweiche und reinige, den Schmerz vermindere und den Eiter anziehe. *Geigel* erwähnt folgende Stelle aus der 1597 veröffentlichten Schrift von *Saxonius:* „Tractatus Luis venereae perfectissiumus": „Man muß wissen, was ich von gewissen venetianischen Gewährsmännern habe; sie behaupten, daß sie sofort von der Gonorrhoe geheilt seien durch Geschlechtsverkehr mit einer Mohrin. Diese Erfahrung ist wahr. Auch das weiß ich und kann ich schriftlich beweisen, daß mehrere von einer alten Gonorrhoe geheilt sind, welche mit einer Jungfrau verkehrt haben; aber dann wird das Weib angesteckt." *Lammert* glaubte, daß die heute noch vorkommenden gewaltsamen Notzuchtsversuche, um sich von Geschlechtskrankheiten zu heilen, als Nachwirkungen dieser Schrift zu betrachten seien. Noch 1630 behauptete nach *Steinlein* Professor

Hafenreffer in Tübingen, ein Tripperkranker könne durch Beischlaf mit einem reinen Mädchen geheilt werden.

Für die Paedicatio als Heilmittel kann ich darauf verweisen, daß sie noch um die Mitte des 19. Jahrhunderts in Persien offiziell als Heilprozedur verordnet wurde, so dem Schah gegen Gicht. Aus religiösen Gründen folgte er diesem Rat nicht. Wie *Pollak* uns berichtet, wurde sein Tod darauf zurückgeführt, daß er diesen ärztlichen Ratschlägen nicht gefolgt wäre. *Krauß* berichtet von den Südslaven, daß bei ihnen öfters die Pädicatio vorkomme in dem Glauben, durch die Zusammenziehung des Afters würden sie ihre Geschlechtskrankheiten eher los.

Auch Sodomie als Heilmittel ist vielfach gang und gäbe. So glaubt man in manchen russischen Gegenden sich durch Geschlechtsverkehr mit Pferden vom Fieber befreien zu können. Bei den Südslaven heilt man nach *Krauß* den Tripper durch Sodomie mit einer Henne, die während des Aktes von einem Freunde gehalten und dabei abgeschlachtet wird. Die Henne wird dann gebraten und einem ahnungslosen Fremden aufgetischt. *Polak* schrieb 1860, daß unter dem gewöhnlichen Volk in Persien, besonders bei Soldaten auf dem Marsch, die Sodomie oft vorkomme, gewöhnlich an einer Eselin. Vielfach werde der Akt von Ärzten gegen Gonorrhoe ordiniert. *Otivarius* erwähnt die Verordnung des Coitus mit einem Hund gegen Gicht. *Proksch* erwähnt aus Peru, daß dort von Ärzten Sodomie mit bestimmten Tieren als Heilmittel gegen bestimmte Krankheiten empfohlen werde.

Sodomie kommt auch aus verschiedenen anderen abergläubischen Motiven vor. *Krauß* berichtet uns eine ganze Reihe von abergläubischen Vorstellungen, die bei den Südslaven zu sodomitischen Akten führen. So glaubt man, daß derjenige, der mit einer Stute Sodomie begeht, davor sicher sei, daß sein Rinderbestand von dem Vilen geschädigt werde. Wer auf Diebstahl ausgeht, muß zunächst mit einer Katze Sodomie treiben, dann könne er in der betreffenden Nacht getrost stehlen, ohne befürchten zu müssen, erwischt zu werden. Wenn man mit einer Henne Sodomie begeht, so dient das als Glückszauber, man erhält soviel Glück, als die bei dem Akt verwendete Henne Eier hat. Um vergrabene Schätze heben zu können, muß man nach dem südslavischen Volksglauben am St. Georgstage mit einer dicken Schlange Sodomie begehen.

Ich kann auch einige Beispiele dafür anführen, die zeigen, daß es sich in der Tat hier noch um Anschauungen handelt, die auch für den modernen Kriminalisten von einer gewissen praktischen Bedeutung sind. *Magnus Hirschfeld* hat berichtet, daß ihn ein Mädchen aus guter Familie, die unverheiratete Tochter eines Rittergutsbesitzers, in schwangerem Zustande mit einer frischen Syphilis aufgesucht habe. Er habe von ihr erfahren, daß ihr Bräutigam, ein Beamter, ihr erklärt habe, und zwar ihrer Meinung nach selbst in gutem Glauben, er habe sich eine Geschlechtskrankheit zugezogen; um sie zu beseitigen, sei es notwendig, daß er mit einem unschuldigen Mädchen verkehre; dies habe sie ihm geglaubt und deshalb habe sie sich ihm hingegeben. *Näcke,* der über diesen Fall berichtet, bezweifelt, ob in diesem Fall bei beiden, insbesondere bei dem Mann, tatsächlich der Aberglaube vorgelegen habe oder ob er ihn nur vorgeschützt habe. *Max Marcuse* erwähnt einen 24-jährigen Anstreicher aus Berlin, der an einer chronischen Gonorrhoe gelitten habe. Er selbst habe sich als gesund betrachtet, die äußerlichen Krankheitssymptome für bedeutungslose Reste eines Trippers gehalten, den er vor einigen Wochen im außerehelichen Geschlechtsverkehr erworben habe, dann aber, wie er meinte, schnell wieder losgeworden sei, indem er alsbald, nachdem er den Ausfluß bemerkt habe, zu seiner Frau gegangen sei und mit ihr den Beischlaf ausgeübt habe, um von der Geschlechtskrankheit befreit zu werden. Der Ausfluß habe auch sofort aufgehört, und er sei sogleich, wie er irrigerweise meinte, gesund geworden. Seine Frau habe seitdem „Unterleibsbeschwerden“, über die er sich offenbar Gedanken nicht gemacht habe. *Dr. Marcuse's* Vorstellungen über das Verwerfliche und Unsinnige seines Verhaltens beantwortete er in völliger Verständnislosigkeit mit der Versicherung, daß es gleich bei ihm geholfen habe. *Marcuse* setzt hinzu, der Aberglaube, daß man durch den Coitus mit einem Kind oder einer Jungfrau von einer Geschlechtskrankheit geheilt werde, sei weit verbreitet; die abergläubische Vorstellung aber von der Heilkraft des Beischlafs mit der eigenen Frau gegen eine venerische Erkrankung sei ihm bisher in der Praxis und in der Literatur noch nicht begegnet. In Sachsen glaubt man nach *Seyfarth* noch heutigen Tages, daß man Geschlechtskrankheiten durch Übertragung auf eine unberührte Jungfrau loswerden könne. Allerdings hält man hierfür nicht den Coitus für geeignet, wohl aber die Berührung durch Andrücken des erkrankten Geschlechtsteiles an die jungfräulichen Personen, insbesondere unreifer Kinder.

Was die Erklärung dieser Anschauungen anbetrifft, so muß zunächst darauf verwiesen werden, daß ganz allgemein der Coitus vielfach als ein vortreffliches Heilmittel galt. *Rosenbaum* wies schon darauf hin, daß schon *Hippokrates* und *Galen* den Beischlaf als austrocknendes Mittel nennen, welches in den vom Phlegma herrührenden Krankheiten hitzigen und feuchten Naturen Nutzen bringe. Der Coitus ist von den Ärzten seit *Hippokrates* vielfach als Heilmittel empfohlen worden. *Dietrich* erwähnt, daß nach *Sinapius* die Syphilis durch Enthaltsamkeit entstehe.

Mitunter ist die Gestaltung des Glaubens ein wenig anders. Es wird nicht mehr der Coitus als solcher für erforderlich erachtet, sondern die Ansicht vertreten, daß auch schon innige Berührung genüge. Man meint dabei wohl, daß die Lebenskraft des jungen gesunden unverbrauchten Menschen auf den kranken, alten und siechen Menschen übergehe und ihm dadurch helfe, die Krankheit zu überwinden.

So rät *Galen,* bei schwachem oder verhärtetem Leibe junge Mädchen mit in das Bett zu nehmen, um den Unterleib des Kranken zu bedecken. *Hygin* vertrat die gleiche Meinung, desgl. andere Ärzte, so insbesondere auch bei Gichtbrüchigen. *Bloch* verweist auf den durch die Schrift von *Cohausen* („Der weiterlebende Hermippus“, in „Schatzgräber“ hg. von *Scheible,* Stuttgart 1847 Bd. 2 S. 139ff.) bekannt gewordenen Sunamitismus, d. h. den Glauben an die lebensverlängernde erfrischende Wirkung der Ausdünstung von jungen unberührten Mädchen auf ältere Männer, wobei ursprünglich sexueller Verkehr vermieden werden mußte. Er verweist auch auf *Hagen* „Sexuelle Osphresiologie“, (Charlottenburg 1901 S. 191ff.), der nachweise, daß dieser Aberglaube in weiten Volkskreisen verbreitet sei. Der große *Boerhave* ließ einen alten Amsterdamer Bürgermeister zwischen zwei Knaben schlafen und versichert, der Kranke habe sichtbar an Munterkeit und Kraft zugenommen. „Von guter Wirkung sind auch junge Hunde“, sagt *Reinhart,* „welche wir Ärzte in erforderlichen Umständen den Kranken auf den Unterleib legen“. *Borelli* und *Hoffmann* ließen die Kranken bei Tieren schlafen, um die Schmerzen zu lindern und schwere Krankheiten zu heilen. *Hufeland* sagt in seiner „Kunst das menschliche Leben zu verlängern“: „Und gewiß, wenn man bedenkt, was der Lebensdunst frisch aufgeschnittener Tiere auf gelähmte Glieder, was das Auflegen lebendiger Tiere auf schmerzhafte Übel vermag, so scheint diese Methode nicht verwerflich zu sein“.

Was insbesondere den Glauben betrifft, daß der Beischlaf mit menstruierenden Frauen heilkräftig sei, so ist darauf zu verweisen, daß bei allen Völkern sich der Glaube findet, daß das Menstrualblut giftig sei. *Ploß-Bartels, v. Hovorka* und *Kronfeld* und andere haben hierfür zahlreiche Materialien aus dem Volksglauben der Naturvölker und Kulturvölker beigebracht.

Obwohl das Menstrualblut bei allen Völkern als unrein angesehen wird, findet es doch sehr häufig Anwendung als Heil- und Zaubermittel. Am häufigsten dient es bei Hautkrankheiten. So bedeckt man in Steiermark das „Feuermal“ mit einem Leinwandlappen, der mit frischem Menstrualblut befeuchtet ist. In der Umgebung von Graz sucht man die Leberflecke, besonders bei Frauen, durch Bestreichen mit warmem Menstrualblut zu vertreiben. Das Bestreichen der Warzen mit Menstrualblut ist allgemein üblich. Gegen Krätze trägt man ein Hemd durch drei Tage auf dem Leibe, in welchem ein Weib menstruiert hat. In der Hausapothek S. 45 heißt es: „Bevorab wird die erste jüngferliche Blume auf dem Hemd oder einem Leinwand verwahrt, in hohem Wert gehalten und, in Essig oder Rosenwasser getunkt, auf die Pestdrüsen, Blattern, Apostemen nach Größe des Schadens gelegt und wiederholet, vor ein treffliches Mittel geschätzt.“ In der Kosmographie des im 13. Jahrhundert lebenden Arabers *Zarija ben Muhamed al Quazwini* wird angegeben, daß Menstruationsblut den knotigen Aussatz heile, wenn man ihn damit bestreiche. *Steinlein* berichtet, er habe 1910 einen Syphilitiker kennen gelernt, der ein volles Jahr lang seine Geschwüre mit „jungfräulichem“ Menstrualblut behandelt habe, und zwar, mit vollem Glauben an Erfolg. Wie das römische, so schrieb auch das germanische Altertum dem Menstrualblut große magische Kräfte zu, bald schädliche, bald heilsame. „Häufig gilt das Menstrualblut wie dies z. B. bereits bei den alten Germanen der Fall war, als giftig. Nach der Anschauung mancher Völker soll es sogar den Aussatz, die Pocken und Masern erzeugen, offenbar eine Verwechselung mit syphilitischen Ausschlägen. So wird der Beischlaf während der Menstruation vom bayrischen Volk irrtümlicherweise als Ursache der ansteckenden Geschlechtskrankheiten angesehen. Bei anderen Völkern hingegen gilt das Menstrualblut, wie wir später sehen werden, als Heilmittel sogar gegen den Aussatz.“ So *v. Hovorka* und *Kronfeld*. Dazu bemerkt *Steinlein* zutreffend, daran sei nichts Verwunderliches, da nach einem alten Grundgedanken, der sich wissenschaftlich immer neu einkleide, das Schwert die Wunde heile, die es schlage; also heile auch das giftige Blut jene Krankheit, die es erzeugt habe. Daß dieser Anschauung, daß der Coitus mit einer menstruierenden Frau gegen Tripper helfe, wohl der Glaube zu Grunde liegt, daß die Krankheit auf einen Krankheitsdämon zurückzuführen sei und daß dieser Krankheitsdämon durch das giftige Menstruationsblut vertrieben werde, darauf deutet ein Volksglauben, über den uns *Plinius* berichtet. Er spricht über die seltsamen Wirkungen des Menstruationsblutes auf den Most, auf die Felder, Stuten usw. und er erkennt diese Wirkungen als den Tatsachen entsprechend an. Dagegen wendet er sich gegen den Glauben, daß, wenn sich eine menstruierende Frau gegen den Blitz hin entblöße, sie Hagel und Sturmwind verscheuchen könne. Hagel und Sturmwind führt man auf Dämonen zurück ebenso wie auch Krankheiten. Wie man nun glaubte, die Dämonen, die Hagel und Sturmwind erzeugen, schon durch den Anblick der menstruierenden Frau verscheuchen zu können, so liegt der Gedanke nahe, daß man auch die Krankheitsdämonen dadurch zu verscheuchen suchte, daß man mit einer menstruierenden Frau den Coitus verübte.

Es ist übrigens nicht gänzlich ausgeschlossen, daß dem Glauben, daß der Coitus mit einer menstruierenden Frau auf Geschwüre am Penis günstig einwirke, auch die eine oder andere Beobachtung zu Grunde liegt. *Petersen* berichtet nämlich in der „St. Petersburger medizinischen Wochenschrift“ 1907 Nr. 19 über die antiseptische Wirkung des Menstrualblutes aus eigener Anschauung. Diejenigen Geschwüre, die mit dem Menstrualblut in Berührung gekommen waren, waren nicht nur nicht, wie er erwartet hatte, schlimmer geworden, sondern waren vollkommen gereinigt und in der Heilung begriffen, während die anderen in der Umgebung befindlichen Geschwüre unverändert ihren Belag und Eiterung behalten hatten. Es konnte fraglos festgestellt werden, daß das Menstrualblut eine deutlich antiseptische Wirkung ausgeübt habe. Wie *v. Hovorka* und *Kronfeld* treffend bemerken, werden dadurch manche volksmedizinischen Anschauungen unserem Verständnis näher gebracht.

Bei dem Glauben, daß der Coitus mit einer Jungfrau oder einer menstruierenden Frau heilkräftig sei, spielt wohl auch der allgemeine Gedanke hinein, daß das Blut ganz allgemein ein außerordentlich wirksames Heilmittel sei. Auch dies ist ja ein Glaube, der allgemein verbreitet ist. Insbesondere glaubt man, daß Menschenblut heilsam gegen den Aussatz sei. So noch *Paracelsus,* der als Mittel gegen den Aussatz nennt: dosis sanguinis humani, semel in mense in secunda die post oppositionem.

Nach *Rudeck* hängt der Aberglaube, daß man sich durch Beischlaf mit einer Jungfrau von Geschlechtskrankheiten befreien könne, offenbar damit zusammen, daß man zu allen Zeiten den Jungfrauen, den Kindern gewisse Zauberkräfte zugeschrieben habe. In letzter Linie beruhe der Aberglaube wahrscheinlich auf dem alten Satz der Volksmedizin, daß man Ähnliches mit Ähnlichem kurieren müsse. Der Tripper- oder Syphiliskranke, der sich durch einen unreinen Beischlaf das Übel geholt habe, glaube es durch einen reinen Beischlaf heilen zu können. Der bekannte Volksforscher *Krauß* macht darauf aufmerksam, daß nach primitiver Anschauungsweise die Krankheiten ausnahmslos von einem bösen Geist verursacht werden, der vom Menschen Besitz ergreife. Es gelte, ihn auf ein anderes Objekt zu übertragen, um ihn loszuwerden und zu genesen. Man überträgt ihn auf einen Baum durch Hindurchkriechen, aufs Wasser durch Untertauchen oder am wirksamsten durch Beischlafhandlung auf ein anderes Wesen. Am empfänglichsten sind aber für die Übernahme noch nicht in den Vorgang eingeweihte Personen, sodaß die Krankheit hierdurch eine für sie bequemere Heimstätte eintauscht. Darum vergreifen sich seiner Ansicht nach die mit Tripper Behafteten am liebsten an Kindern oder Jungfrauen und in deren Ermangelung an Tieren.

Was die praktische Bedeutung des Volksglaubens anbetrifft, so lassen sich sichere Daten darüber natürlich nicht geben.

Der Prager Gerichtsarzt *Dr. Calmus* hat mir seiner Zeit berichtet, dieser Aberglaube sei ihm nur wohlbekannt, doch habe er noch nicht Gelegenheit gehabt, ihm in der Praxis zu begegnen. Auch *Leppmann*, der 90 Sittlichkeitsverbrecher, die zwischen 1900 und 1905 in der Strafanstalt Moabit durch seine Hände gegangen sind, eingehend untersucht hat, erwähnt zwar diesen Aberglauben, hält es auch für möglich, daß dieser Aberglaube noch heute Motiv zu einem Sittlichkeitsverbrechen wird, kennt aber aus eigener Anschauung auch keinen Fall, in dem dieser Volksglaube tatsächlich praktisch geworden ist. Dagegen hat Professor *Soltmann*, der Leiter des Leipziger Kinderkrankenhauses, *Dr. Seyfarth* mitgeteilt, daß von den zahlreichen Fällen von venerischen Erkrankungen bei minderjährigen Mädchen sicher der eine oder andere auf den Aberglauben zurückzuführen sei, daß man sich durch Berührung jungfräulicher Personen von Geschlechtskrankheiten befreien könne.

Gewiß wird man die praktische Bedeutung dieses Volksglaubens für unsere Zeit nicht überschätzen dürfen. Wenn auch dieser Aberglaube noch weit verbreitet ist, auch unter den modernen Kulturvölkern, auch bei uns, so ist damit doch noch nicht gesagt, daß er auch häufig in die Praxis umgesetzt wird. Daß es jedenfalls mitunter doch geschieht, das zeigen die aus der Praxis bekannt gewordenen Fälle, welche ich früher und jetzt angeführt habe. Es ist aber für den Praktiker außerordentlich wichtig, diesen Aberglauben zu kennen und auf ihn zu achten, da man immer damit rechnen muß, daß er das Motiv zu einem sogenannten Sittlichkeitsverbrechen gewesen ist.

Was die juristische Bedeutung dieses Volksglaubens anbetrifft, so bemerkt *Näcke*, dieser Volksglauben sei forensisch deshalb sehr wichtig, weil manche Notzuchtsattentate an Mädchen sich so erklären ließen „und der Täter nicht als gemeiner Verbrecher zu betrachten" sei. Dem möchte ich nicht ganz beistimmen. Soweit allerdings der Glaube dahin geht, daß das Mädchen von dem

Täter nicht angesteckt wird, soweit wird man allerdings dem Täter seinen Aberglauben bei der Strafzumessung als mildernd anrechnen dürfen und können. Wenn aber der abergläubische Täter der Meinung ist, er selbst werde zwar seine Geschlechtskrankheit los, das Mädchen oder die Frau aber, mit der er gewaltsam geschlechtlich verkehrte, werde dabei angesteckt werden, dann liegt m. E. nicht der geringste Anlaß vor, den Täter irgendwie anders zu behandeln, als wenn er lediglich aus Sinnenlust die Tat verübt hätte. Ja, man kann sogar zweifeln, ob man einem Menschen, der aus einem solchen Aberglauben heraus handelt, nicht noch schärfer anpacken müßte.

Moll erklärt es, allerdings bei der Erörterung der pädophilen Handlungen, für gleichgültig, ob das Delikt aus Aberglauben hervorgehe oder aus dem Wunsche des Täters, sich einen sexuellen Kitzel zu verschaffen. Soweit es sich dabei um die strafrechtliche Beurteilung handelt, ist diese Ansicht aber nicht zutreffend. Nach unserem geltenden Strafgesetzbuch liegt nämlich ein Sittlichkeitsverbrechen nur dann vor, wenn der Täter aus dem Motiv der Geilheit heraus gehandelt hat. Dieses Motiv der Geilheit kann allerdings auch dann vorliegen, wenn der behandelte volksmedizinische Aberglaube das Hauptmotiv der Handlung gewesen ist. Doch braucht dies keineswegs der Fall zu sein, ja es ist nicht einmal wahrscheinlich, daß es so ist.

Diese Frage ist vor einigen Jahren praktisch geworden und von dem Reichsgericht in diesem Sinne entschieden worden. Die Strafkammer zu Liegnitz hat in einer Entscheidung aus den letzten Jahren festgestellt, daß der Angeklagte, der mit einem Kinde den Beischlaf vollzogen hatte, die Handlung „in dem Aberglauben vornehme, er werde dadurch von seiner Geschlechtskrankheit geheilt werden.“ Diese tatsächliche Feststellung der Strafkammer hat dem Reichsgericht Anlaß gegeben, die Entscheidung durch Urteil vom 9. Febr. 1923 aufzuheben. Zum inneren Tatbestande des Verbrechens gegen § 176 Nr. 3 St.G.B. gehört nämlich neben anderem auch das Handeln des Täters in der Absicht, die eigene oder fremde Geschlechtslust zu erregen oder zu befriedigen (Beweggrund der Geilheit) sowie sein Bewußtsein, daß die Handlung geeignet ist, diese Wirkung hervorzurufen. Wie das Reichsgericht ausführt, wird eine besondere Feststellung dieser Absicht und dieses Bewußtseins dann entbehrlich sein, wenn beide aus der Art der Ausführung des Verbrechens ohne weiteres zu entnehmen sind. So liege aber mit Rücksicht auf das von der Strafkammer festgestellte Motiv in diesem Fall die Sache nicht. Wenn die Strafkammer dann die Möglichkeit unterstellt habe, daß das Erstreben einer Heilung von seiner Geschlechtskrankheit den Beweggrund für die Handlungsweise des von abergläubischen Vorstellungen beherrschten Angeklagten gebildet habe, so habe dieser Sachverhalt sie zu einer ausdrücklichen Feststellung des Beweggrundes der Geilheit genötigt, wenn sie diesen gleichwohl, sei es ausschließlich, sei es neben der möglichen Heilungsabsicht des Angeklagten, für vorliegend erachtet habe. Das Fehlen jeder Erörterung hierüber im Urteil erwecke daher den Verdacht, daß die Strafkammer rechtsirrtümlich die für das Vorhandensein des inneren Tatbestandes der Unzucht mit einem Kinde geforderte Voraussetzung verkannt habe.

Ich möchte mit einem Wort schließen, das *Steinlein* bei der Erörterung der Sittlichkeitsverbrechen aus Aberglauben ausgesprochen hat: „Nichts ahnt die Masse davon, daß ihr zum bittersten Elend gerät, als trauriges Schicksal sich an ihr erfüllt, daß sie konservativen Sinnes als „Sympathiemittel" und Aberglauben nach Jahrtausenden und Jahrhunderten noch bewahrt und darnach handelt, was einst Überzeugungen der Gelehrsamkeit und wissenschaftliches Dogma gewesen".

Neue Quellen zum Problem der Gruppenehe und des Frauenrechts in Alteuropa.

Von *Hans Henning*, Danzig.

Wenn ich mit einem scheinbar historischen Thema vor Sie trete, so hat das keinen antiquarischen Grund, sondern geschieht deshalb, weil die moderne Psychologie, auch die experimentelle Psychologie auf dem Standpunkt steht, daß wir nichts Seelisches verstehen können, wenn wir nicht die Entwicklung durch die Jahrhunderte mit einbeziehen. Der Mensch als Naturwesen an sich ist für uns gerade in den sexuellen Gebieten nicht sichtbar. Jeder einzelne Mensch von heute trägt vielmehr — man könnte sagen: zahlreiche Schichten von Kulturfirnis, von Milieustaub aus den verschiedensten Jahrhunderten an sich, und wir dürfen in der Psychologie niemals, am allerwenigsten im sexuellen Gebiet vom heutigen Menschen gewissermaßen auf den Menschen an sich oder Instinkte oder ähnliches schließen. Nehmen wir ein Beispiel! Von unseren Erlebnissen aus könnte man wohl annehmen, der Kuß sei etwas Reflektorisches oder Instinktives. Wer entwicklungspsychologisch vorgeht, sieht, daß der Kuß überhaupt nur auf dem halben Globus bekannt ist und aus dem magischen Hauchzauber entstand, während er in den Ländern Ostasiens usw. unbekannt ist. Wir wissen, daß der Menschentypus sich mit jeder Kultur wandelt. Wenn wir, die wir hier versammelt sind, uns in den Berliner Straßen so benehmen würden, wie unsere Urgroßväter, wir würden verhaftet. Damals grüßten sich die Freunde nicht durch Hutlüften und Händedruck, sondern sie fielen sich um den Hals, küßten sich ab und heulten und schluchzten wie die Kinder, wie Sie etwa aus dem Göttinger Dichterbund und dem damaligen Musentempel wissen. Jedes Zeitalter hat seinen Stil, und von diesem Kulturstil und Milieu abzusehen ist nur dann möglich, wenn man die Entwicklung kennt. Deshalb liegt für uns psychologisch noch ein geheimnisvolles Dunkel über dem Ursprung der Sexualität und der Geschlechtsordnung, die es immer gegeben hat, solange der Globus besteht, über den gesellschaftlichen Handlungen, Sitten und Bräuchen.

Die moderne Wissenschaft erklärt diese sexuellen Kapitel auf drei Wegen: einmal völkerpsychologisch, genauer gesagt im Sinne der Psychologie der Naturvölker; das heißt, man sieht zu, wie sich die Naturvölker heute in allen sexuellen Verhältnissen verhalten, und überträgt das auf den Ureuropäer, auf unsere Vorfahren. Ist es schon ein sehr mißliches Unterfangen, einen Analogieschluß vom heutigen Menschen auf unsere Urväter zu machen, so kommt noch ein zweites Moment hinzu, das sehr bedenklich ist. Gewiß hat sich die ganze Völkerpsychologie modernisiert, aber eigentümlicherweise ist die Modernisierung nicht durchgedrungen in den Kapiteln, die die Sexualität betreffen. Diese Kapitel haben noch dieselbe Struktur, wie sie dem Aufklärungszeitalter zukommt. Man vertritt also in diesen Punkten immer noch die Ansichten, wie sie *Voltaire, Holbach* und ihre Zeitgenossen vertraten. So wird der Mann, so die Frau, so der Ursprung der Ehe definiert; Sie können sämtliche Theorien nachprüfen, alle lassen sich noch auf rationalistische Sophismen zurückführen. Von *Lang* bis *Pater Schmidt,* ausnahmslos ist alles noch Wissenschaftsstruktur des 18. Jahrhunderts. Der Mann wird psychologisch definiert als ein brutales Wesen, als eine Bestie, die aus Sexualtrieb Notzucht treibt usw. Die Frau ist ein Wesen ohne vertiefte Liebe. Liebe soll nach einigen Autoren eine Erfindung der Gotik sein. Die Ehe ist durch Raub zu erklären, und wie die einzelnen Theorien, die ich nicht alle aufzählen kann, alle lauten. *Frazer* vertritt die Theorie, die Vermeidung der Blutschande sei so zustandegekommen, daß in grauer Vorzeit einige schlaue Greise sich bewußt geworden sind, daß daraus im Wege der Vererbung Schäden kommen müßten. Die Nachkommen haben es dann vergessen, haben aber den Brauch beibehalten. Analog ist es auf anderen Gebieten; ich brauche Ihnen als Sachkennern das nicht im einzelnen darzulegen.

Aber wir können, wie ich schon sagte, psychologisch nicht induktiv oder deduktiv aus unserem Seelenleben allein urteilen. Wir können deshalb auch nicht die Entwicklung kommandieren, wie es sehr viele wollen; denn niemals kann man bei den großen geistigen Umwälzungen in der Menschheit sagen: der Mann soll so sein, die Frau so, die Ehe so. Das können wir nicht kommandieren, wie wir auch nicht kommandieren können, was nach dem Charleston und nach dem Bubikopf kommt. Mit solchen Gedankengängen kommen wir wissenschaftlich nicht weiter.

Alles, was in diesen sexualpsychologischen Kapiteln zu sagen ist, geht letzten Endes auf *Bachofen* zurück, für den jenes Wort gilt, das Lessing über Klopstock prägte: wir wollen fleißiger gelesen und weniger gelobet sein! *Bachofen* ist nun eine schwere Lektüre, vor allem deshalb, weil sein klassischer Stil auf hohem Kothurn dahinschreitet, weil er langatmige Sätze baut, fremdsprachliche Zitate, wesentlich griechische und lateinische, einstreut, kurz, nicht leicht zu lesen ist. So sind die Gedankengänge *Bachofens* überall unverarbeitet vorzufinden. Auch sie atmen den Geist des Aufklärungszeitalters, des Rationalismus und sind nicht moderne Psychologie. Niemand würde heute etwa die Uranfänge der Religion und die religiösen Erlebnisse in der Menschheit noch so wie *Voltaire* erklären: einige schlaue Pfaffen haben sich das ausgedacht; sie wissen zwar, daß es keinen Gott und kein Jenseits gibt, wollen aber die Menge bluffen. In Sexualdingen haben wir dieselbe Struktur noch heute.

Wir müssen heute entwicklungspsychologisch vorgehen und vom Menschen wie der Anatom die Ablagerungen der vielen Jahrhunderte abschälen und dann sehen, was im Kern liegt, was Instinkt ist und dergleichen. Das Material, das ich zu geben habe, soll für sich selbst sprechen.

Versetzen Sie sich einen Augenblick in die Lage, wir wüßten garnichts von der griechischen Kultur, wir hätten weder *Homer* noch

Äschylos, Sophokles, Euripides, weder *Plato* noch *Aristoteles.* Mit einem Schlage wird Ihnen die ganze griechische Kultur in Alltagserlebnissen vorgelegt. In diese Lage habe ich Sie heute zu bringen. In Nordwesteuropa und Irland sind außerordentlich viele Texte — ich kann nicht einmal sagen: entdeckt worden; denn sie lagen immer in Bibliotheken versteckt — dem Lichte der Wissenschaft geöffnet worden, Texte, die in ihrem Pergamentalter 2 Jahrhunderte älter sind als die Edda, die sie in ihrem Umfang um vielfaches übertreffen, und die in ihrem Gehalt weit über die Ära *Homer's* zurückreichen. Es sprechen Menschen dort, die nicht indogermanisch gesprochen haben, und deshalb habe ich mein Thema Alteuropa benannt. Diese Texte sind zum großen Teil dickleibige Epen, die selbstverständlich nicht indogermanische Geistesart zeigen, sondern eine andere. Sie sind im Stadium der Halbprosa überliefert, zum Teil in 15 sich stützenden Versionen, zum Teil schon kurz vor dem Kriege in England, in Leipzig und auch in einzelnen Beiträgen der Berliner Akademie der Wissenschaft gedruckt worden. Ein großer Teil aber ist noch ungedruckt oder dem Forscher nur in photographischen Faksimiles zugänglich. Ich will hier nur das herausheben, was Sexualbräuche und Sexualpsychologie betrifft.

Waren diese Ureuropäer sexuell aufgeklärt? Sie kennen alle die interessante Tatsache, daß es Völker gibt, die sexuell nicht aufgeklärt sind. So wußten die Angehörigen der Aranda- und Loritjastämme, die zu den 60 000 Australnegern gehören, zu unserer Zeit noch nicht, was der Mann beim Sexualakt bedeutet. Dem ist von Pater *Schmidt* widersprochen worden; aber dessen Sophismus will ich nicht erörtern. Zahlreiche Naturvölker nehmen an, daß der Mann weiter nichts als die Ernährung des Keims besorge. So ist unter den Naturvölkern auch vielfach die Ansicht vertreten, das Kind entstehe aus dem Totem oder irgendwelchen magischen Gebilden. Die Frage ist nun für die Instinkte etwa der Mutter: waren diese Völker aufgeklärt? Da finden wir in den Epen interessante Stellen, die uns beweisen, daß von einer medizinischen Aufklärung nicht die Rede ist. Beispielsweise beziehen sie noch die ganzen Menstruationsvorgänge auf die Blase; sie hatten also keine Ahnung von den inneren medizinischen Vorgängen. Aber ich will hier das medizinische Gebiet, was mir als Psychologen nicht liegt, verlassen und auf das rein psychologische Gebiet übergehen.

Wo immer in Frühkulturen oder Primitivkulturen von einer Frau die Rede ist, spricht die heutige Wissenschaft ohne weiteres von der Mutter. Man hat uns von *Ellen Key's* Jahrhundert des Kindes bis zu dem infantilen Komplex der Psychoanalyse *Freud's* daran gewöhnt, die Frau durch die Brille des Kindes zu sehen. Bei *Bachofen* ist schlechterdings alles, was die Frau angeht, der Mutter zugeschrieben, nicht der Frau. Meine erste These, die ich zu begründen haben werde, ist die, daß es zweierlei gibt: ein Frauenrecht und ein Mutterrecht, wie es analog ein Männerrecht und ein Vaterrecht gibt. Das ist bisher nicht geschieden worden. Frauenrecht betrifft alle diejenigen Angelegenheiten, die unabhängig vom Kind die Frau angehen. Es gibt sehr viele Angelegenheiten einer Frau, die gar keine Beziehung zum Kinde haben. Männerrecht umgekehrt ist das Recht des Mannes, das nichts mit seinen Nachkommen zu tun hat. Vaterrecht ist nach der bekannten alten Definition Erbfolge, Name und dergleichen, in väterliche Linie, Mutterrecht analog in mütterlicher Linie. In den früheuropäischen Kulturen sehen wir, daß Frauenrecht sowohl mit dem Vaterrecht verkoppelt sein kann — so in Irland —, aber auch mit dem Mutterrecht — so im Norden bei den Autochthonen in Schottland —. Umgekehrt kann in ein und derselben Ehe die rechtliche Lage verschieden sein. In dem Hauptepos tritt eine amazonenhafte Königin auf, die auf Frauenrecht steht, aber dieses Frauenrecht vaterrechtlich herleitet. Ihr Mann, eine Art Prinzgemahl, hat etwas Keltenblut. Die Kelten kamen bekanntlich im 5. Jahrhundert vor Christus über den Kanal. Der Mann ist also einer der frühesten Überwanderer. Er beansprucht Mannesrecht, das er seinerseits mutterrechtlich herleitet. Sie sehen also bei einem und demselben Ehepaar alle vier Möglichkeiten. Nun habe ich das Frauenrecht, wie es uns in zahlreichen Fällen ausführlich in allen Einzelheiten geschildert ist, darzulegen.

Eine Frau, die auf Frauenrecht steht, hat folgende Rechte. Sie darf — ich übersetze die Fachausdrücke aus dem keltischen ins deutsche — erstens im Schatten des einen Mannes andere Männer lieben oder, ein anderer Ausdruck, sie darf die Freundschaft ihrer Hüften, ihrer Lenden beliebig verschenken. Das gilt für Königinnen und Prinzessinnen, es gilt genau so für die Tochter eines Schmiedes oder anderer Gewerbe. Diese Freundschaft der Hüften wird besonders gern verschenkt, um einen Waffenstillstand oder dergleichen zu erreichen, ist also in diesen Frühkulturen durchaus nicht lediglich eine Angelegenheit des Gefühls, sondern man wirft die Liebe auch für äußere Effekte in die Wagschale. Die Eifersucht scheint ein mehr neueres Gefühl zu sein. Wenn wir uns bei den Naturvölkern umtun, etwa bei den Liotias, so passiert es sehr häufig, daß eine Frau einen Mann betrügt, der Mann am nächsten Tage die Frau mit einer anderen Frau; die Sache ist ausgeglichen und beide sind nicht eifersüchtig. Wir haben uns immer gewundert, wie harmlos es mit Menelaos und Helena abgeht. In den jüngsten Stellen unserer Handschriften kommt schon Eifersucht vor. Dabei prägt sich ein gewisser Zug aus. Die Frau, die auf Frauenrecht steht, wählt den Mann; sie wirbt, spricht oft das erste Wort. Der Mann bequemt sich sehr häufig zu einer Schaustellung vor den Frauen, indem er nach den damaligen Verhältnissen splitternackt und bemalt, ein paar abgehauene Köpfe von Feinden in den Händen, auftritt und geworben wird.

Das dritte Charakteristikum des Frauenrechts ist, daß die Frau Heiratsgut einbringt, und zwar gibt es drei Eheformen. Entweder haben beide Teile gleichviel Heiratsgut eingebracht, also Gerätschaften, Kupferkessel, in älteren Zeiten Bronze, Vieh usw., oder ein Teil, der Mann oder die Frau, hat mehr eingebracht. Alle Kriege, die übrigens mehr von den Frauen erklärt werden, die Amazonen sind, entstehen eigentlich nur deshalb, weil die Frau weniger Heiratsgut als der Mann mitbrachte. Die Frau will dann Gut erwerben. Es sind nicht solche Anlässe wie in den griechischen und germanischen Sagen.

Das vierte Charakteristikum des Frauenrechts ist, daß der Mann, der eine Ehe mit einer Frau eingeht, die auf Frauenrecht steht, in die juristische Rolle der Frau eintritt. Ein Mann, der auf Frauenrecht heiratet, zahlt beispielsweise die weibliche Taxe für Lösegeld, für Bußgeld usw., er hat kein Anrecht auf männliche Taxe. Die Frau hat dann den Vortritt; dabei handelt es sich häufig um Amazonen. Ich will Ihnen an einem Beispiel das erklären, das Ihnen geläufiger ist als die fremdartigen Sagen und Völker. Nehmen wir einmal an, daß die schwarze Amazone Brunhild zu dieser psychologischen Schicht gehört. Gunther muß mit ihr kämpfen. Das ist immer schon ein Zeichen für die Verwandtschaft mit unserem Kulturgeist und seinen Bräuchen. Gunther muß auch Goldschätze abliefern, muß also Heiratsgut einbringen. Er tritt, wenn wir ihn in dieser Beleuchtung sehen, in die Rolle der Frau. Brunhild hat vor ihm den Vortritt; er rangiert nach ihr. Kriemhild und Siegfried stehen anders. Das ist männerrechtlich und vaterrechtlich. Brunhild rechnet ganz richtig: ich rangiere vor Gunther; Siegfried ist mindestens nicht mehr als Gunther, entweder sein Vasall oder gleichberechtigt, rangiert aber hinter mir. Kriemhild ist vaterrechtlich und mannesrechtlich hinter Siegfried, also darf Brunhild zuerst eintreten. Die Kirchentür ist natürlich ein sehr spätes Produkt; denn Sie wissen, daß das Christentum noch nicht bestand, als das Nibelungenlied entstanden ist. Es ist nichts anderes als daß die nordische Kultur, das Frauenrecht hier mit dem südlichen Recht des Mannes in Konflikt kommt. Die Frau kann auch Männer als Bürgen stellen. Sie trägt Waffen, ist Amazone. Die gesamte Forschung steckt vor den Amazonen den Kopf in den Sand. *Aristoteles* war der letzte, der die Amazonen überall berücksichtigt hat. Heute tun die Gelehrten im allgemeinen so, als habe es keine Amazonen gegeben, während sie in Wirklichkeit überall in der Geschichte — Sie brauchen nur Tacitus nachzulesen — vorzufinden sind. Wir finden sie stellenweise auch darin, daß sie die nordischen Wikinger besiegt und an den Haaren aufgehängt haben. Letztere müssen Geburtshelfer werden bei den nordischen Amazonen. Wir sind viel zu sehr gewöhnt, die Frauen nach unserer Zeit zu beurteilen. Manche sprechen den Frauen das kriegerische Moment ab. Die kriegerischen Momente stehen in psychologischer Hinsicht anders da, als man glaubt. Der überzivilisierte Ästhet ist ein schlechter Soldat. Gewisse überkultivierte Menschen sind überhaupt häufig unfähig, richtig zu kämpfen. Wenn Sie aber sehen, daß es Völker gibt, bei denen die Frauen kämpfen, so werden Sie anders urteilen. Die montenegrinischen Frauen haben im Weltkrieg alle gekämpft. Vor ganz kurzer Zeit habe ich mir in Cetinje den Felsen angesehen, hinter welchem eine Frau eine ganze österreichische Kompagnie in der Schlacht am Lowcen 1916 drei Tage lang aufgehalten hat. Es ist also gar keine Rede davon, daß die Frau nicht medeenhaft sein kann. Wir dürfen nicht von den heutigen Verhältnissen auf die damalige Zeit schließen.

Wir sehen nun, daß diese Frauen so gestellt sind, daß sie im Schatten des einen Mannes beliebig andere heiraten. Eine andere Anmerkung. Isolde hat auf Frauenrecht geheiratet und darf im Schatten Markes Tristan heiraten. Diese dichterischen Stoffe kommen erst durch die Troubadours auf das Festland. Wir Festländer sind in dieser halbmittelalterlichen Kultur von diesen nicht indogermanischen Völkerschaften beeinflußt worden. Den Männern war es sehr unangenehm, gewählt zu werden, abgewiesen zu werden, neben einem anderen zu rangieren, und so machen sie Opposition, die sich in manchen Schriften zeigt. Manche Männer sind sogar so oppositionell, daß sie eine einzige Frau für sich verlangen. Das erreichen zwar nur sehr wenige, vielmehr wird die Zahl der Partner beschränkt: einer Frau wird also nur erlaubt im Schatten des einen Mannes etwa noch 11 andere zu lieben. Dieser Mann wird natürlich im Durchschnitt nicht bloß von der einen Frau begehrt werden, sondern auch noch von anderen Frauen, und wenn Sie die Generalformel machen, so kommt als Ergebnis heraus: die Frau verkehrt mit 12 Männern, und der Mann wird begehrt von 12 Frauen, mit denen er sich auch abgibt. Das bekommt nun feste Formen. Diese Gruppenehe hat noch Cäsar vorgefunden, als er über den Kanal ging, und *Tacitus* schreibt: je 10 bis 12 Frauen heiraten gemeinsam je 10 bis 12 Männer in einer Ehe. Jede Frau des weiblichen Komplexes ist die Frau eines jeden Mannes des männlichen Komplexes. Diese Gruppenehe kennen wir freilich schon von den Naturvölkern in der Südsee, in Australien; bei den Eskimos und einigen arktischen Völkerschaften ist sie noch jetzt vorhanden. Bisher hat man aber noch nicht gesehen, daß die Gruppenehe weiter nichts ist als ein organisches Wachsen aus dem eigentümlichen Frauenrecht. Die Theorien kennen Sie alle. *Wundt* sagt, die Gruppenehe enstehe so: die Menschen sind der Ansicht, daß Männer wertvoller sind als Frauen; deshalb töten sie einen großen Teil der Mädchen gleich bei der Geburt. Jetzt kommt die Zeit, wo sie heiraten wollen, und es sind zu wenig Frauen da, weil sie schon als Säuglinge getötet worden sind. Deshalb muß sich ein Mann mit mehreren Frauen anderer Männer begnügen. Das sind alles Sophismen, die zurechtgeklügelt sind, während wir hier die historische Linie für Europa aus den Qellen unmittelbar bekommen.

Ursprünglich sind beide Komplexe, der männliche und der weibliche nicht untereinander verwandt. Das differenziert sich so, daß in der folgenden Zeit in der Gruppenehe die Gruppe verwandt ist. Beispielsweise heiratet eine Mutter mit ihren elf Töchtern einen Mann mit 11 Söhnen oder einen Mann mit 10 Söhnen und einem Schwiegersohn oder einen Mann mit 9 Söhnen, einem Schwieger- und Enkelsohn. Diese Verhältnisse treffen noch die Römer an. Sie sagen: die Pikten leben wie die Tiere. Davon ist keine Rede. Die Idee einer Promiskuität ist durchaus abzuweisen.

Sexuell sind die Leute nicht aufgeklärt. Welchem Vater gehört das Kind? Das von der Frau A geborene Kind wird demjenigen Vater zugeschrieben, der dieses weibliche Wesen zuerst heimführte, selbst wenn er 3 bis 4 Jahre gar nichts mit der Frau zu tun hatte. Es war eine feste Zuschreibung: wer zuerst mit einer Frau sich einließ, ist der Vater aller Kinder, die diese Frau gebiert, selbst wenn er über 5 Jahre auf Seefahrt gewesen ist. Es ist also selten, daß das Kind in seinem Vater den wahren Vater trifft. Diese obligate Zuschreibung spezialisiert sich später zu einem Turnus, sodaß jeder Mann einen Monat an die Reihe kommt. Wir finden noch andere Spezialitäten. In der

Gruppe von 10 bis 12 Frauen ist eine Frau, die Frau A, die Hauptfrau des Mannes A und die Nebenfrau der übrigen Männer; der Mann A ist der hauptsächlichste Mann der Frau A und der Nebenmann der übrigen Frauen. Die Frau B ist die Hauptfrau des Mannes B und die Nebenfrau des Mannes A und C usw. Es ist also so, daß jeder Mann eine hauptsächliche Frau und jede Frau einen hauptsächlichen Mann hat. Aber aus der Gruppe hat jeder dann noch die übrigen alle nebenbei. Später sehen wir, daß dieser Hauptgatte legalisiert wird und daß die Nebenfrau und Nebenmänner durch minderwertige Beziehungen, häufiger durch Sklavinnen ersetzt werden, und so kristallisiert sich schließlich aus der Gruppenehe deutlich sichtbar die Einehe heraus. Wir haben hier in lückenloser Reihe folgenden Tatbestand: in ältester Zeit die Frau auf Frauenrecht, die beliebig wählen darf; der Mann wehrt sich nicht dagegen. Es bildet sich eine Beschränkung auf eine gewisse Anzahl von Frauen und Männern aus und kristallisiert sich fester zur Gruppenehe, in der die einzelnen Glieder ursprünglich nicht verwandt, später aber verwandt sind. Das spezialisiert sich weiter zum Turnus, zur Charakteristik eines hauptsächlichen Mannes und einer hauptsächlichen Frau, gegenüber der die nebensächlichen zurücktreten, und wir haben die Einehe.

Nun die Kinder! Sie werden in alten Kulturen niemals im Elternhaus erzogen, auch nicht im germanischen; sie sind in colleges, lernen dort Sport, Golf, der auch schon in der prähistorischen Zeit bekannt ist, Rugby. Sie werden von den Druiden unterrichtet. Wenn kein großes college am Ort ist, werden sie in Pflege gegeben. Aus 90% aller Belege geht hervor, daß die Kinder bei Pflegeeltern, nicht aber im Elternhaus aufgezogen werden. Das Kind spielt für die Frühform und den Kulturkreis, mit dem wir es hier zu tun haben, gar nicht die besondere Rolle. Eigentümlicherweise haben sich die Soziologen, die am Sonnabend tagen, mit diesem Kulturkreis noch gar nicht beschäftigt. Den einzigen Hinweis auf den Klan entnimmt man aus Scott's Roman Waverley. Ich kenne nur eine Arbeit eines Schotten über das Klan-Wesen. Die Begriffe des Klan werden zwar für die Irokesen und andere Naturvölker definiert, was aber die Basis war, wird nicht erörtert. Da meine Zeit abläuft, kann ich nur folgendes noch erwähnen. Ursprünglich bezeichnet Klan den Komplex, der in der Gruppenehe beisammen ist, vornehmlich den der Blutsverwandten. Die nichtindogermanischen Völker sind keineswegs als primitiv zu deuten. Sie haben unter psychologischem Gesichtswinkel auch sprachpsychologisch eine geradezu frappante Ähnlichkeit mit den Indianern, auch in Sitten und Gebräuchen, sind aber zu jener Zeit das größte Kulturvolk. Sie besitzen eigentümlicherweise immer sofort die griechisch-römische Kultur. Marseille ist ja schon in den prähistorischen Zeiten die Umschlagstation gewesen. Als man sonst das Griechische verlernt hatte und namhafte Erzbischöfe nicht mehr lateinisch konnten, hat man in Irland noch griechisch und lateinisch gesprochen, und diese Iren sind es gewesen, die uns Europäer christianisiert haben; nördlich des Po sind die Völker nicht von Rom, sondern von Irland aus christianisiert worden. Die Missionare aber brachten wertvolle griechische und römische Handschriften mit, die noch heute in St. Gallen u. a. liegen. Im großen und ganzen haben wir so die irische Kultur bekommen, auf der unser ganzes deutsches Mittelalter liegt.

Sie sehen aus alledem, daß wir psychologisch den heutigen Menschen nur aus der Entwicklung durch die Jahrhunderte beurteilen können. Wir sind nicht im Stande, ohne Berücksichtigung der Entwicklungsmomente Urteile zu fällen oder gar Diagnosen zu stellen, was morgen sein wird. Was wir durch Reformen erreichen können, läßt sich heute nicht sagen. Wir können nicht psychologisch oder medizinisch Instinkte festlegen, sondern nur Entwicklungslinien verfolgen. Die Wertschätzung und Stellung von Frau und Mann heute ist eine historische Phase; sie kann morgen eine ganz andere sein, wie der Mensch der Romantik uns heute so erschiene, daß wir ihn vielleicht ins Irrenhaus steckten. Durch die neuen Quellen sind uns nicht nur über die einzelnen Sexualverhältnisse ganz neue Lichter gegeben, sondern wir sehen, daß sie uns ganz Europa bis tief ins Mittelalter hinein erklären; denn das ist alles allein Geistesgut jener Völker, die ursprünglich nicht indogermanisch gesprochen haben. Auf diese Weise werden Sie auch manche psychologischen Unterschiede zwischen Engländer und Italiener beispielsweise erklären können. Wir müssen überall sezieren, die Schichten abheben. Wir Psychologen gehen so vor, daß wir die verschiedenen Schichten mit zarter Analyse abheben, um immer näher an den einfachen Menschen heranzukommen. Von den Naturvölkern allein können wir nicht ausgehen; sie haben ihrerseits auch eine ungeheure Tradition und sehr viel Kultur hinter sich. Wir werden natürlich auch in anderen sexual-psychologischen Hinsichten durch die neuen Quellen belehrt. Das Material aber ist so erdrückend, daß es aussichtslos ist, Ihnen alles vorzulegen.

Letztens noch ein Wort über die Stellung dieser Alteuropäer. Wir müssen annehmen, daß sie mit jenen nicht indogermanischen Völkern Zusammenhänge haben, die als Basken bekannt sind; das ist wohl die nächste Verwandtschaft. Sie sind sicher aus dem Süden vom Mittelmeer her heraufgezogen. Alle diese Fragen werden freilich nicht sofort, aber immerhin in einer gewissen Frist nicht nur für Nordwesteuropa, sondern auch für das übrige Europa in einem Buche über die Psychologie des Ureuropäers klargelegt werden, wo wir die archaische Seele ganz rein herauspräpariert finden, und erst dann können wir überhaupt sehen, was an dem heutigen Menschen Natur und was zeitbedingt ist.

Diskussion:

Richard Thurnwald: Es freut mich außerordentlich, daß ein Fachpsychologe es unternimmt, helfend bei der Behandlung kultureller Probleme einzugreifen. Es ist immer fruchtbar, wenn der Sachkundige eines Gebietes ein anderes abstreift. Er sieht die Dinge dann in einem anderen Licht, als der, welcher sein Auge schon gewöhnt hat.

Allerdings geht es dann nicht ohne Einwendungen ab. Denn dem Besucher entgehen dann doch mitunter Pfade und Winkel in der Landschaft, die er als Gast betritt. Man kann aber verstehen, daß er ärgerlich wird, wenn er nicht gleich das findet, was er wünscht. So begreife ich auch des Herrn Vortragenden Mißfallen gegen gewisse veraltete Ansichten. Vielleicht darf ich ihn aber auf einige Orte in dem Garten des völkerkundlichen Gebiets und der völkerpsychologischen Deutung aufmerksam machen.

Er sagt, die Völkerpsychologie sei auf sexuellem Gebiet noch in den Gedankengängen der Aufklärungszeit befangen. Er beruft sich dafür auf den schon vor dem Kriege verstorbenen *Andrew Lang*, auf den über 70 jährigen Sir *James Frazer*, der in seinen Deutungen trotz der Fülle von Material noch ganz in einfacher individualistischer Deutung stecken geblieben ist, und auf Pater *W. Schmidt*, dessen Interesse hauptsächlich von Einteilungs- und Klassifikationsfragen eingenommen wird, der psychologisch versagt und auch nichts von psychologischen Problemen wissen will.

Aber es ist auch noch von anderen auf den in Rede stehenden Gebieten gearbeitet worden. Vielleicht wäre es dem Herrn Vortragenden von Interesse gewesen, wenn er das „Reallexikon der Vorgeschichte" zu Rate gezogen hätte, das von *Max Ebert* herausgegeben wird. Er hätte dort gefunden, wie es mit dem neuesten Stand der Probleme in der Ethnologie und Völkerpsychologie steht, mit denen er sich befaßt. Unbescheidenerweise muß ich allerdings eine große Zahl von Artikeln über die einschlägigen Gegenstände mir zu Lasten schreiben. Bei einer unbefangenen Prüfung wird man aber feststellen können, daß sie durchaus auf Grund von Studien der Originalquellen und unter dem Eindruck neuer Ansichten und Denkweisen verfaßt sind. Vielleicht wäre das summarische und absprechende Urteil über Völkerkunde und Völkerpsychologie des Herrn Vortragenden etwas anders ausgefallen, wenn er von den erwähnten Aufsätzen des Reallexikons Kenntnis genommen hätte.

Er würde z. B. gefunden haben, daß die Ansicht über ursprüngliche Raubehe längst über Bord geworfen ist. Er hätte die Auffassung lesen können, daß die Blutschande gewissermaßen als Sozialschande betrachtet wurde. Er hätte auch allerlei über die Frage der sog. „unbefleckten Empfängnis" erfahren, und aus dem Material entnehmen können, wie merkwürdige „dogmatische Entartungen" gezeitigt werden, um den Zusammenhang zwischen cohabitatio und conceptio zu leugnen. Das ganze Problem des Mutterrechts als Frauenrecht hätte er ausführlich behandelt gefunden und auch den Fraueneinfluß als solchen, der vielfach mit „Matriarchat" verwechselt wird. Auch über Gruppenehe, Nebenehe, Kinder, Erziehung der Kinder, Jünglingsweihen usw. hätte er viel gefunden, das ihm gezeigt hätte, welche Gedankengänge heute in der von ihm so abfällig kritisierten Wissenschaft sich geltend machen. Er wäre dann vielleicht zu der Überzeugung gekommen, daß die Dinge doch etwas anders liegen, und daß wir ihm näher stehen, als er meint, daß wir moderner sind, als er behauptet.

Allerdings darf ich hinzusetzen, daß die Entwicklungspsychologie nicht schematisch, sondern historisch zu Werke gehen muß. Sie darf nicht allein Entwicklungslinien festlegen, wie der Herr Vortragende meint. Eben dagegen werden berechtigte Einwendungen erhoben. Es ist notwendig, die Kulturgebilde jeweils als soziologisch-psychologische Gestaltungen (im Sinne der Gestaltpsychologie) zu fassen, also ein sozial-historisches Gebäude der Geistesverfassungen ihnen zu Grunde zu legen, um daraus die einzelnen Erscheinungen zu begreifen. Nur so kann auch dem sexuellen Moment darin die richtige Rolle zugewiesen werden. Der Herr Vortragende hat dies übrigens auch in seinem einleitenden Beispiel von der verschiedenen Begrüßungsart ganz richtig gekennzeichnet.

Hans Henning (Schlußwort): Herr *Thurnwald* nimmt irrtümlich an, ich sei nur Professor der Psychologie, tatsächlich bin ich auch Universitätslehrer für Ethnologie. Wenn er weiter meint, mich auf den Prähistoriker *Ebert* und dessen „Reallexikon der Vorgeschichte" aufmerksam machen zu müssen, so habe ich darauf zu erwidern, daß ich gemeinsam mit Herrn Professor *Ebert* die Habilitation des Direktors des Danziger Museums für Vorgeschichte, ebenfalls eines Mitarbeiters des Reallexikons, leitete, und daß ich außer amtlichen und unterrichtlichen Anlässen wiederholt auch auf öffentlichen Tagungen über das Reallexikon sprach. Wenn *Thurnwald* mir drittens vorwirft, daß ich *Lang, Frazer* und *Schmidt* nenne, so brauche ich nur darauf hinzuweisen, daß nicht nur die letzten Auflagen der Lehrbücher, die Studien von *Preuß* u. a., sondern sogar *Thurnwalds* eigene Gesamtdarstellung diese Autoren ebenfalls zitiert. Seine Empfehlung, jede Entwicklungspsychologie müsse historisch vorgehen, ist von der nicht-historischen Entwicklungspsychologie (wie sie *Jaensch* u. a. ausbauten) längst als zu einseitig überholt. Wenn *Thurnwald* mir schließlich empfiehlt, „im Sinne der Gestaltspsychologie" Völkerpsychologie zu treiben, so übersieht er, daß die letzten deutschen und internationalen Kongresse und eine uferlose Zeitschriftliteratur ein so weitgehendes gestaltpsychologisches Programm längst zurückwiesen. Zudem ist gerade der Kern meines Vortrages, an dem *Thurnwald* vorbeistreift und den er mißversteht, extrem gestaltpsychologisch: ich sagte, die Struktur und „Gestalt" des subjektiven Sexualitätserlebnisses und seiner Konsequenzen im Erleben des Urmenschen, Ureuropäers und Primitiven werde von der Wissenschaft rein naturalistisch nach Analogie des heutigen Erlebens des Kulturmenschen gedeutet, z. B. der Kuß in *Freuds* Psychoanalyse als allgemeinmenschlicher Sexualtrieb, während der Kuß notorisch nur bei einzelnen Völkern existiert und ursprünglich ein Erlebnis des Hauchzaubers oder Nasengrußes war. Nur solche Anachronismen, welche die heutigen medizinischen Kenntnisse Europas und geistige Denkarten der Neuzeit schon dem Urmenschen zuschreiben und daraufhin Theorien bilden, nur diese Anachronismen verwarf ich, welche *Thurnwald* selbst wohl schwerlich wird verteidigen wollen.

Kriminalität und Sexualtrieb.

Von Prof. Dr. *A. Hübner,* Bonn.

Durch die gemeinsame Arbeit der letzten fünfzig Jahre ist erwiesen, daß die Sexualität viel häufiger Motiv verbrecherischer Handlungen ist, als wir früher angenommen haben. Auch derjenige, welcher nicht Psychoanalytiker strengster Observanz ist, weiß das heute.

So sehr sich unsere Kenntnisse bezüglich der Einzeltatsachen nun aber erweitert haben, so lückenhaft ist unser Wissen, wenn wir die komplizierten Fälle vor Gericht, sei es als Sachverständiger, sei es als Richter abzuurteilen haben. Das ist um so bedenklicher, als — wenigstens nach den Erfahrungen in Deutschland — in der Vorkriegszeit eine allerdings bereits wieder im Rückgang begriffene beträchtliche Zunahme der Sexualdelikte beobachtet worden ist. Es begegnen uns auf Schritt und Tritt Fragen, mit denen wir uns abfinden müssen und wir finden weder in unserer eignen Erfahrung noch in der Literatur ausreichend Material, um sie zu beantworten.

Diese bedauerliche Erscheinung rechtfertigt es, daß auch auf unserem Kongreß die gerichtsärztliche Bedeutung sexueller Straftaten Erwähnung findet. Daß das in einer allgemeinen Sitzung geschieht, hat darin seinen Grund, daß nur die gemeinsame Arbeit der Psychologen, Juristen und Kliniker Licht in das noch herrschende Dunkel bringen kann.

Die Probleme mit denen wir uns beschäftigen wollen, zerfallen in mehrere Gruppen:

1) müssen wir helfen, verschiedene allgemeine Begriffe, wie den der sexuellen Frühreife, der Hörigkeit, der Verführung, (der letztere ist im deutschen Recht ein in verschiedenen Gesetzen vorkommender Begriff) zu umschreiben und ihre Bedeutung für das Handeln oder die Persönlichkeit des Täters zu erforschen.

2) fehlt es uns an systematischen Untersuchungen über die Beziehungen zwischen psychischer Konstitution und Sexualität. In engerem Zusammenhang damit steht die Frage der Bedeutung bestimmter körperlicher Krankheiten für die Sexualität des Trägers.

Eine dritte Gruppe von Problemen betrifft die genauere Erforschung der Milieueinflüsse für die Entstehung der einzelnen Straftat und viertens müssen wir — nachdem die Stellung der Strafrechtspflege und des Strafvollzugs gegenüber dem Übeltäter in Deutschland eine Änderung erfahren hat — uns in jedem Falle die Frage vorlegen, welche Reaktion des Staates die richtige ist, ob Strafe, Verwahrung, Erziehung oder medizinische Behandlung.

Das ist die eine Seite unseres Themas, man kann sie den allgemeinen Teil desselben nennen. Zu ihr gesellt sich dann noch ein spezieller Teil, der in Fortsetzung der früheren Forschungen die Aufgabe hat, weiteres Tatsachenmaterial zur Aufklärung sexueller Tatbestände zu suchen und die Schwierigkeiten zu zeigen, die man überwinden muß, um gegenüber dem leugnenden oder bewußt lügenden Täter der Wahrheit zum Siege zu helfen. Von verschiedenen Autoren z. B. *Raecke* wird berichtet und ich habe die gleiche Erfahrung gemacht, daß wichtige Ergebnisse sexualpathologischer Literatur auch in die Kreise der Rechtsbrecher gedrungen sind und von ihnen zur Verteidigung benutzt wurden.

Ich kann und will Ihnen heute nun nicht ein Übersichtsreferat über die eben aufgezählten Probleme geben, sondern ich möchte mich darauf beschränken, Ihnen über eigene Untersuchungen und Beobachtungen zu berichten, über Fertiges und einiges noch nicht Abgeschlossene. Über letzteres deshalb, weil ich nicht hoffen darf, in absehbarer Zeit genügend eigenes Material zu erhalten, das mir die weitere Klärung ermöglichte.

Wir gingen in dem ersten, allgemeinen Teil davon aus, daß es Begriffe gebe, die z. T. im Gesetz selbst erwähnt sind, also zum Tatbestand gehören, z. T. medizinischer Natur sind und angewendet werden, um dem Richter das Handeln des Täters verständlicher zu machen. Ein solcher Begriff ist z. B. der der sexuellen Frühreife.

Ich möchte darunter weniger die vorzeitige körperliche Entwicklung eines Kindes verstanden wissen, als vielmehr das abnorm frühe Erwachen des Geschlechtstriebes und seine Betätigung.

Was bedeutet es, wenn man in diesem Sinn bei einem Sexualverbrecher Frühreife feststellt?

Sofern es sich um einen ausgeprägten Fall handelt — für die leichteren gilt das nicht! — bedeutet das, daß die Persönlichkeit die vor dem Richter steht, mit etwa 95 Prozent Wahrscheinlichkeit bei psychiatrischer Untersuchung pathologische Züge aufweisen wird, es bedeutet ferner, daß der früh erwachte Geschlechtstrieb in mehr als 80 Prozent sich nicht vermindert, daß sogar bei manchen cyclothymen Persönlichkeiten trotz zunehmenden Alters mit einer Steigerung zu rechnen ist. Letztere tritt allerdings nicht regelmäßig auf.

Das Material, aus dem ich diese Schlußfolgerung ziehe, umfaßt jetzt 30 Lebensläufe. Die Personen, um die es sich handelt sind z. T. jahrzehntelang beobachtet. Es hat sich dabei übrigens als Nebenbefund ergeben, daß nicht ganz selten auch eines der Eltern sowohl die Frühreife, wie einen starken Geschlechtstrieb darbot.

Bezüglich der Hörigkeit ist das Ergebnis ähnlich. Der größte Teil, d. h. mehr als 90 Prozent der in Betracht kommenden Personen ist, klinisch-psychiatrisch betrachtet, pathologisch. Viele von ihnen sinken auch social, werden der Familie und den Kreisen entfremdet, in denen sie früher gelebt haben; kaum jemals aber kommt es vor, daß sie infolge der Hörigkeit als unzurechnungsfähig zu erachten sind und zum reinen Werkzeug des anderen Teils werden. Die Verantwortlichkeit, für das, was sie tun, behalten sie in der Mehrzahl der Fälle.

Ich muß es mir versagen, auf weitere Begriffe einzugehen. Die zwei erwähnten Beispiele mögen genügen, um zu zeigen, worauf es meiner Ansicht — bei dem Studium dieser Begriffe ankommt.

Ich wende mich dem zweiten Problem zu.

Wir haben in der Psychiatrie die letzten zehn Jahre dazu benutzt, eine wichtige Lücke in unseren Kenntnissen auszufüllen, indem wir uns an das Studium der abnormen Persönlichkeiten herangewagt haben, und es ist gelungen, wichtige Tatsachen zu ermitteln. Am besten studiert sind bis jetzt die manisch-depressive und die schizothyme Persönlichkeit. Leise Ansätze, auch das Sexualleben dieser Typen zu erforschen, sind gemacht worden. An systematischen Untersuchungen fehlt es aber einstweilen noch ganz. Und doch sind solche dringend nötig, denn es gibt Sittlichkeitsverbrecher, deren zahlreiche Einzelhandlungen wahrscheinlich nur nach Erforschung ihrer psychischen Konstitution und der damit eng verbundenen besonderen sexuellen Veranlagung zu verstehen sein werden. Ich denke dabei an die serienweise vorkommenden unzüchtigen Handlungen von Lehrern an ihren Schülern oder von Ärzten und Krankenpflegern an ihren Pflegebefohlenen. Auffallend ist da oft die große Zahl der strafbaren Handlungen, ferner der Mangel an Vorsicht, mit dem sie begangen werden, und auch der Umstand, daß ein oder mehrere Male erwachsene Unannehmlichkeiten selten dazu führen, daß der Täter von seinem bedenklichen Tun abläßt.

In mehreren Fällen, die ich genauer verfolgen konnte, stellte sich z. B. heraus, da eine manisch-depressive Anlage vorhanden war, die sich u. a. durch eine abnorme Sinnlichkeit äußerte. Man findet ja bei Manisch-Depressiven sowohl während ausgesprochener Krankheitsphasen, wie auch bei den leichteren Schwankungen ein merkwürdiges Verhalten des Geschlechtstriebes. Ich sah z. B. echte melancholische Verstimmung verbunden mit gesteigerter Sinnlichkeit und ungewöhnlich leichter Auslösbarkeit des Orgasmus. Mehrfach beobachtete ich auch leichteste hypomanische Zustände, kombiniert mit völlig ungehemmter Sinnlichkeit, die rücksichtslos nach Befriedigung verlangte, gleichgültig ob sie bei einer schmutzigen Bettlerin oder einer eleganten Dame oder durch Onanie gesucht werden mußte. Der Augenblick verlangte sein Recht und der Patient mußte ihm sofort entsprechen, obwohl er Unannehmlichkeiten voraussah und obwohl er vielleicht schon wenige Stunden später Gelegenheit zu, vom strafrechtlichen Standpunkte aus, weniger gefährlicher und äußerlich geschmackvollerer Betätigung hätte haben können.

Es handelte sich dabei — und auch dieser Punkt ist wichtig — keineswegs um Menschen, die in der Anstalt lebten oder gar anstaltspflegebedürftig waren. Im Gegenteil standen die zuletzt beschriebenen Personen z. T. sogar an hervorragender Stelle im Beruf, ein Umstand, der die Beweisführung vor Gericht dem Sachverständigen erheblich erschwert.

Wie ich in den einleitenden Worten bereits sagte, ist der Einfluß gewisser körperlicher Krankheiten auf die Sexualität noch genauer zu erforschen. Um ein Beispiel anzuführen, so sah ich beim Basedow in einzelnen Fällen Phasen, in denen sich bei den Patienten keinerlei sexuelle Regungen zeigten. Zu anderen Zeiten wiederum bestand ein so starker Geschlechtstrieb, daß derselbe Patient sich dadurch belästigt fühlte, ohne allerdings hemmungslos Befriedigung zu suchen.

Verhältnismäßig wenig wissen wir von der Bedeutung des Alkohols für die Auslösung mancher Sexualdelikte. Welche Rolle spielt er z. B. in jenen Fällen, in denen unter Alkohol (es braucht sich dabei keineswegs um sinnlose Betrunkenheit zu handeln) eine vereinzelte homosexuelle Handlung begangen wird, während die Erforschung der gesamten Vergangenheit des Täters sonst keine ähnliche Handlung, noch weniger homosexuelles Empfinden zu Tage fördert. In manchen dieser Fälle stellt die homosexuelle Handlung wohl nur einen Ersatz für normale, im Moment nicht durchführbare Betätigung dar. Regelmäßig ist das aber keineswegs der Fall.

Wie kommt es, daß man gelegentlich bei länger dauerndem Alkoholmißbrauch plötzlich die seltsamsten Kombinationen sexueller Perversitäten auftreten sieht? Ich denke z. B. an einen Mann, bei dem sich etwa um die Zeit, als die ersten Anfänge eines alkoholischen Eifersuchtswahnes bemerkt wurden, eine pathologische Sinnlichkeit zeigte, die ihn bewog, sich der eigenen Tochter zu nähern, in sinnloser Weise zu exhibitionieren und außerdem Unzucht mit Tieren zu treiben.

Es muß in allen diesen Fällen doch wohl so sein, daß in der psychopathischen Konstituion des Betreffenden die Vorbedingungen für sein späteres Handeln zu suchen sind und daß auch dem Alkohol eine bestimmte Rolle dabei zufällt. Näheres wissen wir darüber aber noch nicht und darum haftet unserer Stellungnahme vor Gericht in solchen Fällen einstweilen noch etwas Handwerksmäßiges an. Erschwert ist die Erforschung derartiger Beobachtungen in Deutschland neuerdings noch dadurch, daß die Durchführung von Alkoholversuchen nicht erlaubt ist. —

In das Kapitel der allgemeinen Fragen, von denen ich sprechen wollte, gehört noch eine, die vielleicht die wichtigste überhaupt ist. Sie lautet: Wie weit kann man durch psychotherapeutische, chirurgische oder sonstige Maßnahmen die uns hier interessierenden Rechtsbrecher bessern. Sie wissen, daß gerade hierüber anläßlich der Diskussionen über die Kastration viel gesprochen worden ist und man hat im Hinblick auf Erfahrungen, die in Amerika gemacht worden sind, die Sterilisation bezw. Kastration als „sichernde Maßnahme" in unserem amtlichen St. G.-Entwurf aufzunehmen empfohlen. Ist das berechtigt? Dürfen wir als Zwangsmaßnahme, die vom Gericht beschlossen und dann auch durchgeführt werden müßte, Sittlichkeitsverbrecher zur Kastration verurteilen lassen? Meiner Ansicht nach nicht, denn wir wissen 1) daß durch die Kastration nie die besondere Form der Betätigung getroffen wird und 2) daß allenfalls — auch das ist nicht immer sicher — eine Herabsetzung der Libido bewirkt werden kann, die aber keineswegs immer ausreicht, weitere verbotene Handlungen zu verhindern.

Die Kastration, Transplantation von Geschlechtsdrüsen und ähnliche Maßnahmen gesetzlich festzulegen, wäre heute noch verfrüht. Etwas anderes ist es aber, wenn ein solcher Krimineller selbst den Wunsch hegt, daß auf diesem Wege versucht wird, ihn vor weiteren Strafen zu bewahren. Wenn dann auch nur die Möglichkeit eines

Erfolges gegeben ist, sollte man dem geäußerten Verlangen entsprechen. Dabei ist allerdings eines zu berücksichtigen: Aus der bisher vorliegenden Literatur ist kein klares Bild über die Indikation zur Kastration zu gewinnen. Am besten scheinen die Erfolge bei denjenigen Fällen zu sein, in denen es auf eine Verminderung der Libido ankommt. So sind von *Oberholzer* Fälle von Eigentumsvergehen beschrieben worden, die durch sexuelle Motive bedingt waren und aufhörten, sobald die Kastration erfolgt war. Es sind ferner homosexuelle Kinderschänder kastriert worden, die sich nach der Operation z. T. sogar in besonders gefährlichen Berufen gehalten haben, ohne rückfällig zu werden. Derartige Beispiele ermutigen uns, die Kastration gelegentlich zu versuchen. Wir müssen allerdings bei positiven Erfolgen immer mit der Möglichkeit rechnen, daß es sich nur um Suggestivwirkungen handelt, die durch weniger eingreifende Maßnahmen in gleicher Weise hätten erzielt werden können.

Eines kann ich mir allerdings nicht vollständig erklären, nämlich die von *Oberholzer, Fischer Moeckel* u. a. berichtete Erscheinung, daß manche von den Kastrierten nicht nur in Bezug auf ihr Sexualleben eine günstige Änderung erfahren sondern auch sonst psychisch sich so bessern, daß sie Lücken ihres Wissens nachträglich ausfüllen, regelmäßig arbeiten, und keine unsozialen Handlungen begehen.

Ich glaube nicht, daß es sich dabei um Dauererfolge handelt. Einzelne von den beschriebenen Fällen erleiden nach kürzerer oder längerer Zeit Rückfälle in den alten Zustand, so daß man gut tut, die scheinbar günstigen Fälle noch längere Zeit weiter zu beobachten.

Selbstverständlich ist es auch, daß nicht jeder Sittlichkeitsverbrecher für die Kastration in Betracht kommt, wie das *Boeters* u. a. verlangen. Nach meinen Erfahrungen scheiden die homosexuellen eo ipso aus und von den Exhibitionisten und Fetischisten der größte Teil. Die Tatsache, daß homosexuelle Kinderschänder nach der Kastration nicht mehr rückfällig werden, scheint zuzutreffen. Ich verdanke der Freundlichkeit des Herrn San.-Rat Dr. *Magnus Hirschfeld* die Kenntnis einiger derartiger Fälle. Auch bei ihnen ist aber nicht auszuschließen, daß es sich lediglich um Suggestiverfolge handelt, die wie Sie alle wissen, namentlich von psychonalytischer Seite mehrfach beschrieben worden sind, so daß es eines operativen Eingriffes vielleicht gar nicht bedurft hätte.

Wie ich an anderer Stelle bereits ausgeführt habe, ist die Frage insofern von Bedeutung, als sich schon heute gelegentlich Menschen melden, die die Kastration an sich vornehmen lassen wollen, weil sie entweder wegen eines Sittlichkeitsdelikts rechtskräftig verurteilt worden sind und durch die Kastration hoffen, die Strafe abzukürzen, oder weil sie fürchten, sich infolge besonderer Veranlagung über kurz oder lang von neuem strafbar zu machen. Soweit sie in die letzte Gruppe gehören, handelt es sich nach meinen Erfahrungen fast ausnahmslos um Geisteskranke. Gegenüber den ersterwähnten muß sich meiner Ansicht nach die Behörde so lange ablehnend verhalten, als nicht feststeht, daß die Operation straflos ausgeführt werden kann. Sobald diese Vorfrage eindeutig geklärt sein wird, kommt nach Ausführung der

Operation eine sofortige Entlassung aus der Strafhaft auch nicht in Betracht. Erst mehrere Monate nach dem Eingriff wird man die Entlassung wagen können. —

Noch eines ist übrigens vom juristischen Standpunkt zur Kastrationsfrage bei Sittlichkeitsverbrechern zu sagen. Nach den heute geltenden Rechtsanschauungen ist im allgemeinen kein Mensch verpflichtet, sich einer Operation zu unterziehen. Weder nach dem Versicherungsrecht — ich denke an die Unfallverletzten — noch nach dem B. G. B. konnte das verlangt werden. Erst in allerletzter Zeit sind auch gegenteilige Ansichten laut geworden. Unser deutsches oberstes Gericht in einem Falle entschied, man könne von einer Frau verlangen, daß sie sich operieren lasse, wenn dadurch ein Hindernis bei Ausübung der ehelichen Pflicht beseitigt würde. In diesem Falle handelt es sich um eine einfache Operation, von der Nachteile nicht zu erwarten waren. Wie steht es nun aber mit den Letzteren bei der Kastration?

Sie kennen alle die Arbeit *Heinrich Fischers* über die Folgen der Kastration auf die Psyche. Er beschreibt darin einen Typ, der durch Reizbarkeit, Launenhaftigkeit, Mißtrauen, zeitweilige Neigung zum Aufbrausen, zu anderen Zeiten durch ausgesprochene Indolenz gekennzeichnet ist. Auch epileptische Anfälle wurden beobachtet.

Einen Fall auf den die eben gegebene Beschreibung zutrifft, habe ich auch gesehen, muß dabei allerdings hinzufügen, daß bei ihm schon vor der durch Granatsplitter bewirkten Kastration wesentliche Züge des geschilderten Charakters vorhanden waren. Die übrigen Kastrierten zeigten keine gröberen Veränderungen ihrer Psyche.

Wenn sich nun aber ergeben sollte, daß tatsächlich die Kastration öfters solche Folgen hat, wie sie *Fischer* beschreibt, so würden dem Delinquenten erhebliche Nachteile erwachsen, die der Gesetzgeber nicht beabsichtigte. Diese Nachteile wären zweifacher Art, nämlich u. U. eine Minderung der Erwerbsfähigkeit — ich erinnere an die Bedeutung epileptischer Anfälle für die Berufsarbeit — und zweitens eine andere kriminelle Gefährdung. Ich habe selbst über einen Fall berichtet, in dem ein Kastrierter infolge seiner Reizbarkeit einen Totschlag beging.

Wir werden hier also, wie bei den anderen Indikationen zur Kastration davor warnen müssen, Zwangsmaßregeln zu beschließen. Was der Einzelne freiwillig tut, ist seine Sache. Der Staat darf ihm jedenfalls zwangsweise keinen Schaden zufügen, der außerhalb des Strafzweckes liegt.

Ich habe Ihnen soeben über mehrere allgemeine strafrechtliche Probleme berichtet, die wir zum Teil noch genauer erforschen müssen. Auch der specielle Teil unserer Strafgesetze enthält eine große Zahl von ungelösten Fragen, zu denen wir aus unserer Wissenschaft gleichfalls Beiträge liefern können. Gestatten Sie mir, auch das durch einige Beispiele zu belegen. Ich beginne mit dem Diebstahl. Da möchte ich nicht von den Diebstählen der Fetischisten reden, die genügend bekannt sind, sondern über jene Fälle, in denen eine fremde bewegliche

Sache weggenommen wird, nicht in der Absicht rechtswidriger Zueignung, sondern in der Absicht, durch die mit der Situation verbundenen Spannung zu sexueller Befriedigung zu gelangen. Man hat diese Fälle vielfach auch als Kleptomanie bezeichnet. Das wesentliche daran ist, daß die Täter den subjektiven Tatbestand des Diebstahls meist nicht erfüllen. Man hat diese Fälle aber aus noch anderen Gründen unrichtig behandelt. Da die Täter meist pathologische Persönlichkeiten waren, so wurde geprüft, ob die Voraussetzungen des § 51 StGB. gegeben waren und dann freigesprochen oder, wenn Zurechnungsunfähigkeit nicht angenommen werden konnte, verurteilt. Damit war aber den Tatbeständen, die da vorliegen, nicht Genüge geschehen. Es ist zu unterscheiden zwischen der Wegnahme der Sache unter dem Einfluß der erwachten und sich allmählich steigernden Sinnlichkeit und der späteren Verwendung der Sache. Letztere geschieht zu einer Zeit, wo der Orgasmus längst abgeklungen ist. Sie stellt also eine selbständige, unter ganz anderen psychologischen Bedingungen ablaufende Handlung dar. Sie muß demgemäß auch gesondert klassifiziert werden. Es kann sich um Unterschlagung oder Sachbeschädigung handeln.

Auf eine zweite Gruppe der scheinbaren Diebstähle habe ich an anderer Stelle auch schon aufmerksam gemacht. Die Täter wurden erwischt, während sie die Hand in der Kleidertasche einer Dame hatten und es wurde angenommen, daß die Entwendung des Portemonnaies beabsichtigt war. In Wirklichkeit lag eine ganz anders zu deutende sexuelle Handlung vor, nämlich eine unzüchtige Berührung einer Frau. In die Tasche hatte der Angeklagte nur deshalb gegriffen, weil er dort den Geschlechtsteilen seines Opfers am nächsten war. Hier lag also kein Diebstahlsversuch, sondern eine tätliche Beleidigung aus sexuellen Motiven vor.

Auch unter den Betrügern gibt es Fälle, bei denen ähnliche Erwägungen wie die eben berichteten, am Platze sind. Außerdem ist hier auch noch der Personen zu gedenken, die ohne ärztliche Approbation die Heilkunst ausüben, nicht weil sie ein besonderes Heilverfahren propagieren, sondern weil sie auf diese Weise unauffällig ihre Opfer entkleiden und betasten können. Da sie Geld für diese Konfultationen nehmen und Heilung versprechen, oft auch Medikamente dabei verkaufen, so ist oft der Tatbestand des Betruges erfüllt. Da wo die Annahme von Geld oder sonstiger Entlohnung vermieden wird, liegt u. U. auch nur tätliche Beleidigung vor.

Sie sehen auch an diesen Beispielen, daß es unserer Mitarbeit bei der Aufklärung dessen, was man subjektiven Tatbestand nennt, nicht selten bedarf, wenn die incriminierte Handlung richtig gewertet werden soll. Das ist nicht der einzige Punkt, wo unsere Mitarbeit erforderlich ist. Gleichgültig unter welchen Gesichtspunkten man straft, ob zur Vergeltung oder Besserung, immer wird man den besten Erfolg dann haben, wenn man in der Lage ist, die psychologisclen Vorgänge, die zur Tat geführt haben, genau zu untersuchen. Ein Gebiet. wo gerade das besonders deutlich hervortritt, ist das der sexuellen Verleumdungen. Ich möchte Ihnen da zwei Typen, wie sie mir begegnet sind, gegenüberstellen.

Bei dem einen handelt es sich um ein gegen bestimmte Personen gerichtetes systematisches Kesseltreiben, das zielbewußt betrieben wird. Der Täter selbst tritt nicht hervor. Er gehört zu den hysterischen Persönlichkeiten mit pseudologischem Einschlag. Das Motiv ist Rache, Eifersucht oder Neid. Es werden bestimmte Behauptungen aufgestellt und durch ein großes systematisches, geschickt aufgebautes Lügengewebe möglichst glaubhaft gemacht.

Der zweite Typ richtet sich nicht gegen bestimmte Personen, sondern es werden die verschiedensten Menschen hinzugezogen. Hier fällt zunächst die Masse der Betroffenen und die Intensität, mit der die Sache betrieben wird, auf. Auch der besonders unflätige Inhalt der anonymen Briefe ist bemerkenswert. Mitunter begeht der Täter Unvorsichtigkeiten, durch die er verraten wird. Wenn man den Fall ganz aufklären kann, zeigt sich, daß die vorhin erwähnten Motive „Rache und Neid" keine Rolle spielen. Die Täter sind keine ausgesprochene Hysteriker, sondern Hypomanische. Eines Tages hört das wüste Treiben von selbst wieder auf.

Kriminalpsychologisch betrachtet ist bei beiden Typen eine sexuelle Komponente vorhanden. Während dieselbe aber bei dem ersten Fall in böswilliger Weise benutzt wird, die Betroffenen sozial zu schädigen, fehlt diese Absicht bei der zweiten Gruppe meist ganz. Jedenfalls ist sie nicht Motiv des Handelns.

Hier wird vielmehr ein Hypomanischer von seiner krankhaft gesteigerten Sinnlichkeit dazu getrieben, ganze Serien von Briefen zu schreiben oder verwandte Handlungen zu begehen, weil ihn die Beschäftigung mit diesen Dingen aufregt, vielleicht auch, weil er durch die geschilderten Szenen und deren obscönen Darstellung die Andern aufregen will.

In dem ersten Falle ist Strafe, u. U. sogar eine recht harte, wenn nicht besondere Komplikationen vorliegen, durchaus angebracht. Im zweiten Falle handelt ein Mensch, der an der Grenze zur Geisteskrankheit steht, oder diese Grenze überschritten hat, den man nur ausnahmsweise wird bestrafen können. Die Analyse des Falles in sexualpathologischer und psychiatrischer Beziehung ermöglicht diese Beurteilung erst.

Unter den Fragen, die ich in der Einleitung aufwarf, betraf die letzte den Nachweis der „wollüstigen Absicht" bei manchen Handlungen. Es gibt Berührungen und Bewegungen, die in dem harmlosen Zuschauer keinen Augenblick den Gedanken aufkommen lassen, daß sie der Ausdruck einer sexuellen Spannung des Täters sind. Der Nachweis, daß etwas Strafbares vorliegt, kann mitunter nur dadurch geführt werden, daß neben den indifferenten auch ganz eindeutige Akte ausgeführt werden. Es gibt nun weiter Handlungen, die der normale Durchschnittsmensch selbstverständlich als geschlechtliche deutet, während der Täter selbst die wollüstige Absicht bestreitet. Der Umstand, daß eine unzüchtige Handlung vorliegt, kann dann trotz der Eindeutigkeit des Geschehnisses äußerst schwierig sein.

Die Fälle, an die ich dabei denke, gehören zur Gruppe der Orgien, um mit *v. Behr* zu sprechen. Es handelt sich um Sektengründungen aus sexuellen Motiven. Ein oder mehrere Prediger versammeln eine mehr oder minder große Gemeinde um sich, predigen und organisieren — gestützt auf geeignete Bibelstellen — einen regulären Geschlechtsverkehr unter den Mitgliedern der Gemeinde. Wenn dann der Staatsanwalt eingreift, wird behauptet, der heilige Geist oder eine höhere Macht habe dem Prediger den Auftrag gegeben, sich gerade so zu betätigen, wie es geschehen ist. Eine wollüstige Absicht habe nicht bestanden. Es sei nichts Strafbares geschehen. Der Beweis des Gegenteils ist schwer zu führen. Es kommt hinzu, daß hinter dem Prediger u. U. eine große Organisation von Gläubigen steht, die an die Reinheit seiner Absicht glaubt.

Bei der Beweisführung ist auf vier Gesichtspunkte hinzuweisen, nämlich 1) der allgemeine, daß Sektengründer dieser Art sich bisher immer als Schwindler erwiesen haben, 2) daß sie für gewöhnlich die Gemeinde auch sonst, namentlich in Geldsachen, betrügen 3) daß die Art der Ausführung (begleitende Alkoholgelage, obscöner Verkehrston, Geld- oder sonstige Geschenke an die Favoritinnen), bedenklich ist und 4) kann man, sofern der Prediger von den in Betracht kommenden weiblichen Gemeindemitgliedern getrennt wird, feststellen, daß er anderweitig Trost sucht und zwar so, daß aus dem Gesamtverhalten der Schluß auf das Vorhandensein einer sexuellen Erregung unabweisbar ist.

Das Rätsel der Mutterrechtsgesellschaft.

Von *Dr. Paul Krische*, Berlin-Lichterfelde.

In den Kreisen der Geschichtsschreiber und Geschichtsforscher war man immer der Ansicht, daß die menschliche Gesellschaft naturgemäß eine von Männern geleitete und geordnete sein müsse, da nicht nur alles, was in der langen Kulturgeschichte der Menschheit an Fortschrittlichem und Entwicklungsfähigem geleistet wurde, von Männern geschaffen wäre, sondern das gesamte menschliche Kulturwerk als Manneswerk, soweit es über den engen Familienkreis hinausgeht, im Wesentlichen anzusehen sei. Zwar beobachtete bereits der älteste Geschichtsschreiber, *Herodot*, der „Vater der Geschichte" bei seinen Reisen um 500 v. Chr. Geb. in einigen Ländern (Lykien und Ägypten) seltsame Abweichungen von der männerherrschenden Norm, — hielt diese aber für Ausnahmeerscheinungen, die in erster Linie einer weichlichen und weibischen Entartung des Mannes zuzuschreiben seien. Ebenso urteilte noch 100 Jahre später der griechische Tragödiendichter Euripides, wenn er die „schmachvolle" spartanische Sitte des Nacktkampfes der Jungmädchen mit den Burschen geißelt, — ebenso der ganz im humanistischen und kosmopolitischen Aufklärungsgeist schreibende Göttinger Professor „der Weltweisheit" *C. Meiners*, dem wir die erste, und heute noch einzigartige, 1788—1800 herausgegebene „Geschichte des weiblichen Geschlechts" verdanken.

Das wurde mit einem Schlage anders, als 1861 der Basler Rechtsgelehrte *J. J. Bachofen* sein geniales Werk über das Mutterrecht veröffentlichte. Während die Öffentlichkeit und die wissenschaftliche Welt in der zweiten Hälfte des vorigen Jahrhunderts vornehmlich von den Streitfragen über die zur gleichen Zeit etwa herausgebrachten Probleme der Entwicklung (Darwinismus) und der Gesellschaftsdynamik (wissenschaftlicher Sozialismus, Marxismus) erfüllt waren, gelangte *Bachofens* neue Ansicht nebenher und ohne lebhaften oder gar erbitterten Meinungsaustausch zur Annahme und erst im neuen Jahrhundert beginnt man mit der stärkeren Beachtung psychologischer Probleme zu verstehen, wie bedeutsam das Mutterrechtsproblem für die unsere Zeit am heftigsten beschäftigenden Kulturprobleme ist, — ich weise nur auf die Frauenbewegung hin, — und so zeigt sich als naturgemäßes Ergebnis dieser neuen, psychologisch mehr betonten Einstellung nicht nur ein Wiederaufleben, sondern eigentlich erst die ernste und eifrige Beschäftigung mit *Bachofens* Lebenswerk: Dem Problem des Mutterrechts.

Ehe ich kurz auseinandersetze, welche Ergebnisse ich nach jahrelanger, eifriger Befassung mit dem „Rätsel der Mutterrechtsgesellschaft" mitzuteilen habe, möchte ich mit einigen Worten auf die sehr reizvolle Wandlung eingehen, welche sich seit *Bachofen* bis heute in der Behandlung dieses Problems vollzogen hat.

Zunächst kurz das Hauptergebnis der *Bachofen*schen Untersuchung und die Unterlage seiner Forschungen: Auf Grund einer unendlich fleißigen Bearbeitung der gesamten altgriechischen Literatur in der Richtung ihres mythologischen Gehaltes gelangte *Bachofen* zu der Überzeugung, daß überall der antike Mythos auf eine der vaterrechtlichen Epoche vorangehende mutterrechtliche Epoche hinweise. Er nannte sie mutterrechtlich, weil in ihr das Kind den Namen von der Mutter erhielt, die Familie eine Mutterfamilie war, und der wesentliche Einfluß in der Gesellschaft der mütterliche war: In der Gesellschaftsordnung durch den Rat der Mütter, im Kultus durch die Verehrung von Muttergottheiten und weiblichen höheren Wesen. Diese Mutterrechtszeit war zugleich Schöpferin der Urkultur. Während vorher im Geschlechts- wie im Gesellschaftsleben das Chaos herrschte, — Zufallspaarung und Zufallsordnung — (Promiskuitätstheorie), — schuf die Epoche der Mütter die Urkultur: Eine dämonische, von Urtrieben spukhaft durchschüttelte, durch besondere triebhafte Erdnähe ausgezeichnete Kultur, in der triebgemäße Mutterstimme und Leidenschaftlichkeit der weibhaft-erdnahen Gemütswallung vorherrschen. Ihr folgte die weniger triebhafte, wesentlich vernunftsbetonte Vaterrechtszeit, eine Stufe höherer Entwicklung, die sieghafte Befreiung vom lähmend Triebhaften und glanzvollen Aufstieg brachte, — empfunden wie der sonnendurchstrahlte Morgen nach einer nebeldurchwallten Frühdämmerung. Es ist nun außerordentlich interessant, festzustellen [1]), daß die Darstellung *Bachofens* deutlich zu erkennen gibt, daß seine Sympathie und innere Neigung trotz aller Betonung der höheren Vernunft des Vaterrechts dem mehr triebhaften Mutterrecht gilt. Darin bewährt sich eben das geniale Einfühlen und Vorfühlen *Bachofens,* so daß heute seinem Werke in der Wissenschaft und Öffentlichkeit eine Anteilnahme zu Teil wird, die es vor 50 Jahren, kurz nach dem Erscheinen, zur Zeit der materialistisch-mechanistischen Hochflut, nicht haben konnte. Es waren sicher bei *Bachofen* allgemein ästhetische Gründe für diese Stellungnahme bestimmend, — beschäftigt der Mythos doch heute noch den Künstler in erster Linie —, außerdem machte sich aber zweifellos ein Vorahnen der heute stark geförderten Tiefenpsychologie, der Kräfte des Unterbewußten geltend, wie bei vielen künstlerischen Meisterwerken.

Es ist weiter eigenartig zu beobachten, wie verschieden *Bachofens* Untersuchungen gewertet werden. Seine Theorie von ursprünglicher Promiskuität der Urzeit, einem folgenden Mutterrecht und noch späterem Vaterrecht fand allgemeine Anerkennung in der Wissenschaft der Medizin und Völkerkunde. Sie wurde hier vielfach in dem Sinne gewertet, daß die höhere Kultur ausgesprochene Männerkultur und die gesellschaftlich und kulturell weniger entwickelte Epoche der vom Weibe geschaffenen Mutterrechtsgesellschaft ein Beweis für die Unfähigkeit der Frau zur Gestaltung höherer und wertvoller gesellschaftlicher Ordnung sei.

---

1) Dies geschah kürzlich in dem Werk *M. Schröder* und *A. Bäumler:* Der Mythos von Orient und Okzident. Verlag Beck-München 1926.

Ganz anders war die Wertung seitens des wissenschaftlichen Sozialismus, in dem das „Mutterrechtsproblem" eine nicht unwichtige Rolle spielte, nachdem *Friedrich Engels*, — neben *Marx* der Begründer des Marxismus, — durch sein vielgelesenes Buch „Über den Ursprung der Familie" mit den Forschungen des Amerikaners *Morgan* über die Urgesellschaft auch dessen Standpunkt über das Mutterrecht angenommen hatte, das durch *Bachofen* bestimmt war. Hier galt dieses Mutterrecht aber als Beweis der Leistung und Geltung der Frau, erschien die Mutterrechtsgesellschaft als Ideal einer klassenlosen, kommunistischen Gemeinschaft, die so beglückend gewesen war, daß sie noch lange in der späteren harten, eisernen Zeit der klassenbetonten Männerherrschaft als Sage des Paradieses der Unschuld, des goldenen Zeitalters nachlebte.

Besonders reizvoll sind auch die weiteren Wandlungen, die sich in der Stellung zum Mutterrechtsproblem vollzogen und schließlich zur heutigen Ausarbeitung von 3 Richtungen: einer soziologischen, einer biologischen und einer eigenartigen kultursynthetischen, der sogenannten kulturmorphologischen, führten. In soziologischer Richtung bearbeiteten das Problem u. a. *Müller-Lyer, Heinrich Cunow* und *Heinrich Eildermann*. Sie vertreten übereinstimmend den Standpunkt, daß das Rätsel des Mutterrechtsproblems in erster Linie durch Aufhellung der produktionstechnischen Verhältnisse zu erfolgen habe. Im Gegensatz zu *Bachofen* stellen sie fest, daß das Mutterrecht eine relativ späte Kulturschöpfung ist und in erster Linie durch die seit Urzeiten geltende Arbeitsleistung nach dem Geschlecht veranlaßt wurde. nach der die Männer der Jagd oblagen, die Frau sich als Sammlerin von Früchten, Wurzeln und Sämereien betätigte. Hierdurch wurde die Frau die Pionierin der seßhaften Lebensweise, Begründerin der Ackerkultur und Schöpferin einer der Jagdproduktion allmählich stark überlegenen Lebensunterhalts-Erzeugung. Als Inhaber der bestimmenden Produktion erlangte sie auch soziale Geltung und wurde zum Teil bestimmend in öffentlichen Angelegenheiten. Diese mutterrechtliche Epoche währte nur kurze Zeit, da sich recht bald der Mann wieder zur Geltung brachte. Sie wiederholte sich nicht. Die völkerkundlichen Unterlagen über tatsächlich beobachtete Mutterrechtsgesellschaften sind allerdings recht wenig kritisch gesichtet. Als typische Erscheinung bei niederen Ackerbauvölkern, als große revolutionäre Tat der Frau bei dem Übergang vom unsteten zum seßhaften Leben ist das Mutterrecht eine einmalige Erscheinung im Verlaufe der Kulturentwicklung der Menschheit, die sich nicht wiederholt.

Zu einem wesentlich anderen Ergebnis gelangt die biologische Richtung der Untersuchungen von Dr. M. und M. *Vaerting*. Sie vertreten das sogenannte Pendelgesetz mit Ablösung des Vorherrschens eines Geschlechts und dazwischenliegenden Epochen der Gleichberechtigung beider Geschlechter und stützen diese Aufassung durch Benutzung des Stoffes von *Bachofen* und anderer Quellen. Ihr großes Verdienst ist, die verschiedenartigen Merkmale der Mutterrechtsgesellschaft herausgearbeitet und in manchen Einzelheiten nachgewiesen zu haben, daß bei maßgebendem Einfluß der Frau in der Gesellschaft diese sich ähnlich benimmt, wie der Mann in der durch Männer bestimmten Kultur. Sie vertreten u. a. für Ägypten eine Aufeinanderfolge von Männer-, Frauen-, Männervormacht, können aber nirgend das Beispiel einer wiederholten, also zweiten Mutterrechtsepoche beibringen und schließen aus Einzelangaben, die sie nicht kritisch prüfen, sehr weitgehend auf das Bestehen von Frauenstaaten, die sie selbst noch in der geschichtlichen Epoche Spartas, Ägyptens u. a. Länder annehmen. Eine gründliche und kritische Nachprüfung des von ihnen gebotenen und sonst zugänglichen Materials muß zu dem Ergebnis kommen, daß das Vorhandensein eines Frauenstaates mit vollständiger Herrschaftsstellung der Frau, wie sie umgekehrt die patriarchalische Zeit dem Manne zuweist, einwandfrei n i c h t nachzuweisen ist.

Ebenso fehlt bei den *Vaertings* eine eingehende Begründung ihrer wesentlich biologisch eingestellten Pendeltheorie. Die Ursache der Pendelbewegung sehen sie darin, daß sich das jeweilig herrschende Geschlecht durch Übernahme aller Arbeit und Verantwortung schwächt. Für die Tierstaaten hat *H. Schulte-Vaarling* eine ähnliche biologische Begründung für abwechselnde männliche und weibliche Staaten gebracht. Für die menschliche Kulturgeschichte fehlen bisher genügend Unterlagen für einen solchen biologisch bestimmten Wechsel im jeweils herrschenden Geschlecht.

Die dritte Richtung der durch *Leo Frobenius* begründeten Kulturmorphologie oder Kulturkreislehre nimmt übereinstimmend mit den Soziologen eine Mutterrechtsepoche erst nach Voraufgehen einer Kultur der Unsteten an, vertritt aber nicht eine Folge von Mutter-Vaterrecht mit Viehzucht, geheiligter Jungfernschaft und ehelicher Untreue, einen Stelle Vaterrecht, an der anderen Stelle Mutterrecht allmählich Gestalt bekommt. Auf Grund der statistisch ermittelten Unterlagen von Gestaltsmerkmalen vertritt die Kulturkreislehre im Gegensatz zu der genetisch eingestellten Soziologie den Standpunkt, daß Mutterrecht mit Viehzucht, geheiligter Jungfernschaft und ehelicher Untreue, Vaterschaft mit Ackerbau, Gleichgültigkeit gegen Jungfernschaft sowie eheliche Treue einhergehe. Die Kulturkreislehre schafft eine außerordentliche Bereicherung des Unterlagenstoffes durch ihre statistische Erfassung der Merkmale. Es scheint mir aber, daß gerade wegen des unzureichenden Merkmalstoffes eine synthetische Verarbeitung des Stoffes noch verfrüht ist und darum die einzelnen, oft tiefgehenden Folgerungen der Kulturkreislehre zweifelhaft sind, so die über die eruptive, revolutionäre Vormachtgewinnung des Weibes im Mutterrecht, die langsame Evolution des die Macht wieder gewinnenden Mannes.

Wenn ich nach dieser knappen Kennzeichnung der Wandlung und des derzeitigen Standes des Mutterrechtsproblems ebenso kurz skizzieren soll, was die Ergebnisse meiner besonderen Untersuchung des Problems sind, die ich kürzlich in einem Werk [1]) veröffentlicht habe, so muß ich vor allem hervorheben, daß der gegenwärtig vorliegende Stoff für eine genügende Lösung des Rätsels der Mutterrechtsgesellschaft recht unzulänglich ist, da er eine durchgreifende kritische soziologische Analyse oder gar Synthese nicht gestattet.

1) *Dr. Paul Krische:* Das Rätsel der Mutterrechtsgesellschaft, eine Studie über die Frühepoche der Leistung und Geltung der Frau. Verlag G. Müller-München 1927.

Zunächst eine Antwort auf die Frage: Wo bestehen heute noch Mutterrechtszustände in dem Sinne, daß nicht nur die Kinder den Namen der Mutter tragen, sondern daß die Frauen allgemein in gesellschaftlichen Dingen bestimmend sind. Nach dem mir zugänglichen Stoff kommt als einziges Beispiel in diesem Sinne die Ureinwohnerschaft der jetzt japanischen Insel Formosa in Betracht, wo die Engländerin *Janet Mac Govern* Frauen als Häuptlinge, Priesterinnen, Alleinbesitzer der wichtigsten Nahrungs- und Genußmittel feststellte. Diese Darstellung entbehrt aber einer gründlichen soziologischen Durcharbeitung, um wissenschaftlich ganz zu genügen.

Dagegen liegt die verdienstvolle und wissenschaftlich einwandfrei durchgearbeitete Schilderung der zweiten Stufe der Mutterrechtsgesellschaft vor, in der die Kinder gleichfalls nach der Mutter genannt werden, die eigentliche Leitung der Stämme aber bereits in die Hände des Mutterbruders übergegangen ist, das ist die Arbeit *Malinowskis* über die mutterrechtliche Gemeinschaft auf den Tobriand Inseln östlich von Neu-Guinea.

So ist zu verstehen, wenn *Vierkandt* die Ansicht vertritt, „daß Mutterrecht im allgemeinen gar keine stärkere Macht der Frauen gegenüber dem Manne, sondern vielmehr einen stärkeren Einfluß der männlichen Verwandten der Frau gegenüber dem Ehemann und seinen Angehörigen bedeute".

Auf Grund genügend durchforschten völkerkundlichen Tatsachenmaterials der Jetztzeit läßt sich gegenwärtig die Frage, ob Mutterrecht erster Stufe, d. h. mit gesellschaftlich maßgebender Rolle der Frau heute noch besteht, kaum ganz klar entscheiden, wir stehen also immer noch vor einem Rätsel hinsichtlich dieser ersten und gewiß wichtigen Frage. Dagegen scheint mir die Fülle der Nachrichten völkerkundlicher und geschichtlicher Art als mindestens höchst wahrscheinlich zu ergeben, daß es einmal, und zwar vornehmlich auf der Stufe der frühen Ackerbaukultur, also der beginnenden Seßhaftigkeit, eine Mutterrechtsgesellschaft erster Stufe, also mit allgemeiner Frauenvormacht, allerdings nur einmalig und relativ rasch wieder verschwindend, gegeben hat. Als Ursachen dieser merkwürdigsten und einzigen Erscheinung der Kulturgeschichte erscheinen folgende: Soziologisch die Übernahme des der Jagd des Mannes gegenüber überlegenen Ackerbau-, Töpferei- und Webereiprozesses durch die seit Urzeit als Sammlerin den Bodenfrüchten zugewandte Frau, — und psychologisch die leidenschaftliche Einsetzung der durch Mutterschaftsbürde belasteten Frau für die Umwandlung des ihr qualvollen unsteten zum seßhaften Dasein. Es lassen sich namentlich 2 Mutterrechtszentren: einmal in Amerika (Süd- und Nordamerika, Irokesenbund, Wyandottes, Algonkin, Tupi), dann in Ostasien (Malayen, Südseeinsulaner) feststellen. Neben den Ackerbauvölkern zeigten auch die Fischereivölker deutlich eine mutterrechtliche Durchgangsstufe (Kamtschadalen, Thlinkit).

Für die Kulturgeschichte wesentlich wichtiger als die früheren Beispiele ausgesprochener Mutterrechtsgesellschaft erweisen sich die mehr oder weniger starken Mutterrechtsreste, die bei fast allen Kulturvölkern festzustellen sind und die nur bei den ursprünglichen Hirtenvölkern zu fehlen scheinen (Türken, Kirgisen). Es ist zwar noch nicht bewiesen, daß alle Ackerbauvölker einmal durch die Mutterrechtszeit gegangen sind, die verblüffend reichen Mutterrechtsreste bei den führenden Kulturvölkern machen es aber höchst wahrscheinlich. Als Völker mit auffallend starken Mutterrechtsresten noch in der geschichtlichen Zeit erweisen sich: Die Spartaner, Kreter, Lykier, Ägypter, Minyer, Römer, Babylonier, Inder, Chinesen, Araber, Juden, Germanen, Kelten und Slaven.

Sehr zahlreich sind merkwürdige Übergangserscheinungen vom Mutter- zum Vaterrecht, zu denen zu rechnen sind die Geheimbünde der Frauen mit eigener vor den Männern verborgen gehaltener Weibersprache, die Sitte des Männerkindbetts, bei welcher der Vater die Wöchnerin markiert, um seinen Anspruch auf das Kind gegenüber der Mutter zu betonen und die Beschneidungs- und Reifezeremonien für mannbar gewordene Mädchen.

Von wesentlicher Bedeutung ist schließlich die wichtigste psychologische Schöpfung des Mutterrechtes: Das Bewußtwerden der Mutterschaft in dem Identitätsgefühl von Mutter und Kind, wie es sich in der Namengebung nach der Mutter kennzeichnet und wie es vorher beim Hordennamen der Kinder nicht vorhanden war. Diese bewußte Mutterschaft war Vorstufe und Vorbild des Identitätsbewußtseins von Vater und Kind in der Vaterrechtsepoche, der bis in unsere Zeit reichenden patriarchalischen Zeit, in der sie ein wesentliches psychologisches Moment der gesamten Vaterrechtskultur bildet. Sagt doch schon bei Aschylos in den Eumeniden Apollo, der Vertreter der neuen vaterrechtlichen Lehre: Erzeugerin des Kindes ist die Mutter nicht, wie man es glaubt, nur Nährerin des jungen Keims. Erzeugen kann allein der Vater, sie bewahrt gleichsam ein anvertrautes Pfand und gibt es heil dem Eigner wieder, wenn es nicht ein Gott zerstört".

Die Sagen des Orest, des Alkmaeon, der Nibelungen und manche andere, die heute noch mit Vorliebe künstlerisch und literarisch verwertet werden, stammen aus der legendären Übergangszeit vom Mutter- zum Vaterrecht und sind Niederschlag der ungeheuren Leidenschaft, welche diese Umwälzung begleitete.

Bachofen war 1861 der Meinung, das Rätsel des Mutterrechtes gelöst zu haben. Heute ist gewiß, daß wir nur Lösungen von Wahrscheinlichkeitswert zu bieten haben, daß wir vor allem besseren Tatsachenstoff über die heute noch bestehenden Mutterrechtsgesellschaften besitzen und die vorhandenen Berichte über Mutterrechtsepochen der Geschichte und Vorgeschichte kritischer und gründlicher bearbeiten müssen, als dies bisher geschehen ist.

Literatur-Übersicht.

C. Meiners: Die Geschichte des weiblichen Geschlechtes. Hannover 1788 bis 1800. Verlag der Helwingschen Hofbuchhandlung.

J. J. Bachofen: Das Mutterrecht, Stuttgart 1861.

F. Müller-Lyer: Die Familie. 2. Aufl. München 1918. Verlag Albert Langen.

Heinrich Cunow: Zur Urgeschichte der Ehe und Familie. Stuttgart 1912. Verlag J. H. W. Dietz Nachf.

Heinrich Eildermann: Urkommunismus und Urreligion. Berlin 1921. Verlag A. Seehof & Co.

M. Vaerting: Die weibliche Eigenart im Männerstaat und die männliche Eigenart im Frauenstaat. Karlsruhe 1921. G. Braunscher Verlag.

H. Schulte-Vaerting: Die soziologische Abstammungslehre. Leipzig 1923. Verlag G. Thieme.

Leo Frobenius: Das unbekannte Afrika. München 1923. G. H. Becksche Verlagsbuchhandlung.

Janet B. M. Mac Govern: Unter den Kopfjägern auf Formosa. Stuttgart 1923. Verlag von Strecker & Schröder.

B. Malinowski: Forschungen in einer mutterrechtlichen Gemeinschaft (Auf den Trobriand-Inseln östlich von Neu-Guinea). Zeitschrift für Völkerpsychologie und Soziologie, Leipzig 1925. Verlag Hirschfeld.

A. Vierkandt: Mutterrecht und Männerbünde. Berliner Tageblatt 7. 12. 1924.

Die Sexualverbrechen nach künftigem deutschen Strafrecht.

Von *Siegfried Löwenstein*, Berlin.

Meine Damen und Herren! Wenn mir die Aufgabe zugefallen ist, Ihnen darzulegen, wie das künftige deutsche Strafrecht bezüglich sexueller Dinge beschaffen sein wird, so fasse ich, da ich kein Prophet bin, diese Aufgabe dahin auf, daß ich Ihnen in knappen Zügen auseinandersetzen soll, wie der amtliche deutsche Strafgesetzentwurf vom Jahre 1925, der in wörtlicher Übereinstimmung demnächst sowohl im Deutschen Reich wie in Österreich in Kraft treten und das Grundelement einer Einheit des deutschen und des österreichischen Rechts bilden soll, das Sexualstrafrecht zu regeln beabsichtigt, welche Unterschiede gegen das geltende Recht er enthält, und mit welch gewaltigen Mängeln und Lücken er behaftet ist.

Der deutsche Strafgesetzgeber, der sich die Aufgabe gestellt hat, das Sexualstrafrecht zu reformieren, sieht sich einer überaus heiklen Aufgabe gegenüber. Zwei Weltanschauungen, die durch keine Brücke miteinander verbunden sind, ringen miteinander. Die eine, die glaubt, mit Hilfe strafrechtlichen Zwanges die sittliche Reinheit des Volkes und die Erstarkung seiner sittlichen Gesundheit erzwingen zu können, fordert Verschärfung und Vermehrung der Strafgesetze. Die andere, die auf dem Standpunkt steht, daß strafrechtlicher Zwang niemals geeignet und auch nicht dazu bestimmt ist, die sittliche Reinheit des Volkes herbeizuführen und zu erzwingen, die vielmehr — wie ich glaube und nachzuweisen gedenke: durchaus nicht mit Unrecht — den Standpunkt vertritt, daß Strafgesetze und Strafprozesse vielfach weit eher eine Gefahr für die öffentliche Sittlichkeit bedeuten, als daß sie zur Reinigung in sittlicher Hinsicht beitragen, fordert möglichste Beschränkung der Strafgesetze auf die Gebiete, auf denen Strafgesetze allein zu wirken berufen sind, nämlich soweit durch Sittlichkeitsdelikte das öffentliche Wohl gefährdet oder in die Rechtssphäre anderer eingegriffen wird.

Die Verfasser des Strafgesetzentwurfs sind ziel- und planlos zwischen beiden Weltanschauungen umhergetaumelt, obendrein noch gehemmt durch das geltende Recht. Indem sie so stets nach drei Richtungen hin blickten, ist es ihnen ergangen wie einem Schützen, der, statt seinen Blick fest auf das zu treffende Ziel zu richten, immer auch noch nach rechts und links blickt. Sie haben infolgedessen nie und an keiner Stelle ins Schwarze getroffen. Ihre Arbeit wird niemanden befriedigen, am allerwenigsten — das glaube ich hinzufügen zu dürfen — die Verfasser selbst.

Drei Klassen unzüchtiger Handlungen unterscheidet der Entwurf ebenso wie das geltende Gesetz. Er spricht zunächst von der Unzucht im allgemeinen. Darunter versteht der Gesetzgeber jede Handlung, die geeignet ist — ich betone: geeignet ist! —, das Scham- und Sittlichkeitsgefühl des Durchschnittsmenschen — oder, wie man sich geschmackvoll ausdrückt: des Normalmenschen — zu verletzen, und die gleichzeitig — und das ist das Wesentliche — zum Zwecke der Erregung oder Befriedigung des Geschlechtstriebes erfolgt. Daraus ergibt sich, daß Handlungen, die für die Allgemeinheit und für den anderen völlig indifferent sind, unter den Begriff der Unzucht fallen und als Sittlichkeitsverbrechen beurteilt werden können. Allein die Berührung einer anderen Person am bloßen Oberschenkel, am Gesäß, ganz besonders am Geschlechtsteil, selbst ein inbrünstiger Kuß, vielleicht auf die entblöste Brust, eine stürmische Umarmung, alle diese Dinge, wenn sie nach Auffassung des Richters geeignet sind, das Scham- und Sittlichkeitsgefühl zu verletzen, und wenn sie, wie das ja unendlich häufig ist, aus Sinnenlust erfolgt sind, fallen unter den Begriff der unzüchtigen Handlung. Auf der anderen Seite — und das ist auch sehr zu beachten — fallen selbst die gemeinsten Schamlosigkeiten nicht unter den Begriff der unzüchtigen Handlung, wenn sie nicht aus Sinnenlust erfolgt sind, wie zum Beispiel, wenn jemand mit entblößtem Geschlechtsteil oder ein Weibsbild mit hochgehobenen Röcken, so daß die Geschlechtsorgane sichtbar sind, auf offener Straße umherspaziert, oder wenn jemand unzüchtige oder gemeine Handlungen vor Kindern aus Neugier oder aus anderen Gründen vornimmt. Alle solche Handlungen sind als Sittlichkeitsdelikte straflos, wenn man nicht nachweisen kann, daß Geilheit die Ursache der Tat gewesen ist. Ich bin der Meinung, daß der künftige Gesetzgeber viel richtiger handeln würde, wenn er nicht auf die so außerordentlich schwer festzustellende Absicht des Täters, seine Sinnenlust zu erregen oder zu befriedigen, sondern auf die äußere Handlung, auf ihre Schamlosigkeit und Rechtswidrigkeit, abstellen und sie als das Strafbare charakterisieren würde, wobei das Motiv der Handlung außer acht gelassen oder jedenfalls nur nebensächlich berücksichtigt werden sollte.

Diese allgemeinen Betrachtungen sind erforderlich, um nun die einzelnen Tatbestände zu verstehen.

An der Spitze steht die Notzucht, die der künftige Gesetzgeber ebenso wie der heutige mit Zuchthaus bis zu 15 Jahren bedroht. Unter Notzucht versteht er die gewaltsame oder durch Drohung erzwungene Beischlafsvollziehung mit einer Frau, und zwar die außereheliche Beischlafsvollziehung; wobei ich ergänzend bemerken will, daß der eheliche Beischlaf niemals eine unzüchtige Handlung darstellt, während andere unzüchtige Handlungen, auch wenn sie innerhalb der Ehe erfolgen, unter den Unzuchtsbegriff fallen. Das ist ein Widerspruch, meine Damen und Herren, den allerdings *Ebermayer* dadurch zu erklären sucht, daß die Beischlafsvollziehung der Zweck der Ehe sei und deshalb niemals unter den Begriff der Unzucht fallen könne, während alle anderen Unzuchtshandlungen den Zweck der Ehe nicht zu erreichen geeignet seien.

Der Notzucht verwandt ist die Nötigung zur Unzucht. Sie ist fast vollkommen identisch mit der Notzucht, nur in der Hinsicht von ihr verschieden, daß es sich nicht um Beischlafsvollziehung, sondern um Vornahme unzüchtiger Handlungen in dem soeben geschilderten Sinne handelt. Diese Nötigung zur Unzucht kann nicht an Männern vorgenommen werden. Gewaltsame Unzuchtshandlungen an Männern sind als Sexualdelikte überhaupt nicht strafbar. Sie können von Frauen an Frauen vorgenommen werden, von Männern an Frauen, aber nicht von Frauen an Männern und nicht von Männern an Männern. Wenn Sie dazu noch berücksichtigen, daß der Gesetzgeber unter bestimmten Voraussetzungen die Verführung eines Mannes durch einen Mann mit schwerer Strafe bedroht, so erkennen Sie daraus die ganze Pfuscharbeit dieses Entwurfs, der die gewaltsame Unzucht mit dem Manne straflos läßt, die freie Vereinbarung über die Vornahme unzüchtiger Handlungen, wenn sie mit minderjährigen Personen oder unter Mißbrauch eines Abhängigkeitsverhältnisses geschieht, in gewissen Fällen mit Gefängnis nicht unter sechs Monaten bestraft, aber sie, wie gesagt, straflos läßt, wenn sie mit Gewalt vorgenommen werden.

Interessant ist auch, daß diese gewaltsamen Unzuchthandlungen — nicht der Beischlaf — auch mit der Ehefrau strafbar sind. Zu welchen Konsequenzen das in der Praxis führen muß, wenn einer der beiden Ehegatten nicht gerade zu geschlechtlichen Dingen geneigt ist, während der andere sinnlich sehr erregt ist, das kann sich jeder vorstellen. Es ist Tatsache, daß diese Strafdrohung existiert, denn in dem einen Paragraphen ist von der Notzucht als außerehelichem Beischlaf, von der Unzucht als Nötigung zu einer unzüchtigen — nicht außerehelichen unzüchtigen — Handlung die Rede, und Kommentare und Gesetze sind darüber einig, daß die bloße Unzuchtshandlung strafbar ist, wenn sie mit Gewalt vorgenommen wird, auch an der Ehefrau, während die gewaltsame Erzwingung des Beischlafs bei der Ehefrau straflos ist. Sie sehen hier, wie planlos Gesetze gemacht werden, ohne daß Rücksicht auf die Wirkungen genommen wird, die dadurch entstehen können.

Der Notzucht und Nötigung verwandt ist die Schändung der Frau, die nach der Auslegung des Gesetzes darin besteht, daß jemand mit einer Frauensperson — auch hier wird immer die „Frauensperson" zu beachten sein —, die geisteskrank oder bewußtlos ist, den außerehelichen Beischlaf vollzieht, auch wenn es mit ihrer Zustimmung geschieht. Nun, meine Damen und Herren, darüber läßt sich reden, zumal hier die Tatsache des außerehelichen Beischlafs betont ist. Daß aber derselbe Gesetzgeber eine vollkommen neue Bestimmung in das Gesetz hineinarbeiten will, wonach auch die mit Zustimmung des anderen Teils erfolgende Vornahme einfacher unzüchtiger Handlungen, die ja schließlich keine welterschütternde Bedeutung für das Objekt haben, mit geisteskranken und darüber hinaus auch mit geistesschwachen Personen, Männern und Frauen, für ein zuchthauswürdiges Verbrechen erklärt wird, dafür fehlt mir jedes Verständnis. Der Gesetzgeber sagt in seiner Begründung, daß geistesschwache Personen ganz besonders zu sexuellen Exzessen neigen und deshalb dagegen geschützt werden müssen, daß ihre Geistesschwäche von einem anderen mißbraucht wird. Der Gesetzgeber vergißt aber dabei vollkommen, daß er durch diese Bestimmung die geistesschwachen oder aus einem anderen Grunde widerstandsunfähigen Personen nicht nur gegen Lüstlinge schützt, sondern sie überhaupt zu lebenslänglicher Keuschheit im allerweitesten Sinne verurteilt, weil jede Unzuchtshandlung, die mit einer solchen Person vorgenommen wird, mit Zuchthaus bedroht ist. Auch hier — das muß ich besonders betonen — sind die geistesschwachen Ehefrauen wieder nicht ausgenommen worden, so daß also derjenige, der mit einer geistesschwachen oder geisteskranken Ehefrau unzüchtige Handlungen in diesem Sinne vornimmt, unzweifelhaft unter das Strafgesetz fallen würde. Der Beischlaf mit geisteskranken und geistesschwachen Ehefrauen war ja schon früher unter Strafe gestellt, hat aber praktisch, soviel ich weiß, nicht zur Bestrafung geführt; ein Zeichen, daß diese Frauen anscheinend verständiger sind als der Gesetzgeber, indem sie niemals dazu kamen, derartige Dinge zur Kenntnis und zur Strafverfolgung zu bringen.

Eine weitere Ausdehnung hat der Strafgesetzgeber insofern geschaffen, als er als ganz neues Delikt den Mißbrauch eines Arbeits- oder Dienstverhältnisses zur Herbeiführung des außerehelichen Beischlafs mit einer Frau aufstellt. Daß es unerfreulich ist, wenn geschlechtliche Beziehungen zwischen Arbeitgeber und Arbeitnehmer erwachsen, ist für mich persönlich unzweifelhaft. Sehr zweifelhaft ist mir aber, ob nicht die Gefahr, die durch solche Gesetzesbestimmung entsteht, noch viel größer ist, indem nämlich entlassene oder abgegangene Angestellte nicht nur Unzuchtshandlungen, die zwischen ihnen und dem Arbeitgeber, sondern auch solche, die zwischen dem Arbeitgeber und noch im Angestelltenverhältnis befindlichen anderen Personen begangen worden sind, zur Anzeige und zur Untersuchung bringen. Da ferner auch andere Gesetzgebungen bisher in der Regel ohne solche Bestimmungen ausgekommen sind, vermag ich eine Notwendigkeit, eine solche Bestimmung in das neue Strafgesetzbuch einzuführen, nicht anzuerkennen.

Ich komme nunmehr zu dem Schutz der Kinder. Auch er ist im neuen Recht ganz in Übereinstimmung mit dem alten Recht geregelt, indem die Vornahme jeder unzüchtigen Handlung mit einem Kinde unter 14 Jahren mit Zuchthaus bis zu zehn Jahren bedroht wird, wobei unzüchtige Handlungen im allerweitesten Sinne gemeint sind, wie ich es vorhin dargestellt habe. Tatsächlich sind Fälle zur Verurteilung gelangt, wo ein Mann ein Kind auf den Arm gehoben und geküßt hat, oder wo ein Mann dem Kinde unter die Röcke gegriffen hat, ohne daß das Kind auch nur im allerentferntesten eine Ahnung, eine Empfindung dafür hatte, daß hier ein Sittlichkeitsdelikt an ihm verübt wurde. In diesem Falle macht der Gesetzgeber ganz unbegreiflicherweise keinen Unterschied zwischen Beischlaf und bloßer Berührung, während gerade bei der Unzucht mit Kindern diese Unterscheidung meines Erachtens unumgänglich notwendig ist; denn die Beischlafsvollziehung mit dem Kinde ist das den Geist und den Körper Verderbende. Die bloße Unzuchtshandlung, wenn es sich nicht gerade um ganz gemeine und grobe Handlungen, wie Masturbation und dergleichen, handelt, berührt das Kind gar nicht, wird von ihm gar nicht als Unzuchtshandlung verstanden. Deshalb bin ich der Meinung, daß ein Gesetzgeber, der den Erfahrungen, die wir mit dem § 176 gemacht haben, Rechnung trägt, hier zwischen Beischlafshandlungen und anderen unzüchtigen Handlungen unterscheiden sollte, daß er die Beischlafshandlungen mit schwerer Strafe bedrohen, aber die anderen gleichgültigen Unzuchtshandlungen nur auf Antrag der Eltern für strafbar erklären sollte. Es ist ein geradezu fürchterlicher Zustand, wenn Kinder in großer Anzahl als Zeugen vor Gericht geladen und dort gegen den Willen der Eltern in die Geheimnisse des Geschlechtslebens eingeweiht werden, weil mit ihnen ganz gleichgültige Handlungen begangen worden sind. Dadurch wird die Sittlichkeit der Jugend erst recht aufs schwerste gefährdet, aber nicht verbessert.

Eine Besserung hat der Entwurf eingeführt, aber unfreiwilig, nämlich die Erhöhung der Strafmündigkeit auf 14 Jahre. Dadurch ist Gott sei Dank der unselige Zustand geändert worden, daß Kinder unter 14 Jahren wegen Vornahme unzüchtiger Handlungen mit Kindern auf die Anklagebank geschleppt und zu schwerer Gefängnisstrafe verurteilt wurden. Ich habe es erlebt, wie eine ganze Volksschule wegen solcher Handlungen strafrechtlich verfolgt und teilweise in Untersuchungshaft genommen wurde, mit dem wundervollen Resultat, daß die kleineren Kinder bestraft wurden, während die großen, die fünfzehnjährigen, von jeder Strafverfolgung frei blieben, soweit sie die Unzucht untereinander betrieben hatten.

Ferner gibt der Strafgesetzgeber wie im geltenden Recht denjenigen Personen, die unter der Schutzaufsicht von Beamten in öffentlichen Gefangenenanstalten, Krankenhäusern und dergleichen untergebracht sind, einen strafrechtlichen Schutz gegen jede unzüchtige Handlung seitens der Anstaltsleiter und der Beamten, unter deren Obhut sie sich befinden. Das ist eine meines Erachtens durchaus gute Maßnahme. Für bedenklich aber halte ich es, daß dieser Schutz künftig nicht auf öffentliche Anstalten beschränkt bleiben, sondern auf alle Krankenhäuser ausgedehnt werden soll, daß ferner der Schutz nicht nur gegenüber dem Leiter des Krankenhauses gewährt werden soll, sondern auch gegenüber allen Angestellten des Krankenhauses, also den Krankenwärtern, den Pflegerinnen usw., so daß, wenn Unzuchtshandlungen in Krankenhäusern mit den Patienten in freier Übereinstimmung vorgenommen werden, die schweren Strafbestimmungen des künftigen Strafgesetzes Anwendung finden würden.

Endlich möchte ich noch den Schutz der minderjährigen Pflegebefohlenen beiderlei Geschlechts gegenüber Adoptiveltern, Vormündern, Geistlichen und Lehrern erwähnen. Auch dagegen wird sich im allgemeinen nichts einwenden lassen. Nur in einer Beziehung haben wir Erfahrungen gemacht, die den Gesetzgeber bei der Übernahme einer solchen Bestimmung in ein Reformgesetz doch hätte veranlassen sollen, etwas genauer nachzudenken und etwas schärfer zu formulieren. Wenn es sich um die Vornahme unzüchtiger Handlungen beim Lehrer in der Schule mit seinen kleinen Buben oder Mädchen handelt, dann wird jeder die Bestimmung billigen. Nun ist aber der Begriff des Lehrers vom Reichsgericht dahin ausgedehnt worden, daß darunter jeder fällt, der in einem Wissenszweige einen anderen unterrichtet, so daß auch der Musiklehrer oder der Sprachlehrer, der gelegentlich eine Stunde gibt, darunter fällt. Da haben wir allerdings Erfahrungen betrüblichster Art gemacht, weil ja die Unzuchtshandlung mit einem Minderjährigen auf jeden Fall strafbar ist, ganz gleich, ob er eingewilligt hat oder gar selbst der Verführer ist. So kann folgendes vorkommen — und ähnliche Fälle haben sich in der Praxis ereignet —: wenn eine achtzehnjährige Klavierlehrerin einem zwanzigjährigen Jungen Klavierunterricht gibt und sich gefallen läßt, daß er ihr unter die Röcke greift, oder wenn sie gar, durch ihn verführt, andere Unzuchtshandlungen mit sich vornehmen läßt, dann wandert, wenn die Sache herauskommt, die achtzehnjährige Lehrerin ins Zuchthaus, und der zwanzigjährige Pflegebefohlene ist straffrei. Das sind alles Dinge, die sich ein Gesetzgeber, der ein neues, gesundes Strafrecht schaffen will, vor Augen halten muß, damit solche Fälle in Zukunft sich nicht mehr ereignen können. Der Gesetzgeber muß aus den Erfahrungen, die mit dem alten Gesetz gemacht worden sind, Lehren ziehen.

Ein verwandtes Delikt ist die Verführung eines Mädchens unter 16 Jahren zum Beischlaf. Unter Verführung versteht der Entwurf eine Einwirkung auf den Willen, die den anderen zum Beischlaf geneigt macht. Das geltende Recht kannte dieses Delikt auch, allerdings unter erheblich milderer Strafe und mit einer grundlegenden Einschränkung, die ganz befremdlicherweise der Entwurf fallen läßt. Das geltende Recht verlangt für die Strafbarkeit der Verführung die Unbescholtenheit des Mädchens. Dabei ist der Gesetzgeber von dem durchaus verständigen Gesichtspunkt ausgegangen, daß ein Mädel, das sich schon einem anderen hingegeben hat, keinen Schutz gegen erneute Verführung braucht, weil sie dann wahrscheinlich das zweite Mal genau weiß, was sie tut. Dieses Tatbestandsmerkmal der Unbescholtenheit läßt der Entwurf fallen. Auch hier erkennen wir wieder die Mängel der Abfassung. Ich schätze den Entwurf in seinem allgemeinen Teil sehr hoch, aber hier ist er ganz verfehlt. Er begründet den Fortfall dieses Tatbestandsmerkmals der Unbescholtenheit dadurch, daß er sagt, es sei unerquicklich, wenn im Gerichtssaal die Bescholtenheit erörtert würde. Gleichzeitig weist er aber darauf hin, daß selbstverständlich die Tatsache der Unbescholtenheit oder der Bescholtenheit ein wichtiges Indizium dafür darstelle, ob das Mädchen sich habe verführen lassen, oder ob sie es aus freier Entschließung getan hat. Obwohl also die Bescholtenheit nicht mehr Voraussetzung für die Bestrafung ist, muß sie dennoch geprüft werden, und es eröffnet sich ein herrliches Betätigungsfeld für sechzehnjährige und jüngere Frauenzimmer, um gegenüber Leuten, die mit ihnen verkehrt haben, ertragreiche Erpressungen auszuüben.

Da ich mit der Zeit sehr ins Gedränge gekommen bin, kann ich nur noch ganz kurz dreier Delikte Erwähnung tun, um die der Kampf hauptsächlich geht, weil sie aus freier Entschließung großjähriger willensfreier Menschen begangen werden. Da ist zunächst der Ehebruch, den der Gesetzgeber nach wie vor fassen will, weil er an die Grundfesten des Staates rüttelt. Dabei ist auch wieder ein schwerer Fehler begangen worden. Nach dem geltenden Recht ist der Ehebruch nur dann strafbar, wenn wegen „des" Ehebruchs die Ehe geschieden ist und die Frau binnen drei Monaten nach der Scheidung Strafantrag gestellt hat. Jetzt fehlt das Wort „des". Es heißt also: „wenn wegen Ehebruchs die Ehe geschieden worden ist . . ." Wenn diese Form bestehen bleibt, dann bin ich überzeugt, die Sache wird so ausgelegt, daß die Frau, wenn sie nach Jahren erfährt, daß der Mann noch einen anderen Ehebruch getrieben hat, dann noch wegen dieses anderen Ehebruchs Strafantrag stellen kann. In den Begründungen ist es allerdings anders dargestellt, aber der Wortlaut läßt nur meine Deutung zu, und ich glaube auch nicht, daß ein Gesetzesinterpret ihn anders auslegen kann.

Zum Schlusse noch ein kurzes Wort über die Päderastie. Auch hier kann ich nur wiederholen, was ich am Anfang gesagt habe: ein plan- und zielloses Umhertaumeln zwischen den einander widerstreitenden Anschauungen. Bestraft wird einzig und allein die beischlafähnliche Handlung zwischen Männern, d. h. die Vereinigung des Geschlechtsteils eines Mannes mit einer Körperhöhle des anderen. Alle anderen Unzuchtshandlungen zwischen Männern sollen straflos bleiben. Das Ergebnis wird natürlich sein, daß bei jedem einzelnen Fall im Gerichtssaal eine haarscharfe und unerquickliche Untersuchung darüber stattfinden muß, wie denn nun diese Unzuchtshandlungen vorgenommen worden sind, ob nur der Rücken mit dem Geschlechtsteil berührt worden ist, oder ob es auch an den Anus gegangen ist. Durch eine solche Regelung kann natürlich die Päderastie als solche überhaupt gar nicht gemindert werden, denn wenn die Männer alle anderen Unzuchtshandlungen miteinander verüben dürfen, dann können nur noch Fälle, die vom Kammerdiener durchs Schlüsselloch belauscht oder von einem mitschuldigen Erpresser zur Anzeige gebracht worden sind, zur strafrechtlichen Verfolgung gezogen werden.

Wenn daneben die Unzucht unter Frauen völlig straflos gelassen wird, was ich durchaus billige, wenn es der Strafgesetzgeber sogar für nötig hält, als Kompromiß auch die Beischlafsvollziehung mit Tieren für straflos zu erklären, dann werden Sie mir zugeben: ein Ziel, ein Plan, eine verständige Regelung ist in all dem, was ich Ihnen vorgetragen habe, nicht zu finden. Wenn all das Gesetz werden sollte, was hier vorgeschlagen ist, dann kann man wohl sagen, daß auf diesen Entwurf, wenigstens in dem von mir geschilderten Teile, in vollstem Umfange das Goethesche Wort zutrifft:

Es erben sich Gesetz' und Rechte
Wie eine ew'ge Krankheit fort,
Sie schleppen vom Geschlecht sich zum Geschlechte
Und rücken sacht von Ort zu Ort.

The Anthropological Study of Sex.

By *B. Malinowski*, Ph. D., D. Sc., Professor a. d. Univ. London.

What interest can there be in the study of savage sexual life for the student of modern conditions? Is there anything to be learned from Melanesian orgies, from Australian *pirrauru* customs, from the infidelities of a North American Indian or his wife which could be of any use to the reformer or sociologist — whose interests lie in the laws of divorce and the regulation of present sexual morality; in population and in contraceptives; in venereal disease and in prostitution?

Most of what the older anthropology had to give has proved of little inspiration or use. After a short and intensive practical application of Morgan's theories to social schemes by doctrinaires like Engels, Bebel, Kautsky or Cunow — to say nothing of a Lenin or a Mrs. Kollontay — these theories are gradually disappearing even from popular expositions and Utopias. Their anthropological value has been exploded. It is also clear that even if we could prove the promiscuity of semi-human apes, this would not constitute an altogether valid precedent for our own behaviour.

The theories which maintain that marriage in its monogamous form has always existed are now generally accepted. Yet here also the practical interest of the mere fact that what is now has always been is of no obvious use to the sociologist — except again in so far as to satisfy the mistaken though general desire for a precedent. Though we recognise that the Fuegian is as monogamous as the gorilla and the Vedda as chaste as the chimpanzee, this knowledge has no magical power to incerease our own virtue, to clear up our views on divorce or to assist our rebellion against certain unjustifiable interferences with personal liberty engineered by the modern Puritan-Fundamentalist.

I want to show in this paper that a closer co-operation between the practical sociologist and the student of primitive Mankind is possible, desirable and very fruitful to both parties. In fact a new tendency in the Science of Man is in evidence, implying a new method and a new type of anthropological interest. It promises to link up with the concern which the medical, psychological and sociological specialists have in the problems of sex. It promises also to be useful to the practical reformer or legislator. This treatment of savage sexuality is not new in the sense of being a recent invention. It is contained in the works of Darwin and of Westermarck, of Havelock Ellis and of Albert Moll. But its methods have so far remained implied rather than explicit: it has been often overshadowed by the evolutionary perspective or by some particular concrete interest. This method needs a clearer and more explicit statement, and at present an attempt is being made in anthropology to vindicate its place as the dominant type of explanation [1]).

The point of view here advocated may be called *functional* in that its main interest is focussed upon the function of various ideas, beliefs and customs, upon the part which they play within more comprehensive institutions and within the integral scheme of culture. The functional theory is concerned with the *mechanism* of social institutions rather than with their *history,* with the inquiry into the *nature* of culture rather than with idle antiquarian speculations about its *origins* or *diffusion.* Anthropology cannot live on mere antiquarian prying into the private affairs of the Missing Link, nor on the probabilities as to the spread of culture from the New World into the Old or vice versa.

It might not be amiss at this juncture to realise that official anthropology of today is split into two schools: the Evolutionary and the Diffusionist, the latter also often called the historical or cultural-historical (Kultur-historische Schule). The advocates of the second often like to call themselves the "new school and they have", to a great extent, carried the war into the enemy's camp and condemned in a wholesale manner the works of Bastian, Tylor and Westermarck, of Frazer and Wundt. On the whole, however, they have neither justified their own claims nor in any way discredited the great anthropological achievements of the past.

As regards the problems of sex, the evolutionary school is often accused of having produced the monstrosities of the Morganian scheme. It is only fair, however, to state that the disproval of fantastic speculations on early marriage has been made by such writers as Darwin, Tylor, Westermarck, Crawley, Andrew Lang and E. Grosse, all of whom belong to the old anthropological school. As for the exponents of the so-called historical anthropology, whatever opinion might be maintained about their methods, claims and achievements, there is no reason to quarrel with them in matters of sex and marriage [2]) They all accept the position of Westermarck. Thier contributions to the problem are not much more than a restatement of his theories and those of E. Grosse and Andrew Lang.

Thus we come again to the views and theories associated with the work of these great masters of the evolutionary school. In their writings — and also in those of certain of their opponents on the problem of marriage, such as Robertson Smith, Durkheim and Frazer — there can be found germs, or even well developed examples, of a type of treatment, which is neither evolutionary nor historical and which, in my opinion, foreshadows the anthropology of the future. Though their avowed aim is usually evolutionary, the methods of these writers are comparative and inductive rather than schematic and hypothetical. They show a greater interest in the analysis of the actual facts of savage life than in the erection of stages of development. The contributions of Robertson Smith to our knowledge of kinship and

---

1) Compare the article by the present wri'er s. v. "Anthropology" in the new Supplementary volumes of the Encyclopaedia Britannica, 1926.

2) Comp. the excellent treatment early marriage and family by W. Schmidt und W. Koppers in *Völker und Kulturen,* Regensburg, no date.

clan unity; those of Frazer to the sociology of totemic grouping; the inquiries of Durkheim into the psychology of incest and into the nature of the clan, are all studies in correlation and attempts at the establishment of sociological laws. Tylor, in his classical article *(Journal of the Royal Anthropological Institute* vol. XVIII) made an attempt at devising a theory of correlations and a method for their objective establishment. Westermarck, last but not least, gave us, not an evolutionary scheme of the transformations of marriage and family, but a demonstration that both these institutions are of universal occurrence. Westermarck also proved that the sexual by-play which takes place side by side with marriage and family — and in spite of those institutions — can be accounted for by various psychological and sociological factors, and cannot therefore be regarded as a result of antecedent promiscuity or group marriage. Westermarck's work in spite of its evolutionary trappings, is a study in comparative sociology and an enquiry into the funxtional nature of the family, marriage and sex.

I wish in this place to plead for a frank, whole-hearted and exclusive adoption of the functional mode of treatment in anthropology. Its method is inductive and its aim the establishment of sociological laws, i. e. of correlations between the various elements which make up an institution such as family or marriage. Functional anthropology does not aim primarily at ambitious reconstructions of the past history of mankind, or of past histories of this or that region or culture area. Its interest lies in the working of institutions: in the part played, for example, by the family and marriage within human culture and by sex within the family and marriage. It is essentially dynamic in that it postulates that we must define ideas, usages and institutions by what they *do* rather than by what they *look like.* It rejects altogether the definition of a custom by that from which it "survives" or that whence it has been "diffused". The functional method has a wholehearted distrust of so-called "survivals" — useless, lifeless debris, supposed to be inherited from a previous stage. It equally denies the possibility of mechanical diffusion as a process in which things are assumed to have been taken over from another culture for no reason and with no function to fulfil [1]). Functional anthropology asks why certain things have survived and not others; why a few things diffused and many others have not? The answer to these questions is always to be found, in that things "survive" or "diffuse" because they have something to do within the receiving cultural medium. The real answer, therefore, to evolutionary and historical questions must always be given in the form of a functional explanation and not in that of an empty evolutionary scheme or an historical hypothesis. As a fieldworker, I should like to add that I was always impressed by the great number of "survivals" or "diffusions" in a tribe during the first few weeks in which I was among them. The "fossil" customs disappeared as I remained longer, and became very few indeed after some months. Finally they used to vanish completely by the time I had learned the language, grasped the mentality and become acquainted with the social

---

[1]) Compare the writer's article on the "Life of Culture" in the New-York *Forum*, August, 1926; reprinted in *Psyche*, London, October 1926.

system of the tribe. I have my suspicions that both "survivals" and "diffusions" — dead and desiccated as they should be by definition — are born from the ethnographer's notebook and fertilised by the active imagination of the arm-chair anthropologist.

The better a custom is understood, the clearer it becomes that it does not sit loosely within its context, that it is not even a simply detachable unit like a petrifact in a rock, but that it is organically connected with the rest of the culture. A "superstition" is always a powerful mental force, whether as a restraint, or as an incentive to action. Magic, again, in many of its forms, is an indispensable economic force. Sorcery plays a conspicuous part in the political organisation and in the legal arrangements of most tribes. Religion, through the moral integration of the group, invariably provides the basis of a tribal constitution. This mutual relation of customs, aspects and institutions; the work which they do for each other; the function which they fulfil within the whole scheme of culture — this it is that interests the exponent of the functional method.

This method, insists, therefore, not only on the dynamic nature of culture, but also upon its organic unity. Culture must not be treated as a loose agglomeration of customs, as a heap of anthropological curiosities, but as a connected living whole. The functional method protests against the tearing away of a custom, institution or aspect from its cultural context. "Magic", "cannibalism", "sociology", "religion", "pottery", "mother-in-law taboos", "music", and many other such labels, have given rise to the water-tight comparment method of collecting evidence in the field, of writing it up, and of dealing with anthropological theory. As we shall see, "sex" suffered as much as any other aspect of human life and culture at the hands of anthropological surgeons.

The anthropological method which I am trying to put before you, refuses to regard cultural process as a mere natural growth — through the biological simile of evolution. It refuses also to see in it a simple shifting of disconnected items from place to place — through the mechanical simile of diffusion. The functional method insists on the recognition of the process of culture as a process *sui generis*, which must be studied by special methods, without borrowing from physics, biology or the limbo of untrammelled conjecture: culture is alive, it is dynamic, all its elements are interconnected, and each fulfills, a specific function in the integral scheme. The discovery of cultural functions makes it possible for this method to lay down the laws of functional correlations of anthropology. The fuller justification of these claims has been given elsewhere [1]).

In this place it will be best to exemplify the functional type of anthropology upon the problem of savage sexual customs.

---

1) Cf. article on "Anthropology" in the new supplementary volumes of the *Encyclopaedia Britannica* 1926, and the Bibliography there quoted. I might mention that numerous modern anthropologists such as Richard Thurnwald, A. Radcliffe-Brown, R. H. Lowie, E. Sapir, F.-C. Cole, Leslie Spier, and many others belong, in part at least, to this school. From the older work it is perhaps the contributions to *L'Année Sociologique*. especially those of M. Marcel Mauss, the work of Robertson Smith and Frazer, of Steinmetz, Westermarck and Crawley, of Summer and Weller, to which the modern school is most indebted for precedent and principle.

In the treatment of these problems hitherto the demands of the functional method have been disregarded. In the earlier evolutionary work institutions, beliefs, or linguistic data have aroused the interest of the student as "relics of past stages", that is as lifeless imprints of former conditions. The most lively, nay untrammelled, phenomena of human life, sexual orgies, acts of violence, outbursts of passion were defined as "survivals"! All the exuberant forms of savage sexuality were thus denied any function, any part to play in culture, except perhaps to gratify the lust of savages: the student of sex disregarded the whole context of matrimonial institutions and family life. Again, these merely retrospective speculations could have no real value to the practical sociologist, who has to see the present and look forward into the future; — they were essentially non pragmatic. All these antiquarians — a New England Puritan like L. H. Morgan, a good bourgeois like Bachofen, a clergyman like Robertson Smith — would have been shocked had they been told that their views would be used for propaganda purposes. They would have been horror-stricken could they have foreseen to what use their theories have been put by prophets of communism and free love!

Let us first assign sex to its proper place in culture. Sex is a biological endowment which leads to mating, and through this to the propagation of the species. In mankind the whole business is carried on within the social institutions which control prenuptial behaviour, mating and parenthood, and which are not merely determined by biological but also by cultural elements. The functional method, therefore, has to treat the problem of sex against the background of family and marriage. It has to inquire into the relation between these three elements. Remembering further that cultural as well as biological factors enter into each of them, functional Anthropology must make an attempt to disentangle the innate physiological conditions from the cultural and social influences.

An inductive survey of human societies shows that the family — the group consisting of husband, wife and their children — exists and plays an important part in all human societies, irrespective of the form of marriage which obtains there. We find the family associated with polygamy as well as with monogamous marriage, in sexually lax communities as well as in very chaste ones. Professor Westermarck has summarised this wider prevalence and greater importance of the family in his well known principle that "marriage is rooted in the family rather than the family in marriage". Westermarck and the writers of his school have also pointed out that the family is a biological fact of such fundamental importance to all mammals that we cannot assume its absence at any stage of mammalian development. Hence man must have inherited it from his prehuman ancestors. Westermarck shows in the earlier part of his classical treatise on *Marriage* that maternity and paternal protection are equally indispensable to the young in every mammalian species, and that here again we have simply to assume a continuity between the higher mammals and anthropoid apes (in particular) and primitive man. To this direct zoological argument there is usually added the argument from "primitiveness". Westermarck, and more recently Schmidt and Koppers, point out that the really "primitive" savages, the Pygmies, the Veddas, the Bushmen, the Firelanders and such like, live in individual families, are monogamous and very chaste.

Both these arguments, the direct zoological proof and the reasoning from primitiveness, do not, however, seem quite conclusive. It is enough to say that an anthropologist like Frazer, a student of human nature like Havelock Ellis, a field-worker like Rivers, sociologists like Durkheim and Mauss have still remained unconvinced and opposed to Westermarck's standpoint. Their position is also endorsed by such popularizers as Iwan Bloch, F. Müller-Lyer and G. Buschan. All these writers point out that no biological or zoological reasoning is valid when we pass from the anthropoid ape to man.

The human family is a cultural institution and not a biological fact. There is a breach of continuity between natural groupings and social organization, and the family shows an essentially different nature in man from that which it presents among the animals. This rejoinder to Darwin, Westermarck and Andrew Lang appears, to me thoroughly valid and it still remains to be answered. The other criticism usually levelled against Westermarck is that since man owes his advance to joint effort, since culture has been born not by the individual but by the group, we must assume that the *Missing Link* must have been gregarious at the time when he was about to launch upon his scramble into humanity. This argument — the assertion of the pre-cultural gregariousness of man — seems to me, on the contrary, essentially unsound. I shall merely dismiss it here, having dealt with it elsewhere [1]).

Here then we have two schools, one of which underlines the similarities while ignoring the differences between the animal and the human family, while the other school does the exact opposite. The only course however, which could have been taken was to compare the animal and human conditions impartially, with due regard to both aspects and without a forced attempt to prove one thesis or the other. We have therefore not only to ask the question *whether* culture does affect the family, but we must also inquire *how* it affects it.

The animal family, the group which consists of father, mother and offspring, is based on instinctive endowment. The innate tendencies which form animal parenthood are undoubtedly strongest in the mother. Her rôle among the mammals needs no elaborate comments and argumentation. But it is equally a fact that the father keeps to her and performs his duties towards her, prompted by direct innate impulse. There are no ceremonies of marriage among animals, no religious duties, no laws, no public opinion, no obligations of alimony. The father is bound to his children and their mother by an attachment based upon a system of gradually maturing innate tendencies.

But in order that the male as father may be ready to take up his duties he must remain as mate with his wife after she has become pregnant. The tendency to keep together and carry on what might be

1) Cf. the detailed treatment of the subject in my article "Instinct and Culture in Animal and Human Societies", *Nature* July 1924. In my book *Sex and Repression in Savage Society*, 1927, a still fuller treatment will be found.

called a *biological marriage* is therefore the prerequisite of *biological parenthood*. Both are equally indispensable for the preservation of the species, both are found in all mammals, both are based on a number of instincts, although animal marriage and family must not be explained away by the merely verbal device of speaking about "matrimonial" and "parental" instincts [1]).

If we retrace the sequence of responses, which draw the noose of family obligations round the male's neck, back into the earlier and brighter stages, we arrive at animal courtship by which male and female are mated. Courtship is always associated with rut. This is a physiological crisis in the female organism happening seasonally at the same period in all individuals of the same species. At the onset of female heat, all the males within reach respond, compete by display, by specific performances or by combat, and their concourse is apparently the greater and their competition the more intense the more attractive the female. She again chooses the most attractive male.

Rut fulfills several important functions. It concentrates sexual interest, competition and strife upon a limited period of time. It brings into contact a considerable number of individuals of either sex. It allows of mating by selection, and thus ensures the union of best with best as far as vigour, specific characters and bodily perfection are concerned. As soon as the choice is made and the two individuals are mated, the attractiveness of the impregnated female vanishes, while the male's sexual interest changes into an attachment to her. Thus the pair become physiologically or naturally married and fall out of the competition of the remaining individuals.

If we compare this series of concatenated events which, in animal species, connect the first call of love with the last duties of parenthood in a rigidly determined sequence, — if we compare it with human mating, marriage and parenthood, the differences are striking and not difficult to define. Firstly, the initial step, the call to love, and the manner of courtship are not the same. Rut does not exist in man; the male is equally attracted to the female at any time, always ready to make love and she always ready to respond. There is no season, no physiological release of the impulse, no general display and competition, no "law of battle". In short, the instinctive nature of courtship is gone.

Are we therefore to jump to the conclusion that man is exempted from all, or even most, of the restraints and conditions imposed upon the animal by the biological mechanism of its courtship? Is man really ever free to make love at any time and with anyone, to mate at will, and not to observe any rules in his courtship? The answer to

[1]) It seems to me that the only correct meaning of the term "instinct" is: a definite pattern of behaviour correlated with a definite situation, based on anatomical endowment and physiological process and providing a response as definite as that of a reflex action, though more complicated than the latter. Suckling; the father's search for food; his presentation of it to mate and children; the tending responses of the mother to infants and their reception thereof, should be classed as *instincts*. Maternity and fatherhood are complicated systems of instincts which present a bigger pattern and must be distinguished from their component parts. Here they are called "tendencies". Cf. F. A. Shand, *Foundations of Character*. Ind Edn. 1920. The terminology and ideas of this book are followed in this essay.

this question can be given inductively. No human society exists without extensive restraints upon the sexual impulse. Not only are these limitations on sexual freedom very strict and specialised — they are very significant, too. But this is revealed only by a functional study of the facts. If we inquire, not about the form of the sexual taboos but about their function, it is easily seen that they can be divided into two categories correlated with two capital functions. We have on the one hand the taboos of incest and exogamy; on the other the restrictions put upon the sexual intercourse of married men and women. The first type safeguard the integrity of the famliy, in that they prevent sexual intercourse between parents and children as well as that between brothers and sisters and also, in most societies, between more distant kindred. The second type safeguard marriage, in that in most cultures they completely remove a married woman from embraces other than those of her husband — at least in the ideal of morality, law and religion. In other societies they limit and circumscribe the occasions on which a married woman can cohabit with other men. The husband is in most cases bound to a conditional fidelity, or at least to the preservation or simulation of certain conventional rules about his extra-marital intercourse.

There is still more to say about the limitations of the sexual impulse. As we move from higher cultures into simpler societies, the stringency of the incest taboo does not decrease. The few examples, in fact, where the prohibition of incest is so far relaxed as to allow of brother and sister marriage, are found among the prerogatives of the supreme rank in a few high or relatively high cultures and actual cases of illicit incest do not diminish as culture advances. Thase facts prove that, far from being an inheritance from primitive "promiscuity", licensed incest is a liberty taken by specialised and hypertrophied cultures. The institution of exogamy, in which the taboo of incest is given the widest connotation and the greatest stringency, is not found in high cultures and is most developed among stone-age savages. Now what is the effective function of exogamy as regards the regulation of sex in relation to other types of human activity? This institution excludes marriage, intercourse and sexual interest between members of the same clan. Now the clan is the unit of economic, political, legal and ceremonial co-operation. Often it coincides with the local group of people living and working together. In other cases they are united by bonds of common interest and purpose as well as of common work and function. The exclusion of sex from the internal life of the clan means the separation of sexual interests from the other interests of life and of social intercourse. This in my opinion is the fundamental function of exogamy and this also should primarily be its explanation.

With this a significant fact obtrudes itself on our attention. The cultural arrangements which prevent incest and enjoin exogamy fulfil a function similar to that of rut: the exclusion of sex from the general business of life. The mechanism is entirely different in either case but the end is similar, if not identical. The marriage taboos mentioned above fulfil also a function similar to that of the natural biological methods by which two animals are mated by the fact of intercourse.

The parallel working and the analogous results of cultural and natural mechanisms, can however, be seen clearly only when the positive arrangements of human courtship are considered side by side with the taboos. The rut has a negative aspect in that it excludes sex from the ordinary animal life, but it is, or the otherhand, a positive invitation and command to mate. To this correspond the festivities, seasonal arrangements and specific methods of courtship which induce and regulate the attraction of sexes in human societies. In spite of the great variety of methods of courtship and their diffuse character, they present certain general characteristics which can be established inductively. Again, they show a remarkable similarity in function associated with an entirely different mechanism, when we compare them with animal rut. Thus, in many human societies the season of courtship is fixed, and human individuals are attracted to each other and mated to each other almost in mimicry of rut [1]). In all human societies, however, there are special opportunities for love-making, whether confined to a season or not. Juvenile play, festivities, special orgiastic gatherings, dancing, display of personal charms give the signal, the atmosphere and impetus for mutual acquaintance and attraction. Dress and ornamentation, music and stimulants, dance and display, present everyday acquaintances in a new light; they allow of a fuller revelation of personality; they also bring together, as a rule a considerable number of people, drawing them at the same time out of the groove of ordinary existence. Thus through congregation, with its opportunities for choice and preference and special display, the cultural mechanism of courtship corresponds almost exactly with the arrangements of animal rut.

But it is important to realise at this juncture that in man courtship provides only a partial stimulus to marriage, since sexual interest is by no means all that determines permanent legal mating. Economic considerations, such as the dowry of the wife or the settlement which she or her people receive; rank or other conditions of social suitability; the wife's capacity for work and the husband's efficiency; last but not least the direct attraction of character and personality — one and all enter into the matrimonial selection besides the lure of sex. *Marriage in man is determined by cultural and not merely by sexual selection;* the latter is only an ingredient in the former. To erotic courtship with its more or less thorough trials and tests of sexual compatibility there run parallel tests of personal compatibility, economic tests and other proofs of matrimonial suitability [2]).

The social motive influences matrimonial selection so deeply that pre-arranged or ordained marriages occupy an important place in human mating. It seems to me a grave error to assume, as some writers (and above all Rivers) have done, that such marriages could ever have been the exclusive type of conjugal mating in any society. This would have been a highly detrimental arrangement from the eugenic point of view, and no race probably could have survived a regime of "anomalous marriages" such as the one with which Rivers burdens his proto-

[1]) cf. The second chapter of Westermarck's *History of Human Marriage*, 5th Edn, 1921. vol I.

[2]) cf. Westermarck, *op. cit*, vol II., pp 31—34.

Melanesions. As a matter of fact, wherever exact notes have been taken of the relative frequency of such arranged marriages, they have always appeared as an exception rather than as the rule. Another capital difference between animal and human mating is that with the animals marriage is contracted by the mere fact of sexual union. In mankind we have mating without marriage, and in more exceptional cases marriage without mating. But always the institutions of a legal, religious and ceremonial character must be sharply distinguished from the physical fact. In no human society is the free union of the sexes, however permanent and cómplete, regarded as identical with marriage. This latter always has to be concluded by an act of a ceremonial, legal and often religious nature. This act imposes a whole system of obligations of various kinds, of which the sexual appropriation forms only one element, and it is significant not only for the two partners but also for their offspring.

Now here again in the nature and forms of marriage, both animal and human, we meet the twofold aspect: the fundamental difference in the mechanism and the similarity in function. As against the purely instinctive mechanism of animal marriage, we have in man the social control, the legal binding forces and their religious sanction. Animal marriage concerns only the two individuals, is made binding by the action of physiological forces within their organism and is inevitably imposed on them by the natural sequence of instincts. In man it requires a cultural apparatus and a community to back it up; it is not merely a concern of the two individuals and it extends beyond them into future generations. As to the function, on the other hand, although human marriage transcends in this respect that of the animal, it also fulfills all the functions of the latter. Marriage in man and animal imposes a community of life, sexual appropriation, and a number of duties — defence, endowment and guardianship by the male, the care of the children and of domestic order by the female.

I have tried very clearly to show that human marriage is not exclusively a sexual matter, either in its approaches or the manner of its conclusion, or even in the motives to it or in its integral function. And that allows us to return for a moment to courtship, which in a way is the sexual avenue to marriage.

In our survey of the types of human courtship we have seen that it is less determined, less directly connected with its biological aim, i. e. the propagation of the species, than is animal courtship. In the extremely varied types of courtship, in the opportunities for sexual orgies and relaxations, there is much more room for tasting and testing, for trial and error, than in animal rut. The latter, with its physiological safeguards and limitations, which entail marriage almost immediately after mating, is a relatively chaste affair. The animals court and compete, they mate, and with this they are almost invariably married. Choice preceeds sexual union, determines it and excludes any other experiences. With man, on the contrary, sexual union as a rule precedes the final choice, errors lead to experience and the preference is almost invariably a matter of trial. Nor is the explanation of this difficult to find. Human marriage is so much more richly endowed with so many more functions of a purely cultural nature that obviously it is much more difficult to select the appropriate partners. Nor can this be done by the mere action of instinct, since cultural considerations and aims are not based on instinct. Above all, the inclusions of sex in the whole complex cultural scheme of married life introduces an element which it is very difficult to harmonise with the rest. It is a well-known fact that in all human societies marriages contracted from violent passion are not always the happiest, or at least the easiest, to make into harmonious unions. It seems almost as if a certain draining-out of sexual interest and elimination of purely physical passion — the proverbial sowing of wild oats — were helpful to the average man or woman, at least in savage societies or in the lower strata of civilised communities. Thus we must insist on the essential difference between human and animal courtship. In man not only is the choice not based on purely biological arrangement like rut, but it is not guided by purely biological considerations. Economic values, social advantages, compatibility of character, complicate and sometimes override the sexual motive. An immensely wider range of motives leads to human marriage, and therefore the mechanism by which they are adjusted and harmonised must provide a much wider experimental field.

In accordance with these general considerations we find that, in most human communities, individuals of either sex have opportunities for trial and error, for mutual lessons in the rélative value of sexual attraction, personal qualities and social adequacy. The enormous range of facts which can be labelled *regulated license* is, in my opinion, to be accounted for by the two great principles of sexual experimentation with view to marriage, and excluding of the need for sexual interest from permanent mating, of elimination of purely animal desire from the institution of marriage.

Let us first rapidly survey, analyse and classify the facts of customary license among human societies. The first distinction to be drawn is between the tribes in which chastity is enjoined outside marriage and those where license is permitted. The chaste tribes are a vanishing minority.

Among them a conspicuous place is occupied by the simplest peoples of the world — the Pygmies, Bushmen, Veddas and so on — the people, in short, who, as already mentioned, are often quoted to prove the primitive chastity of mankind. But they can serve also for an equally plausible counter-argument, which has been well formulated, among others, by Müller-Lyer. He maintains that it is incorrect to regard the lowest savages as representatives of such portions of early humanity as have been capable of real progress. In fact they are only degraded peoples whose development has been arrested because they entered the cul-de-sac of biological and cultural progress. They have developed individual marriage, chastity, and the individual family instead of the gregariousness, promiscuity and power of cooperation of the progressive branches of mankind. Marriage, family and chastity are thus regarded as primeval virtues by one school, and as vices or hindrances to progress by the other. Either argument can be made more or less plausible, but neither is conclusive. The important fact is the correlation between the alleged chastity of these natives — for even here the data are not altogether above suspicion — and their mode of life. Tribes which live in small groups barely transcending the family, in which men and women are rarely in contact except round the family hearth, have hardly sufficient opportunities for an institution of *regulated license.* Their case proves neither the inherent chastity of human nature nor can it be easily twisted into the reverse argument; it merely proves that for all human institutions certain numerical and material conditions are required.

The ethnographic data for all the higher peoples point to the overwhelming prevalence of regulated license [1]). Chastity, again, even where it is postulated, is as a rule imposed only upon the female sex, and in these cases we find, on the level of higher savagery, a special class of women relieved of any restrictions, who, at yet higher levels of barbarism and civilisation, form the body of professionals whose function is to pay the price for the chastity of their more fortunate sisters.

Extra-connubial license is the rule, therefore, and not the exception. The typical explanation of it as a survival is ludicrous to the functional anthropologist. Havelock Ellis, Albert Moll and Edward Westermarck, moreover, have given a number of illuminating interpretations of sexual customs in which they have shown that each concrete case, such as religious prostitution, *jus primae noctis,* seasonal orgies, ritual defloration and so on, can be explained psychologically or correlated with some institution or accounted for by some social function. In the work of these writers, as well, as in that of Freud and other psycho-analysts, the foundations have been laid for a functional treatment of the various symptoms of regulated license.

But this method aims above all at the explanation of the fundamental function of the intregal phenomenon. The various partial manifestations thereof find their natural interpretation within the scheme of the general theory. Thus here we must inquire above all into the cultural function of sexual license in general. What we want to understand functionally is not the part played by this or that form of laxity but the reason why in all human societis there are special institutions and customs which allow men and women to unite sexually outside the legal bonds of marriage and not for the purpose of propagation. To this question we can give an answer already implied in the previous argument. We have seen that in mankind there is a need for cultural regulation of sex, which in animals is settled by biological arrangement. Cultural regulation must allow — especially in larger, more closely organised and vigorous populations associated with more differentiated culture — an element of latitude which gives opportunity for trial and error. For the sexual impulse, in order to work soundly and to lead to the union of best with best, must be selective, and in order to be selective it must be experimental. A race in which mating was in-

---

1) cf. the computations of Westermarck who, on the whole, attempts to show the existance of chastity side by side with license, and to a certain extent over-emphasises the former. Most of his statements in fact refer to the penalisation of extra-connubial pregnancy and not of license. The importance of this distinction has been established by the present writer elsewhere (cf. *The Father in Primitive Psychology,* 1926. *Sex and Repression in Savage Society,* 1927).

discriminate and the individual satisfied with any union, in which the powerful impulse for search, for trial and change, was lacking, could not preserve its racial vigour, carry on culture or even survive. We have to admit therefore the existence of Müller-Leyer's "erotic neophilisme" and Iwan Bloch's principle of variation in sexual partnership — more than this, we can account for them, which these writers have failed to do. Thus license is correlated with the experimental factor in human sexuality.

The various forms of license have, however, another extremely important function already adumbrated in previous paragraphs. We saw that sex and biological selection dominate exclusively animal marriage and parenthood. In human society, family subserves not only the propagation of species but has to fulfil various cultural functions. Thus the choice of mates cannot be determined by sexual selection alone, and marriage must not be dominated exclusively by crude erotic impulses. Yet the mere repression of the sexual impulse is not a solution, — that we know, thanks to psycho-analysis. Thus in most societies on a low level of culture, the customs of pre-nuptial and extra-marital license have not only an experimental value but serve also as a safety valve to repressed sexual impulses. The elimination of sex from permanent mating, the draining-off of animal impulses form the second function of license. Both the experimental and the cathartic functions account for the place of customary laxity in human culture.

Thus pre-nuptial license and the relaxation of the matrimonial bonds must not be regarded as a denial of marriage, as its abrogation, but rather as its complement. The function of license is not to upset but rather to maintain marriage. The whole attitude with which the older anthropology, from Bachhofen to Rivers, approached the subject, the whole scheme by which they argued from present existence of license to past absence of marriage appears, in the light of our results, essentially mistaken. The only correct explanation of regulated sexual freedom is by its function and not by its past history.

There is not time to make further distinctions, such as between pre-nuptial and extra-connubial license, between the various categories of regulated fornication. The inspired interpretations of Havelock Ellis, the excellent analyses of Westermarck, the masterly chapters of Albert Moll are there and we need merely to refer to them. But feel confident that their full significance is revealed only against the general principle here laid down.

It is clear also that from the point of view here adopted the existence of chaste or continent peoples is a more difficult problem than that of licentious ones. It seems to me, however, that we need a much fuller ethnographic material before we approach this question. Eliminating sexual continence which is due to lack of opportunities, there remains but little evidence of the existence of any culture in which some form or other of regulated extra-marital license does not exist.

So far we have spoken mainly about the sexual, i. e. the biological, aspect of marriage and family. In mankind, as opposed to the animal world, the carrying on of the species is necessary but not sufficient. A human community is always a carrier of culture also and, for its survival, it depends not merely on physical propagation but also on cultural continuity. Each society, therefore, has to multiply, not only to preserve its numbers and its racial quality, but also to hand on its culture, and maintain its type and integrity. Each generation has thus to pass on their material goods, their knowledge, their arts, their beliefs and morals to the following one. This transmission of culture is carried on by the process of education. I maintain that in all human societies the family is the arena on which education, i. e. transmission of culture — at least the most important part thereof — takes place, and that no other institution can take over completely the educational functions of the family.

The process of tuition is always a delicate and difficult one; it is a heavy burden on the giving side and requires special confidence on the part of the recipients. In animal species, tuition, by which certain of the instincts are moulded in the young, takes place in direct continuation of the parental cares. In man, the earliest cares of paternity and maternity also lead directly into educational activities. The same emotional endowment which we find at the basis of physiological maternity and of the corresponding paternal help, are also at the foundation of the beginning of the training and development of the young.

Further education implies, on the one hand, an effort or sacrifice or the part of the parent, on the other some interest or response on the part of the young. The parent has also always to relinquish some benefits and some goods with the education given. The palaeolithic implement-maker had to give his tools as well as to share his knowledge and art: the primitive magician, in teaching his formulae and ritual, not only carries on a tedious and strenuous activity but also has to give a present of what is most valuable to him. The hunter and fisherman, the builder and craftsman, the priest and sorcerer, the warrior and chieftain have, in educating, to share their prerogatives, their goods and their moral possessions with some individual of the next generation. The extremely strong sense of personal property which we find among savages, as well as the tendency to express personal affection through material gifts, indicate, that education must have always followed the line of strong personal sentiment[1]. There is only one such line of strong innate personal attachment between individuals of two succeeding generations, that is, the bond which unites parent and child.

The human family is thus not only the vehicle of life, the biological arrangement ensuring the continuity of the race; it is also the indispensable link in the chain of cultural tradition. Its function is thus not only to ensure the perpetuation of the species but also to maintain the continuity of culture.

But culture needs not only social means for its continuation: it requires also a social fabric on which to spread. Human activity implies co-operation. What is the germ from which all social tissue has grown? What is the starting-point from which all co-operation has developed? There are two forms of co-operation found in all mam-

[1]) The myth of primitive communism is one of the fabrications of anthropology, as I have tried to show in *Crime and Custom in Savage Society* 1926.

malian species: that between the two mates united sexually and keeping to each other by an innate tendency: and the co-operation by which the animal father and mother nourish the child and help each other. As man was emerging from apedom he already possessed these two elements of instinctive co-operation and these two only. Both ties were bound to lengthen as the developing culture implied the lengthening of education and therefore the lengthening of marriage. But the mere extension of the period of cohesion in the family, especially when it outlasts the span of a generation, creates wider bonds of kinship, those of the extended family. Thus the natural mechanism inherent in the very process of the transmission of culture, creates also automatically the social means of carrying out cultural activities in cooperation. As culture comes into being and develops, the family undergoes inevitably a correlated process of extension and growth, which also imposes upon it two new functions beyond the biological one: the perpetuation of tradition and the maintenance of economic cooperation and social cohesion.

Those who deny these two cultural functions of the family, who contradict its rôle as nucleus of society and carrier of tradition, have to resort to the fantastic hypothesis of primitive gregariousness. If they ever tried consistently to follow out this hypothesis and to show how sociality developes out of gregariousness, they would involve themselves in a maze of contradictions and absurdities.

With this I have to break off the argument of this paper, which merely summarises and forestalls the fuller explanation of these views in the publications announced [1]. The difference between the present functional treatment and the evolutionary, historical and merely comparative studies consist in this; that we are interested in the sociological and cultural mechanism of family, marriage and sexual organisation rather than in reconstructions of past events. The main gist of our analysis has been directed towards the relation between the cultural and sociological elements on the one hand, and the innate biological and psychological factors on the other. We have tried to understand the nature of the family in its biological and cultural aspects, as well as the meaning of sexual taboos and sexual license in terms of mechanism and function. What can be the interest of this to the modern sociologist, medical reformer or psychologist? In any attempt at practical guidance, science has to indicate the relevant factors of the situation, it must assess their relative importance, it must be able to foretell the course of events on the assumption of varying conditions. Exactly as an electrical engineer relies on the theoretical results of physics and chemistry, so the social engineer — if we can ever hope for such a miracle of political insight in our democracies — must rely on a comparative inductive science which would discover for him the working of human institutions, provide him with the laws of sociological and cultural progress.

Our study has supplied us with a number of general laws or principles. We have found as one of the most important of these that the

[1]) *Crime and Custom in Savage Society*, 1926; *The Father in Primitive Psychology*. 1927; *Sex and Repression in Savage Society*, 1927 — already published; and *The Psychology of Kinship* and *Sexual Life of Savages*, in preparation.

constitution of the family is deeply affected by culture. The disregard of this principle has vitiated some of the best theories on the subject. We were also able to state that the change is in the nature of the bonds which under culture are legal and sociological, while in animal species they are innate and biological. As to its function, the human family has to fulfil certain cultural needs over and above the biological ones. The principle of the biological foundation of the human family which we came to formulate maintains that the biological functions are closely parallel and similar in culture and in nature; and that this is due to the fact that the human family is still a biological unit and has still to serve the propagation of the species. In this, selective mating is as indispensable for man as for the animal, and the tending and education of the young in their early instinctive adjustments has to be based, in man as in animals, on the innate emotional endowments of both parents. In its cultural function, on the other hand, the human family subserves the continuity of tradition and it forms the natural foundation for common work. Each of these propositions, as can be seen, represents one of the sociological laws or generalisations which we are able to establish. Once formulated, such laws may sound trite, "self-evident" and of little value, especially to a mind unacquainted with the problem and with sociology in general. But it will be easy to show in the case of each of these principles that its disregard has led to many errors and extravagant conjectures. On the other hand, each such principle which we have derived from inductive study could be followed into further detail and made to yield more particular, and therefore more startling, results.

As regards license we have been able to conclude, not only that it stands in close relation to marriage and family, but that under certain conditions it fulfills an important complementary function.

I should like to add here a few sentences in order to forestall an easy misunderstanding. In this paper sexual customs were considered only against the background of marriage and marriage against the background of the family, while license was interpreted functionally by the part which it plays in the wider and more fundamental institutions. This argument might seemingly imply the conclusion that the problem of sex should be entirely merged into that of the family and that the value and interest in sex for its own sake is an illusion. Such a conclusion would be erroneous and it is certainly not the view of the present writer. If space permitted I should like to develop the principle that just under conditions of culture sex can and does become autonomous, that it is an important cultural influence and a force very efficient in the shaping of human progress. Any interest, biological function or appetite which is not autonomously worked out in culture, in art and literature, which is not deepened by philosophic thought, however crude, which is not made into a mystic force by magic and sanctified by religion must and does atrophy. Hence the interest in sex for its own sake, its artistic stimulation, its deepening and development — not its repression — by moral forces is indispensable.

There is no need to show further to the members of the present gathering in what ways funtional anthropology can serve as a basis for the discussion of sexual problems. Anthropology can supply the student of sex with definitions, with correlations, with general principles, arrived at inductively by the comparative study of human institutions in theire widest scope, and in these institutions the knowledge and experience of mankind, from the stone-age up to the present time, lie embodied.

Der sexuelle Faktor des Auswanderungsproblems.

Von *Robert Michels*, Basel-Turin.

Herr Vorsitzender, meine Damen und Herren! Es wäre eine außerordentlich reizvolle Aufgabe, einmal die Gesamtheit der Beziehungen zwischen der Sexualwissenschaft und der Nationalökonomie darzustellen. Dabei wäre die Aufgabe natürlich eine doppelte. Auf der einen Seite würde es sich darum handeln, festzustellen, inwieweit die Differenzierung des Normalen und des Anormalen — denn auch das Normale unterliegt der Differenzierung — in der Sexualität auf die Volkswirtschaft, auf die Arbeitskraft, auf die Ideologie vom Wesen des Staates wirkt, und auf der anderen Seite wäre darzustellen, inwieweit die wirtschaftliche Differenzierung und soziale Differenzierung des Menschengeschlechtes ihrerseits sexual zurückwirkt. Doch, meine Damen und Herren, so wertvoll diese Aufgabe wäre — sie ist ja im deutschen Sprachgebiet wenigstens von einzelnen Männern von Ruf, wie *Wolf, Sombart,* bereits angeregt worden —, und so wichtig es wäre, einmal zusammenfassend das ganze Problem darzustellen, wir müssen uns heute damit begnügen, nur einen Teilabschnitt vor unseren Augen Revue passieren zu lassen: das Problem der Auswanderer.

Sie wissen, meine Damen und Herren, wie sehr die Auswanderung in der Nachkriegszeit für nationalökonomisches, ja für politisches Denken entscheidend geworden ist. Es kann Ihnen nicht verborgen geblieben sein, daß in vieler Hinsicht sogar die Gesamtheit der Weltvölker in zwei Gruppen eingeteilt werden kann: hier Einwanderungsländer und dort Auswanderungsländer, weil eine gewisse Interessenharmonie innerhalb dieser beiden Gruppen besteht.

Meine Damen und Herren, wenn wir das Auswanderungsproblem in Zusammenhang mit der Bevölkerung betrachten, so müssen wir zunächst ganz einfach daran erinnern, daß die Bevölkerung eben in zwei Gruppen zerfällt: in eine weibliche und in eine männliche. Es ist das Unikum der älteren kameralistischen Auffassung, die vor allen Dingen in glänzender Weise durch *Johann Peter Süßmilch* in der deutschen Sexualwissenschaft des vorigen Jahrhunderts dargestellt wird, anzunehmen, daß aus der relativen Proportion zwischen männlichen und weiblichen Geburten der ewige Ratschluß Gottes hervorgehe, daß also die Tatsache, daß immer Männer und Frauen in annähernder Quantität und vielleicht auch in annähernd gleicher Qualität geboren werden, geradezu ein Daseinsbeweis des Herrn ist. Freilich ist diese Proportionalität keine absolute, und gerade in diesem Punkt scheiden sich entscheidend die alten europäischen Staaten von den übrigen. Heute sind die alteuropäischen Staaten, selbst die Südoststaaten, bereits durchgängig dazu übergegangen, daß sie statt des vielfach vorher vorhandenen Überschusses an männlicher über weibliche

Bevölkerung heute einen Frauenüberschuß erzeugen, der, wie Sie wissen, in England am stärksten, eine gefahrdrohende Form angenommen hat. Wir müssen heute damit rechnen, daß es mehr Frauen als Männer gibt, und ich wage so unbescheiden zu sein, bei aller Anerkennung der kulturellen und biologischen Wurzeln des Feminismus, der Frauenfrage, gerade auf diesen Überschuß der Frauen wiederum den größten Wert zu legen. In der Tat, wenn Sie näher hinsehen, finden Sie, daß der Feminismus seine stärksten Wurzeln da hat, wo eine weibliche Überschußbevölkerung darauf ausgehen muß, Feminismus praktisch zu treiben, das heißt, ökonomisch, zu Brote zu kommen.

Wenn wir also vielleicht das 19. Jahrhundert betrachten, das cum grano salis als ein Jahrhundert des Überganges von einem vielfach vorhandenen Männerüberschuß zum Weiberüberschuß gilt, so vermögen wir das Gleiche für die Auswanderung nicht zu wiederholen. Die Auswanderungsbewegung unterscheidet sich prinzipiell von der Gesamtbevölkerungsbewegung dadurch, daß sie sich, im großen gesehen, überwiegend als eine Auswanderung von Männern kennzeichnet. Gewiß — zunächst in Parenthese —, es gibt Frauenauswanderung. Es gibt einzelne Länder, für die eine Frauenauswanderung in Frage kommt, aber ich bitte gleich zu bemerken, es sind die Länder numerisch schwacher Auswanderungsquoten, die sich zum Teil als weibliche Auswanderungsländer darstellen. Es gibt z. B. in der Schweiz Dienstmädchen- und Bonnenauswanderung, anderswo gibt es auch eine Auswanderung von Prostituierten. Zum Beispiel enthält die englische Prostitution einen ziemlich starken Zuschuß von belgischen, deutschen und französischen Dirnen, wenigstens war es vor dem Kriege so. Aber das sind alles Einzelheiten, die uns hier des näheren nicht interessieren. Als Massenauswanderung — und darauf allein ist der große Wert zu legen — ist die Auswanderung ein männliches Phänomen. Und wie könnte es anders sein? Auswanderung setzt physische Widerstandsfähigkeit und geistige Anpassungsfähigkeit voraus, und es ist klar, daß nach Maßgabe der Entwicklung der Geschlechter die beiden Faktoren heute zweifellos mehr beim männlichen Geschlecht zu suchen sind. So haben wir heute das seltsame Phänomen, worauf ich jetzt unter anderm Gesichtswinkel nochmals hinweise: das immer mehr sich verweiblichende Europa sendet eine immer mehr wachsende männliche Auswanderung aus. Dabei ist ersteres Reflexerscheinung: die weibliche Einwohnerschaft Europas scheint sich durch die Auswanderungsbewegung intensivieren zu müssen, denn der Einfluß der überwiegend männlichen Auswanderung vermag sogar auf das Proportionalverhältnis der männlichen und weiblichen Bevölkerung entscheidend einzuwirken. So glaube ich nicht fehlzugehen, Sie zu interessieren, wenn ich darauf hinweise, daß z. B. in Italien, wo der männliche Bevölkerungsteil noch in den achtziger Jahren des vergangenen Jahrhunderts größer war als der weibliche, infolge der Auswanderung das Verhältnis sich umgekehrt hat, sodaß es heute dort ebenfalls mehr Frauen als Männer gibt.

Ich möchte Ihnen einige Zahlen geben, die ich aus einer Denkschrift des Völkerbundes beziehe. Vielleicht gestattet mir der Herr

Präsident, auch die nichtverlesenen Seiten im Protokoll für die Druckschrift anzugeben. Meine Damen und Herren, wir stehen zunächst vor der Tatsache, daß das Geschlechtsverhältnis in der Auswanderung zahlenmäßig sich, bei den meisten Völkern wenigstens, weiter mehr und mehr zugunsten der Männer zu verschieben scheint. Es gibt immer mehr Männerauswanderung und einige Zahlen des Jahres 1923 erweisen das Verhältnis.

Verteilung der Wanderer nach dem Geschlecht in den Jahren 1922 und 1923

Gruppen	1922					1923				
	Männer		Frauen		Gesamtzahl	Männer		Frauen		Gesamtzahl
	Zahl	%	Zahl	%		Zahl	%	Zahl	%	
Überseeische Auswanderer aus ihrer eigenen Heimat [1])	205224	55,6	163808	44,4	369032	406304	63,7	231641	36,3	638145
Überseeische Einwanderer (Ausländer [2]))	249686	54,2	210952	45,8	460638	467400	62,4	281194	37,6	748594
Überseeische Einwanderer (eigene Staatsangehörige [3]))	130241	65,5	68380	34,5	198621	96830	64,7	52856	35,3	149686

Die Gesamtzahl der überseeischen Auswanderer aus den 13 in obiger Tabelle einbegriffenen europäischen Staaten umfaßte im Jahre 1923 drei Viertel der aus Europa nach Übersee auswandernden Personen überhaupt. Aus der Tabelle geht hervor, daß der Prozentsatz der männlichen Auswanderer von 1922 bis 1923 erheblich gestiegen ist, und zwar von 55,6 Prozent auf 63,7 Prozent.

Nun hineingehend in die großen Fragen: wie verhält sich der männliche Bevölkerungsüberschuß der Auswanderer zur sexuellen Frage? Ein kleiner Bestandteil der männlichen Auswanderung wird jedenfalls in den eigenen Hafen kommen, das heißt, durch Eingehen der Ehe mit einer Frau des gleichen Staates und Völkerkreises, dem eigenen Volke erhalten bleiben. Diese Homogeneität mit der eigenen Frau, mit der dort im Gastlande zu heiratenden eigenen Stammesangehörigen, ergibt hohe Geburtenziffern. Es ist ganz eigentümlich, daß die ohnehin ja sehr stark sich vermehrenden Italiener in Neuyork eine höhere Geburtenziffer aufweisen, als der Durchschnitt der Italiener in Italien selbst. Ja, wir haben einen noch schlagenderen

1) Statistiken für 13 europäische Länder: Deutschland, Österreich, Belgien, Dänemark, Spanien, Finnland, Großbritannien, Norwegen, Portugal, Jugoslavien, Schweden, Schweiz, Tschechoslowakei.

2) Statistiken für 6 überseeische Länder: Südafrika, Argentinien, Vereinigte Staaten, Neuseeland, Philippinen, Paraguay.

3) Statistiken für 6 europäische Länder: Belgien, Spanien, Großbritannien, Jtalien, Portugal, Schweden.

Beweis für die große Zeugungsfähigkeit Ausgewanderter, das ist der kanadische Beweis. Frankreich, das genetisch als ein schwaches Volk gilt, hat, was seine Auswanderer angeht, in Kanada ein ganz anderes Bild von sich geschaffen auf Grund sehr hoher Geburtenziffern, viel höherer, als die der englischen Nachkommen, was als Beweis dafür zu gelten hat, daß es ein Ammenmärchen ist, anzunehmen, die Franzosen seien ein physisch reduziertes Volk. Zweitens spricht die hohe Ziffer zweifellos für die alte Tatsache, daß starkes religiöses Empfinden — ich erinnere daran, daß die Kanadier sehr streng katholisch sind — und vielleicht ökonomische Besserstellung [1]) — das kommt auch für die Italiener in Neuyork in Frage — zur Hebung der Natalität beitragen.

Jedoch die Homogeneität, die Verehelichung des Auswanderers mit einer gleichen Frau, dürfte zu den Ausnahmen gehören müssen. Das wesentliche Phänomen ist die Heterogeneität, die Verehelichung des Auswanderers mit einer ihm staatlich und völkisch wesensfremden Frau. Bei dieser Wesensfremdheit sind viele Hindernisse zu überbrücken. Die Hindernisse sind ja durch den Krieg noch größer geworden. Es ist doch ein unheimliches und gefährliches Ding, die Frau eines Volkes zu heiraten, mit dem das eigene Volk vielleicht heute, morgen, übermorgen in Krieg geraten kann. Vestigia terrent! Die entsetzlichen Erfahrungen des Weltkrieges halten viele Auswanderer ab, sich mit der Frau des Gastlandes zu verheiraten. Auch die Kosten, die mit der Verehelichung verbunden sind, halten vor allen Dingen unter der Masse der armen Auswanderer manchen davon ab, zur Ehe zu schreiten. Dazu kommen Unterschiede rein nationalen Empfindens. So kommen Unterschiede der Religion in Frage. Katholische Auswanderer in evangelischen Ländern sind bei der gegenseitigen Repulsion nicht sehr stark zur Ehe geschritten.

Vielleicht machen die Juden hier eine Ausnahme. Die Juden weisen sehr hohe Prozente von homogenen Ehen im Ausland auf. Das versteht sich am Rande, da der Jude leicht den Weg zum Juden findet, die Vetternschaft groß ist, die Gemeinsamkeit der Rasse und Religion und die ökonomische Gleichstellung der Juden im Auslande die Verehelichung erleichtern. Die ökonomische und kulturelle Gleichstellung spielt überhaupt bei der Nuptialität der Auswanderer eine überragende Rolle. Es ist interessant, nachzuweisen — aus einem Berichte über Australien geht es hervor —, daß die Arbeiter, sogar die Fruchthändler, die einen hohen Grad des Wohlstandes erreichen, gerade soweit sie italienische Arbeiter und Fruchthändler sind, einen geringen Prozentsatz von heterogenen Ehen abgeben: die wenigsten heiraten australische Frauen; mehr als 98 Prozent der Italiener dieser Klasse sind mit Italienerinnen verheiratet. Die Intellektuellen unter ihnen hingegen, die Rechtsanwälte, vor allen Dingen die Ärzte, heiraten Frauen und Töchter des Landes. Bei ihnen liegt im australischen Fall die Sache gerade umgekehrt. Es sind nur 2 Prozent der allerdings kleinen Zahl der Ärzte, der Rechtsanwälte italienischer Abstammung in Australien mit Italienerinnen und 98 Prozent mit Australierinnen verheiratet.

[1]) Nicht Übergang zur Bourgeoisie, der entgegengesetzte demographische Tendenzen zu erzeugen pflegt.

Das gleiche geht auch hervor aus den Studien von Savorgnan über das Verhalten der europäischen Auswanderer in Amerika. Auch ist nachgewiesen worden, daß, je kleiner die Auswanderungsquote ist — das kommt für die Franzosen und die Engländer in Südamerika in Frage —, desto größer der Prozentsatz derjenigen ist, die sich mit eingeborenen Mädchen verheiraten, wogegen die deutsche und vor allen Dingen italienische Quote sich sehr viel höher innerhalb der Quote des gleichen Ursprungslandes der Frau hält.

Aus der Auswanderung entspringt nun natürlich Rassenmischung, über die wir uns hier nicht zu unterhalten brauchen, die vielfach den Vorteil gegenseitigen Durchdringens, Verständnisses aufweist, die aber staatlich die Gefahr der Entnationalisierung bedingt und auch unter anderm Gesichtspunkte nicht immer günstig gewertet werden kann. Vor allen Dingen ist der Begriff vom Wesen der Frau und von der Ehe bei den einzelnen Auswanderermassen und den einzelnen Gastlandmassen vielfach so trennend, daß eine Ehe zwischen ihren Mitgliedern nicht zu günstigen Resultaten zu führen vermag. Das gilt vor allen Dingen für die Italiener, teilweise aber auch für die Deutschen in den anglosächsischen Ländern. Die Abneigung der Italiener, eine fremde Frau zu heiraten, findet ihre Erklärung in dem besonderen Begriff, den der Italiener von der Familie hat. Besitzt der Italiener schon in den Äußerungen der Sexualliebe einen von den nordischen Völkern abweichenden Anschauungs- und Sittenkodex, so entspricht sein Ideal von der Ehefrau vielfach dem der übrigen Völker noch weniger. Die Forderungen, die der Italiener an eine Frau stellt, sind auf absolute Häuslichkeit und daneben auf weitgehenden Gehorsam dem Manne gegenüber gerichtet. Das bedeutet also auf der einen Seite ein Plus, auf der andern Seite vielleicht ein Minus. In beiden Fällen aber wird der italienische Auswanderer bei der angelsächsischen Frau, deren relativ geringe Häuslichkeit mit großem Rechtsbewußtsein, mit Bewußtsein vom weiblichen Eherecht, verbunden ist, auf doppelte Hindernisse stoßen.

Im ganzen entsteht vielfach eine gewaltige Sexualnot. Diese Sexualnot ist von den sozialistischen Gründungen der ersten Auswanderungszeit, den Versuchen der sozialistischen Kolonialgründungen in einer naiven Form zu beseitigen versucht worden. Ich erinnere an die Owensche Kolonisation, in der mehr oder weniger die Tendenz vorherrschte, die wenigen vorhandenen Frauen der Mehrzahl der Männer sexual dienstbar zu machen. Das Gleiche gilt auch für die von den Italienern vorgenommenen Kolonialversuche, wo es als Pflicht der ausgewanderten italienischen Frau betrachtet wurde, sich den Männern insgesamt zur Verfügung zu stellen. Natürlich hat gerade diese sexuelle Verwirrung im Auswanderungswesen die Kolonialversuche der sozialistischen kleinen Gruppen absolut geschädigt und vielfach als Hauptgrund zur Auflösung derselben geführt. Die sozialistische Kolonialpolitikbewegung ist gescheitert an der Frauenfrage, an dem Begriff der freien Ehe, dem nachzukommen die meisten Frauen mit Recht nicht gewillt waren.

Ähnlich verhält es sich mit den Chinesen. In den chinesischen Kolonien im Westen der Vereinigten Staaten von Nordamerika bestehen ganz besondere Verhältnisse. Die chinesische Einwanderung ist seitens der amerikanischen Union seit Jahren gesetzlich verboten. Nun fehlte es aber schon vorher an chinesischen Frauen, und da der Chinese nach den Satzungen seiner Heimat Frauen anderer Rasse nicht heiraten darf und auch nicht mag, weil ihm das Familienleben das Höchste ist, vielleicht aber auch andere Frauen gar nicht erhält, so kehrt jeder Chinese, sobald er einigermaßen wohlhabend geworden ist, nach China zurück, um dort zu heiraten und mit Hilfe seines Passes die Auswanderung eines anderen Chinesen nach der Union als „Zurückgekehrter“ möglich zu machen. Diese abnormen Verhältnisse haben natürlich auch zu abnormen sittlichen Zuständen unter den Chinesen der Union geführt. Da die chinesiche Prostitution ungenügend und ein Ersatz der aussterbenden chinesischen Prostitutierten in Amerika nach Maßgabe der gegenwärtigen Gesetzgebung der Union nicht zu erwarten ist, so sehen wir unter den Chinesen, die in Amerika leben, sehr häufig Sexuallaster, die wir den Chinesen nicht als Rasseeigenschaft zuschreiben dürfen, sondern die allein auf die eben angeführten Gründe zurückzuführen sind.

Den Kern des Problems bildet immer das Verhalten der unverehelichten Auswanderer. Wir sahen: sie schreiten entweder zur homogenen Ehe. Der Auswanderer sucht sich eine seinem Kreise entsprechende Frau und verbleibt innerhalb der Beziehungssphäre der altenWelt. Sofern er das nicht kann, sucht er nach einer Frau aus dem Gastlande. Drittens aber sehen wir eine ganz eigentümliche Erscheinung, nämlich daß der Auswanderer, wenn er zur Ehe schreitet, zwar nicht eine Frau des eigenen Volkes findet oder sucht, auch nicht eine Frau des Gastlandes, sondern eine Frau aus dem dritten Kreise, nämlich eine Ausländerin, die ebenfalls im Gastlande ansässig ist, wie ich das auch in meinen Studien über die italienische Einwanderung in der Schweiz habe feststellen können, z. B. bei den italienischen Arbeitern in der deutschen Schweiz. Es finden dort fast ebenso häufig Verehelichungen statt mit Deutschen, Französinnen, vor allen Dingen Elsäßerinnen als mit Schweizerinnen. [1] Es ist ethno-psychologisch interessant, daß das gegenseitige Gefühl der Fremde es ist, das die beiden Elemente zusammenführt: zwei Fremde verheiraten sich in einem fremden Lande. Ich weise ferner hin auf die Häufigkeit der Ehen zwischen einem Auswanderer und einer staatlich dem Gastlande angehörigen, rassenmäßig aber dem eigenen Lande angehörigen Frau. Leicht verständlich, daß der Deutsche, der in Amerika zu einer Ehe schreitet, eine Deutschamerikanerin heiratet, genau wie es viele Juden gibt, die, christlich geworden, getaufte Jüdinnen heiraten. Es ist vielleicht die „Musik des Blutes“, wie der Spanier sagt, hier entscheidend. Dasselbe gilt für die Jugoslawen und Spanier. Überall haben wir das Verharren der staatlich abgezweigten Elemente im Gefühlsleben, auch im erotischen Gefühlsleben, des alten Volkes.

Ein weiterer Kreis der Auswanderer heiratet nicht eigene oder fremde Frauen im Gastlande, sondern Frauen des eigenen Kreises, die im Mutterlande verblieben sind. Es gibt ein italienisches Sprich-

---

1) *Roberto Michels*, Le Colonie Italiane in Isvizzera durante la guerra. Roma 1921, Alfieri, p. 26.

wort, das diese Tendenz sehr klar zum Ausdruck bringt: du sollst deine Ochsen und deine Frauen aus dem heimatlichen Gefilde holen. Wie geht dieses Suchen — die Ochsen kommen nicht in Frage — nach den Frauen vor sich? Auch hier befinden wir uns auf einem sehr interessanten Gebiete, das ich nur kurz erwähnen kann. Es ist vielfach Nachfrage nach Frauen durch Korrespondenz. In südslawischen und italienischen Zeitungen — weniger in deutschen — besteht oft ein recht beträchtlicher Bestandteil der Anzeigen aus solchen von Auswanderern, die Frauen suchen. Die Auswanderer bieten sich an, geben ungefähr an, was sie verdienen, wo sie wohnen, und bitten um Einsendung einer Photographie. Häufig aber geht dieses Suchen auf dem Mittelweg eines gemeinsamen Freundes vor sich. Der Auswanderer schreibt einen Brief an seine Mutter: schicke mir eine Frau, sie muß möglichst so und so aussehen, ich muß sie möglichst schon gesehen haben, sie muß auch etwas mitbringen. Dann wird das auserwählte Mädchen, ohne den Mann zu kennen, über das große Wasser reisen, und die Ehe ist perfekt. Oder aber der Mann reist selbst auf Hochzeitsschau, er unterbricht seine Anwesenheit im Auslande, vielfach unter großen finanziellen Opfern, und reist in die Heimat, um sich eine Frau auszusuchen.

Eine große Kategorie der Hagestolze aber unter den jungen Auswanderern bleibt ehelos aus den allgemeinen Kausalitäten, die wir kennen, die überhaupt zur Ehelosigkeit führen, aber auch aus einem andern Moment heraus, das vielleicht kurz aufzuzeigen von Werte sein könnte, nämlich aus der Länge des Wartens. Die Auswanderung ist wie ein großer Wartesaal. Wir dürfen uns nicht die Augen verschließen vor der Tatsache: die wenigsten Auswanderer betreten das Schiff ohne den festen Willen, möglichst bald nach Hause zurückzukehren, nachdem sie sich bereichert, Wohlstand erworben haben und nun zurück ins eigene Haus und Volk kehren können. Die Rückkehr ist dem Auswanderer von vornherein ein Sehnsuchtsbild, und nun sitzt er im Auslande, harrt des Moments, wo er zurückkehren kann. Er akkumuliert, und die Akkumulationsperiode dauert häufig länger als die Lebenszeit. So sehen wir, daß der Auswanderer, falls er durch schlechten Geschäftsgang, durch andere Umstände nicht in die Heimat zurückwandern kann, überhaupt nicht zur Ehe kommt.

Und nun noch einige wenige Worte über das Schicksal der verheirateten Auswanderer. Die Typologie des verheirateten Auswanderers läßt sich etwa in folgende kürzeste Form bringen: erstens die Familienauswanderung. Die Auswanderung vollstreckt sich, indem sie den ganzen Körper der Familie umfaßt. Frauen, Kinder wandern mit aus. Da ist vor allen Dingen die englische Auswanderung nach den eigenen Kolonien eine sehr häufige Form dieser Art. Sie wird durch die Eigenart des Auswanderungsobjektes und die Eigenart der Auswanderungsgruppen bestimmt. Hier sind wiederum vor allen Dingen ethische Gründe in großer Verschiedenheit vorhanden. Aus derselben Ethik, aus demselben Gefühle des Verpflichtetseins, mit dem der Deutsche im Kriege zur Kriegsehe schritt, weil er glaubte, nur so seinem Gewissen gerecht werden zu können, aus dem gleichen, oder doch ähnlichem Empfinden heraus sah es der Italiener als moralische

Pflicht an, im Kriege nicht zu heiraten, indem er sich sagte, daß er der Frau nicht zumuten könne, den Namen eines Getöteten zu tragen, der sie vielleicht nicht einmal die Freuden der Ehe mitkosten lassen konnte. Die Bindung der Frau bei der nahen Möglichkeit des Todes oder der Verstümmelung des Mannes empfindet der Italiener als unsittlich. Ganz ähnlich stellt sich die Frage bei anderen Gruppen. Auch hier die Frage: nehme ich die Familie mit? Es sind das Anschauungen, die verschieden beantwortet werden können. Der eine Auswanderer sagt: ich bin verpflichtet, die Familie mitzunehmen, sie teilt mein Los, und der andere Auswanderer sagt: ich darf sie nicht mitnehmen, solange mein Los ein unsicheres ist. Also aus ganz moralischen Elementen entspringt auch hier vielfach ein entgegengesetztes Verhalten.

Jedenfalls entwickelt sich neben der Familienauswanderung die Alleinauswanderung verheirateter Männer. Die Männer wandern aus, um zunächst einmal die Chancen abzutasten, die Konjunktur zu studieren mit der Hoffnung, die Familie nachkommen zu lassen. Diese stufenweise Auswanderung ist im lezten Grunde hauptsächlich auf das sowohl nach ihrem Herkunftsland als auch nach ihrem Bestimmungsland verschiedene Verhalten der europäischen Auswanderer gegenüber der eigenen Familie zurückzuführen. Falls Nordamerika das Ziel ist, pflegen nämlich, soweit das nördliche und westliche Europa in Frage kommt, zuerst die männlichen Familienangehörigen allein auszuwandern, um erst später, wenn sie sich mehr oder weniger endgültig in der neuen Heimat niedergelassen haben, nach Europa zurückzukehren und ihre dort verbliebenen Familienanghörigen persönlich herüberzuholen. Die aus dem mittleren und östlichen Europa stammenden Auswanderer nach Nordamerika hingegen befolgen in der Regel eine andere Methode: Sie senden, nachdem sie einige Zeit jenseits des Ozeans zugebracht haben, ihren Familien das Reisegeld oder sogar geradezu die im voraus bezahlten Fahrkarten („prepaids“) zu, und lassen so ihre Angehörigen nachkommen, ohne selbst die neue Heimat sei es auch nur vorübergehend noch einmal wieder zu verlassen. Da nun mangels der geforderten Geldmittel zur Zeit die Zahl der zum ersten Male nach Nordamerika auswandernden Personen aus dem mittleren und östlichen Europa verhältnismäßig weniger groß ist als die entsprechende Zahl der Auswanderer aus dem nördlichen und westlichen Europa, so ist das Anwachsen des männlichen Prozentsatzes unter der nach Nordamerika gerichteten Auswandererschaft eine natürliche Folge des oben angeführten Umstandes. Was hingegen die nach Südamerika abwandernden männlichen Auswanderer, aus welchem Herkunftslande sie auch kommen mögen, betrifft, so steht fest, daß nur äußerst selten die Familienangehörigen durch voraus bezahltes Fahrgeld herübergerufen werden, sondern daß hier fast allgemein der Brauch vorherrscht, daß die männlichen Mitglieder später einmal nach Europa zurückreisen, um ihre Familie persönlich über das Meer zu begleiten. Das in den letzten Jahren zu beobachtende stetige Wachstum der Einwanderung nach Südamerika wirkt also ebenfalls auf eine Erhöhung des männlichen Prozentsatzes in der europäischen Auswandererschaft hin.

Fernerhin gibt es eine zwar sehr kleine, aber seltsame Kategorie: diejenigen, die auswandern, weil sie der bereits gegründeten Familie entfliehen wollen. Die Flucht ins Ausland, als ultima ratio, um der Ehe mit einer bösen Frau oder einer als böse angesehenen Frau zu entgehen, vor allen Dingen in den Ländern, in denen große Schwierigkeiten bei der Ehescheidung vorliegen! In Italien, wo es gar keine Ehescheidung gibt, besteht die Möglichkeit der Trennung vielleicht nur im Wasser, und wenn die Männer nicht in das Wasser gehen, gehen sie über das Wasser. Natürlich findet dann ein Behelf statt. Die Zahl der von ihren Familien getrennten, verheirateten Männer ist ihrer großen Mehrzahl nach sexuell nicht passiv, sondern aktiv. Es kommt zu einem Konkubinat, und häufig auch zu einem ökonomischen Vergessen der Familie. Falls später eine Rückkehr in das alte Heimatland doch stattfindet, besteht dann ein häufiges Belastetsein mit Geschlechtskrankheiten. Die Entwicklung der Syphilis in Italien hängt mit der Auswanderung ganz zweifellos zusammen. Ich will damit nicht sagen, daß die eine Moralität höher steht als die andere, ich möchte überhaupt keine Werturteile gezogen haben aus dem Gesagten; aber die Tatsachen sprechen.

Die Verteilung der Auswanderer nach dem Geschlechte auf die verschiedenen Länder bestätigt die obigen Ausführungen. Von den dreizehn in Betracht gezogenen Ländern war das Verhältnis des männlichen Geschlechts zum weiblichen unter den Auswanderern besonders überwiegend in folgenden:

	1922 %	1923 %
Spanien	66,1	70,8
Norwegen	61,3	68,4
Schweden	63,8	74,5
Tschechoslowakei	66,0	76,1
Dänemark	60,5	67,7
Finnland	48,4	66,0
Schweiz	53,8	65,9

In nachstehenden Ländern war der Prozentsatz der männlichen Auswanderer schon merklich schwächer:

	1922 %	1923 %
Deutschland	53,5	57,8
Oesterreich	56,9	61,7
Belgien	66,0	60,8
Großbritannien	51,9	59,6
Jugoslawien	46,2	61,0

Bei den Auswanderern aus Portugal war das prozentuale Verhältnis der Geschlechter in der dortigen Auswandererschaft sehr schwankend: 1922 wanderten nur 24,6 Prozent Männer und 75,4 Prozent Frauen aus, 1923 dagegen 72,5 Prozent Männer und 27,5 Prozent Frauen.

Für Italien existiert eine nach dem Geschlecht getrennte Statistik der Auswandererschaft nur für die aus heimatlichen Häfen abreisenden

Personen. Bei diesen betrug das prozentuale Verhältnis für 1923: 82,4 Prozent Männer gegen 17,6 Prozent Frauen, und für 1922: 73,8 Prozent Männer gegen 26,2 Prozent Frauen.

Die Einwanderungsstatistik der überseeischen Länder mit überwiegend europäischer Einwanderung entspricht annähernd den von den europäischen Auswandererstatistiken gelieferten Daten. Die Tatsache, daß die Einwanderung des Jahres 1922 nach den Vereinigten Staaten im Besonderen noch einen bedeutend höheren Prozentsatz von Frauen (51,6 Prozent) aufwies, als dies im Jahre 1923 der Fall war (41,2 Prozent), während gleichzeitig von 1922 auf 1923 die Einwanderung aus dem nördlichen und westlichen Europa stark zugenommen hat, bestätigt die Richtigkeit der von uns oben gegebenen Erklärung für die Veränderung des Prozentsatzes in Rücksicht auf das Geschlecht der Auswanderer. In den anderen Einwanderungsländern (Südamerika) sind die Männer immer in starker Überzahl.

In den britischen Kolonien ist der Abstand zwischen den beiden Geschlechtern unter den europäischen Einwanderern infolge der Häufigkeit der sich familienweise vollziehenden Zuwanderung weniger beträchtlich. In Südafrika betrug der Prozentsatz der zugewanderten Männer im Jahre 1923 53,2 Prozent gegen 52,4 Prozent im Jahre 1922; in Neuseeland wanderten 1923: 52,2 Prozent Männer ein.

In Kuba, wo Saisoneinwanderung vorherrschend ist, war im Jahre 1922 der Prozentsatz der männlichen Einwanderer sehr hoch: 70,9 Prozent.

Die Statistiken der aus den überseeischen Ländern nach der Heimat zurückkehrenden Ausländer weisen eine ziemlich ungleiche Verteilung der Geschlechter auf: 1922 reisten 71,27 Prozent Männer und 28,73 Prozent Frauen ab, 1923 dagegen nur 67,78 Prozent Männer und 32,22 Prozent Frauen. In den Vereinigten Staaten stellen die Männer während der beiden Jahre ungefähr drei Viertel der Gesamtzahl der ausländischen Rückwanderer. Hingegen beträgt das Verhältnis der männlichen ausländischen Rückwanderer aus Südafrika 1922: 55,9 Prozent und 1923: 56,2 Prozent und aus Neuseeland 1923 gar nur 48,7 Prozent. Auch in diesen Ziffern spiegelt sich der familienweise Charakter der nach den englischen Kolonien gerichteten Auswanderung wieder. Im allgemeinen kehren die einmal dorthin verzogenen Familien nicht mehr in ihr Herkunftsland zurück, falls dies aber doch der Fall, so tun sie es ebenfalls als Familieneinheit.

Die europäischen Rückwanderungs-Statistiken weisen für die sechs Länder (Belgien, Spanien, Großbritannien, Italien, Portugal, Schweden), für welche die Verteilung der Geschlechter auf die Rückwanderung ermittelt werden konnte, ebenfalls ein starkes Überwiegen des männlichen Geschlechtes auf. Der Prozentsatz desselben betrug in der Rückwanderung aller sechs Länder zusammen genommen 1922: 65,5 Prozent, und 1923: 64,7 Prozent.

Diese Erscheinung erklärt sich teilweise aus der Tatsache, daß die männlichen Auswanderer überhaupt überwiegen. Außerdem aber ist zu bedenken, daß, wenn Frauen sich zur Auswanderung entschließen, dies regelmäßig in der Absicht geschieht, sich endgültig Drüben anzusiedeln, während hingegen die Männer häufiger in ihr Herkunftsland zurückkehren, sei es, weil das neue Land sie enttäuscht hat, sei es, um sich mit Hilfe ihrer dort gemachten Ersparnisse in der Heimat niederzulassen, sei es, um wieder mit ihrer Familie vereint zu werden, sei es, um zu heiraten oder auch um nur ihre Anverwandten wiederzusehen. Am deutlichsten gelangt der Unterschied in der Beteiligung der beiden Geschlechter an der Rückwanderung in den Statistiken folgender Länder zum Ausdruck:

Rückwanderung nach:

	1923		1922	
	Männer %	Frauen %	Männer %	Frauen %
Spanien	73,6	26,4		
Italien	77,1	22,9	73,8	26,2
Portugal	78,1	21,9	76,8	23,2

In Großbritannien hingegen, wo außer mit den zum großen Teile familienweise vor sich gehenden Wanderungen auch mit einer umfangreichen Wanderung alleinstehender Frauen gerechnet werden muß, waren unter den Rückkehrenden die Frauen in der Mehrzahl: 1923 betrugen sie 51,7 Prozent, 1922 sogar 52,8 Prozent.

Was die Auswanderung der eigenen Staatsangehörigen aus den überseeischen Ländern anbelangt, so waren die Männer 1922 nicht so stark in der Überzahl, wie dies bei der Rückwanderung der Ausländer der Fall war. Bei den auswandernden amerikanischen Staatsangehörigen überwogen 1923 freilich noch die Männer beinahe um zwei Drittel, eine Erscheinung, die dadurch erklärt werden kann, daß die Amerikaner sich meistens nur für zeitweise Geschäftsreisen, auf die sie Frau und Kind nicht mitnehmen, in die Fremde begeben.

Bei den indischen Auswanderern überschreitet das Verhältnis der Männer zwei Drittel der Gesamtzahl, was sich aus dem Saisoncharakter dieser Bewegung erklärt [1]).

Meine Damen und Herren, ich komme zum Schluß. Ich möchte nur noch einmal sagen, das wichtige Faktum, das mich veranlaßt hat, Ihnen diese kurzen Erklärungen zu geben, besteht darin, daß wir es bei der Massenauswanderung mit einer männlichen Auswanderung zu tun haben, und daß die Versorgung dieser männlichen Auswanderung mit dazu gehörigen Frauen möglichst in Dauerehen, die unser Ziel sind, ein nicht leichtes Werk ist. Ich enthalte mich, Ihnen mitzuteilen, wie hier Remedur eintreten kann. Es schien mir aber angebracht, wenigstens die Probleme als solche in aller Kürze aufzuzeigen.

---

1) Internationales Arbeitsamt: Die Wanderungsbewegungen 1920 bis 1923, Genf 1925, p. 40 ff.

Über den gegenwärtigen Stand der Sexualforschung und -Bewegung in Italien.

Von Prof. *Aldo Mieli*, Roma.

Ich beabsichtige nicht, eine Rede zu halten, sondern nur einige Worte zu sprechen, um den gegenwärtigen Stand in Italien jener Forschungen und Bestrebungen darzustellen, welche den Gegenstand dieses Kongresses bilden, d. h. der Sexualwissenschaft. Ich behandle hier natürlich nicht die besonderen Wissenszweige und Künste, wie z. B. die Geschlechtskrankheitskunde oder die Gynäkologie, oder auch das Straf- und Zivilrecht in Bezug auf die uns hier interessierende Angelegenheit. Als Sonderdisziplinen sind sie seit langem und oft mit großem Erfolg gepflegt worden, doch ist es Aufgabe der Spezialisten, sich mit deren Geschichte zu beschäftigen. Ich will im Gegenteil nur die Sexualwissenschaft im Allgemeinen in Betracht ziehen, also jenen Gegenstand, der, jenseits aller Spezialprobleme — welche das Gebiet von Forschern oft ganz verschiedener Mentalität sind — die Gesamtheit der Phänomene in sich einschließt, die mit dem Sexus Beziehung haben, sei es in seinen biologischen oder medizinischen, juristischen oder sozialen, geschichtlichen oder ästhetischen Erscheinungsformen. Während einige der oben genannten Spezialwissenschaften sich eines ehrwürdigen Alters erfreuen — und hier seien nur die Untersuchungen des *Aristoteles* über die Zeugung der Tiere, das Dichtwerk des *Fracastoro* über die Syphilis, und die Vorschläge des *Tommaso Campanella* in seiner „Città del Sole" über eugenische Vereinigung der Geschlechter erwähnt — ist es ein durchaus neues Ereignis, daß die Einzelforscher angefangen haben, nähere Verständigung und Einigung zu finden, und — was besonders hervorgehoben werden soll — daß schon einige Gelehrte die verschiedenen Phänomene von einem unitarischen Standpunkt aus betrachten, und auf diese Weise zu synthetischen Ergebnissen gelangt sind, die nicht nur deswegen von Bedeutung sind, weil sie, wie alle zweckentsprechenden Synthesen, die Dinge in einheitlichem Gefüge erscheinen lassen, sondern auch, weil eine so aufgefaßte Sexualwissenschaft unerhoffte Resultate zeitigt, welche auf anderem Wege theoretisch und praktisch nicht erzielt werden könnten.

Ein wohlverdienter Förderer unserer Bestrebungen, *Iwan Bloch* — an dessen Namen ich hier ehrfürchtig gedenke — hat in den letzten Tagen seines Lebens die Ehre für sich in Anspruch genommen, das Wort „Sexualwissenschaft" geprägt zu haben. Seine Leistung ist aber viel bedeutsamer: er ist tatsächlich einer der Begründer der neuen Wissenschaft gewesen. Sein „Sexualleben unserer Zeit" — ein Buch, das als wissenschaftliches, wenn auch volkstümliches Werk einen außerordentlichen buchhändlerischen Erfolg gehabt hat — ist eine jener fruchtbaren Taten, welche die einschlägigen Bestrebungen den Zielen entgegenführten, die heute unseren Kongreß ermöglichen, und die vor fünf Jahren gleichfalls hier in Berlin einen anderen Kongreß zustande brachten, der guten Erfolg hatte, obwohl schon das Waffengerassel des Weltkrieges kaum verklungen war. Und ein anderer wohlverdienter Forscher, *Albert Moll,* den man zurecht als den Beseeler unseres Kongresses ansehen darf, muß als einer der bedeutendsten Erwecker der neuen Disziplin gefeiert werden, als Autor von Spezialwerken und besonders des „Handbuch der Sexualwissenschaft", das zusammen mit dem später erschienenen, von *Marcuse* herausgegebenen „Handwörterbuch der Sexualwissenschaften" einen Meilenstein auf dem Wege unserer jungen Wissenschaft bilden.

Dank der Leistungen der obengenannten und noch anderer Wissenschaftler, die zu Ende des vorigen und am Anfang unseres Jahrhunderts ähnliche Bestrebungen verfolgten — und ich nenne hier nur *Havelock Ellis, Forel, Placzek, Carpenter, Hirschfeld, Rohleder,* dank dem Einfluß, den *Freud* und der Freudismus auf die geistige Entwicklung des neuen Jahrhunderts ausgeübt hat, mit den Werken des Meisters und jenen seiner Schüler, seien es nun Anhänger oder Widersacher; dank den verschiedenen Bewegungen, die sich mit wechselndem Glück im Laufe der letzten Jahrzehnte entwickelt haben, und zwar Feminismus, Kampf gegen die Geschlechtskrankheiten, eugenische und malthusianische Gesellschaften, Bewegung zur Förderung der geschlechtlichen Aufklärung und für den Befreiungskampf von besonderen Menschenkategorien: hat sich Form und Art der heutigen Zielbestrebungen herausbilden und eine Wissenschaft für sich von großer theoretischer Bedeutung und noch größerer praktischer Tragweite entstehen können. Die hervorragende Schar der hier Versammelten ist die glänzendste Bestätigung meiner Behauptung.

Am Anfang des neuen Jahrhunderts begann sich in einigen gebildeten Kreisen in Italien ein ziemlich lebhaftes Interesse für das sexuelle Problem zu zeigen. Dieser Gegenstand, der bis dahin zu gewagt erschien und anständigerweise weder in der Öffentlichkeit noch in Gesellschaft behandelt werden konnte — wo übrigens die Pornologie und die Zote mit wohlgefälligem Lächeln aufgenommen waren — wurde jetzt mit ernster Aufmerksamkeit studiert. Bewegungen sozialen und politischen Charakters förderten diese Richtung. In erster Linie fing die feministische Aktion an, das Interesse einer erlesenen Schar von Frauen auf ein Gebiet zu ziehen, das tiefer und fruchtbarer war, als die Bestrebungen der weiblichen Emanzipation von der Oberherrschaft des Mannes. Zugleich — wie immer man dieses Phänomen bewerten mag — setzte eine neomalthusianische Propagandaaktion ein, die unser Land mit volkstümlichen Schriften, oft minderwertigen Inhalts überflutete. An einem gewissen Zeitpunkt indentifizierte man sogar die sexuelle Aufklärung mit der neomalthusianischen Propaganda, sodaß in der Aufklärung selbst und im Eindruck auf das Volk große Mißhelligkeiten entstanden [1]).

---

[1]) Über die Tätigkeit einer Società neomalthusiana in Italien, hat in der Rassegna di studi sessuali e di eugenica, IV (1924) p. 282 einer der Förderer der Bewegung berichtet.

Wenn man älterer Zeit gehorcht, kann man sagen, daß eine tatsächliche und zweckmäßige sexuelle Aufklärungsarbeit in Italien begann erst mit dem Senator *Pio Foà,* Professor an der Universität Torino, der einige Jahrzehnte hindurch seine unermüdliche Tätigkeit der Erziehung und Belehrung der Jugend widmete.

Pio Foà wurde am 26. Januar 1848 in Sabbioneta bei Mantova geboren und starb in Torino am 6. Oktober 1923. Von vaterländischen Ideen begeistert, nahm er an den Kämpfen für die Einigung Italiens teil. Nachdem er an der Universität Torino seinen Doktor gemacht hatte, widmete er sich besonders der Pathologie. Er wurde als Siebenundzwanzigjähriger zum Professor der pathologischen Anatomie ernannt, und wurde einige Jahre später nach Torino berufen, wo er eine eigene Schule begründete, aus der wichtige Arbeiten und namhafte Gelehrte hervorgingen. In den letzten Jahren seines Lebens gab *Pio Foà* ein breitangelegtes Handbuch der pathologischen Anatomie heraus, das in weiten Kreisen sehr geschätzt wird. Was nun die sexuelle Aufklärung betrifft, so nahm er sich besonders der Mittelschüler und Studenten an, welchen er eine ganze Reihe von Vorträgen widmete — zu Beginn, wie es allen Wegbereitern der sexuellen Aufklärung geht, wurde er von den Dummköpfen verlacht und verhöhnt — aber seine Vorträge sind für die weitere Entwicklung der Bewegung in Italien ausschlaggebend gewesen. Typisch für seine Einstellung ist ein Vortrag, den er öfters hielt und der letztens unter dem Titel „Sull'igiene fisica e morale della gioventù" zusammen mit einem anderen „Sull'insegnamento nelle scuole dei problemi che riguardano la vita sessuale" von der „Società italiana di studi sessuali" herausgegeben wurde [2]).

In der Geschichte der Sexuologie in Italien gebührt *Pio Foà* ein wichtiger Platz. Obwohl seine Interessen auf einem besonderen praktischen wenn auch wichtigen Gebiet beschränkt blieben, hat er das Verdienst, die Aufmerksamkeit weiterer Kreise auf ein ungemein wichtiges Problem gelenkt und den Meinungsaustausch unter den Fachwissenschaftlern gefördert zu haben. Bei der Entstehung der „Società Italiana per lo studio dei problemi sessuali" erklärte er sofort begeistert seinen Beitritt, stellte seine Tätigkeit in ihren Dienst und übernahm den Vorsitz im ersten nationalen Kongreß der Gesellschaft, der im Frühjahr 1923 in Catania tagte.

Die obengenannten Bestrebungen fanden nach und nach einen Widerhall in der Tagespresse. Besonders interessierte sich dafür jene Gruppe von jungen Leuten, die in der Florentiner „Voce" ihren Ausdruck fanden. Dieser Gruppe gehörten in innigem oder lockeren Zusammenhang fast alle jene Persönlichkeiten an, die später in Italien zu Ruhm und Ansehen kamen, wenn auch in ganz verschiedenen Richtungen. Unter anderen nahmen an dieser Bewegung teil — oder we-

---

[2]) *Pio Foà.* Sull'igiene fisica e morale della gioventù. Roma, Casa Ed. Leonardo da Vinci 1922, Nr. 4 der „Società e Sesso-Publicazioni della Società italiana per le studio della questioni sessuali". Aus den Veröffentlichungen dieser Reihe sind zu nennen: Nr. 1 *H. Ellis,* La scopo dell'eugenica; Nr. 2 *V. Montesano,* La lotta sociale contro le malattie veneree; Nr. 3 *G. Marafioti,* La questione sessuale esposta ai maestri; Nr. 5 *M. Hirsch,* Chi debbo sposare? Consigli di un medico: Nr. 6 *V. Signorile,* Il problema dell'educazione sessuale.

nigstens ließen ihre Arbeiten bei der „Voce" veröffentlichen — Schriftsteller wie *Papini* und *Soffici, Gentile* und *Amendola, Croce* und *Salvemini*. Sogar *Benito Mussolini* gab bei der „Voce" eine Broschüre über „Il Trentino visto da un italiano" heraus. Es ist nicht gewagt zu behaupten, daß die „Voce" die geistige Walstatt des neuen Italien gewesen ist. Leiter des Unternehmens und Herausgeber der Wochenschrift „La Voce" war *Giuseppe Prezzolini,* ein Autodidakt und unermüdlicher Arbeiter, der auf eine weitausholende kritisch-politische Tätigkeit zurückblicken kann.

Es schien den Leitern der Bewegung die richtige Zeit gekommen, um eine Zusammenkunft anzusagen, in welcher die Probleme erörtert werden sollten, die nun schon die Aufmerksamkeit weiter Kreise in Anspruch nahmen, und der Kongreß fand im November 1910 statt. Der Kongreßbericht wurde zusammen mit anderen Beiträgen als besonderes Bändchen von der „Voce" heraugegeben [3]) und aus dieser Veröffentlichung kann man die Mannigfaltigkeit der behandelten Themen ersehen. Dieser Voce-Kongress ist also die erste Zusammenkunft, in der die Sexuologie in Italien sich in ihrer vollen praktischen Entfaltung zeigt. Es wurde u. a. behandelt: die sexuelle Aufklärung (*Foà, Majno, Borri, Prezzolini, Calabrese, Orano, Michels, Casalini),* die sexuelle Doppelmoral, *(Chiadini),* der Neomalthusianismus (*Bossi, Resinelli, Prezzolini, Berta, Lerda, Di Vestea, Martire, Pastorello, Majno, Salvemini),* die gemeinsame Erziehung von Knaben und Mädchen in den Schulen (*Guidi*), die sexuelle Ethik (*Michels*), das kirchliche Zölibat (*Avolio, Donati, Minocchi, Prezzolini, Salvemini*), der Freudismus (*Assagioli*). Die verschiedenen Probleme wurden von gegensätzlichem Standpunkt aus behandelt, und manchmal entstand auch dadurch Verwirrung; besonders lebhaft entwickelte sich die Diskussion über den Neomalthusianismus. Auch die politischen und religiösen Tendenzen (Katholizismus, Sozialismus, Syndikalismus, Antiklerikalismus usw.) übten auf die einzelnen Redner einen nicht unbeträchtlichen Einfluß aus. Jedenfalls bewies der Kongreß — wie der Präsident desselben, Prof. *Borri,* in der Schlußsitzung bemerkte, daß „trotz der Skeptiker, der Leisetreter und der Übermenschen dieses Problem nun offensichtlich zur öffentlichen Diskussion herangereift war. Die pessimistischen Voraussichten *Prezzolinis* bewahrheiteten sich nicht. Die Presse interessierte sich lebhaft dafür. Ein günstiges Zeichen war die rege Teilnahme der Damen. Es wurde sicher oft vom Thema abgeschweift, es traten tendenziöse Strömungen hervor, doch neutralisierten sich diese gegenseitig. Der Kongreß war nur eine Einleitung. Nun muß man das Werk vollenden und zur Tat übergehen".

Diese Einleitung blieb leider lange auf sich selbst beruhen. Der Ausbruch des Weltkrieges, die seelische Spannung, die dadurch hervorgerufen wurde, das Vorwiegen von wichtigeren Aktualitätsproblemen, die drängenden militärischen oder zivilen Beschäftigungen von vielen, die sich mit der sexuellen Frage beschäftigten, ließen scheinbar

[3]) La Questione sessuale. Un op. — 16⁰, p. 78. Firenze, 1915.

das Interesse für jene Probleme zurücktreten, die schon einer hervorragenden Schar von gebildeten Italienern klar ins Bewußtsein getreten waren. Aber mit dem Kriegsende kamen diese Probleme wieder ans Tageslicht, und einige davon auf ganz unaufschiebbare Art, besonders in Hinsicht auf ihre sozialen Folgen, wie z. B. die ungeheure Verbreitung der Geschlechtskrankheiten, die moralische Wirrnis nach dem Kriege, das Auftauchen im sozialen und politischen Leben der neuen Reichen, die den Platz der früheren, nun verarmten Herrschaftsklassen einnahmen.

Eine unter den lebhaftesten und manchmal auch turbulenten Gruppen war jene der Frauen in ihren verschiedenen Organisationen. Den größten Lärm schlug eine abolitionistische Gruppe, welche noch einmal das Problem des Verhaltens der Staatsgewalt gegenüber den Prostituierten in die Öffentlichkeit brachte. Es wurden Zusammenkünfte und Kongresse abgehalten, unter diesen ein internationaler Kongreß. Die Frauenbewegung förderte auch den Erfolg einer wichtigen Zusammenkunft, die schon im Jahre 1914 hätte stattfinden müssen und nun in den Monaten Oktober-November 1923 in Mailand tagte [4]). Die geistige Leitung lag in den Händen der Frau *Ersilia Majno,* eine um den sozialen Aufschwung wohlverdiente Persönlichkeit. Das dort behandelte Hauptthema war „Der Frauen- und Kinderhandel", worüber Prof. *Porro* und Frau *Majno* Vorträge hielten, während der Abgeordnete *Cavazzoni* sich mit der diesbezüglichen internationalen Gesetzgebung beschäftigte. Der Abgeordnete *Belotti* sprach über das italienische Sittengesetz, die Abgeordneten *A. Babrini* und *St. Jacini* über die Frauen- und Kinderarbeit, Frau Prof. *F. Dalmazzo* über die Frau in der Sittenpolizei, Frau Prof. *A. Borrino* über den Schutz der Kinder und der Mütter, Prof. *Vincenzo Montesano* über Abolitionismus und Reglementierung der Prostitution, und Prof. *Ettore Levi* über die sexuelle Aufklärung. Lebhaft und wichtig gestaltete sich die darauffolgende Diskussion.

Mit strenger wissenschaftlicher Zielsetzung entstand 1920 die „Società italiana di genetica e di eugenica", zu Anfang vom bekannten römischen Gynäkologen Prof. *E. Pestalozza* geleitet, später vom verdienten Nationalökonomen Prof. *Achille Loria,* und gegenwärtig vom Statistiker Prof. *Corrado Gini.* Wichtige Zeugnisse ihrer Tätigkeit hat diese Vereinigung bisher nicht geliefert: jedenfalls aber gereicht ihr der im Jahre 1924 in Mailand einberufene nationale Kongreß über Eugenetik zur Ehre. Prof. *Gini* ist aber bestrebt, diese Gesellschaft immer mehr zu fördern, und den innigen Zusammenhang mit den anderen schon bestehenden Organisationen zu bewahren.

Probleme, die der Sexuologie angehören, sind auch von anderen Gesellschaften behandelt worden, so z. B. über die Frage der Prostitution und der Geschlechtskrankheiten von der „Associazione profes-

[4]) Ein Bericht des Kongresses ist enthalten in den Atti del III. Convegno nazionale contro la tratta delle donne e dei fanciulli, Milano, 29. ottobre — 1. November 1923. Ein Band — 8°, p. 192, Milano, 1924. — Die ersten zwei Kongresse wurden am 14. Mai 1904 in Rom und vom 29.—30. Mai in Mailand abgehalten.

sionale de medici specialisti di dermatologia e sifilografia", von der „Società italiana di dermatologia e sifilografia", und letzens von der „Lega italiana còntro il pericolo venereo", die 1924 besonders durch die Bemühungen Prof. *Montesanos* begründet wurde. Aber man kann im allgemeinen sagen, daß alle wichtigen Forschungen und Bestrebungen auf dem Gebiete sowohl der praktischen als der theoretischen Sexuologie sich um die im Januar 1921 begründete „Rassegna di Studi sessuali" (die später, im Jahre 1924, den Namen „Rassegna di studi sessuali e di eugenica" annahm, nämlich als sie auch das offizielle Organ der „Società Italiana di genetica e di eugenica" wurde) und um die „Società Italiana per lo studio della questioni sessuali", im Oktober desselben Jahres 1921 begründet, gruppiert haben.

Die „Rassegna di studi sessuali" wurde, wie gesagt, 1921 von mir begründet, und zwar als jeden zweiten Monat erscheinende Publikation. So blieb sie bis zum Jahre 1924, und nach einem Versuch im Jahre 1925, sie als Monatsschrift erscheinen zu lassen, kommt sie jetzt viermal im Jahre heraus, in Form von größeren Heften, die lange Originalarbeiten aufnehmen können, sowie eine ausgearbeitete Bibliographie und einen Nachrichtenteil. Die „Rassegna" knüpft sich direkt an die erwähnten, vor einem Jahrzehnt stattgefundenen Versuche der „Voce" an, und erschien gleich nicht als Ausdruck einer besonderen Schule oder Richtung, sondern als ein Organ, welches in sich alle die verschiedenen Bewegungen und Richtungen vereinigen, all die verschiedenen Tendenzen ohne Exklusivität aufnehmen und zur Diskussion stellen, und, wo es möglich war, die Bestrebungen und die Arbeit einheitlich gestalten wollte. Alle jene, die sich ein ähnliches Unternehmen vorsetzten, haben es auch erfahren, daß es nicht leicht ist, eine genügende Realisierung zu erreichen, weil die kleinen Einzelunternehmen alle das Bestreben haben, sich selbständig zu behaupten und die anderen auszuschalten, obwohl dies zum allgemeinen Schaden gereicht, weil die Schwäche aller nichts anderes erzielt, als die Gefährdung des Ganzen. Trotzdem hatte die „Rassegna" glänzende Erfolge zu verzeichnen, weil sie schon von Beginn ab die Aufmerksamkeit der italienischen Leserwelt auf sich zog und bald deren Sympathien gewann. Und die reichhaltige Mitarbeit der namhaftesten Forscher und Praktiker ist der beste Beweis des gelungenen Unternehmens.

Schon mit der ersten Nummer schlug die „Rassegna" den vollen Themenakkord an, durch Erörterung der wichtigsten, sexuologischen Probleme. Aus dem ersten Beitrag von Prof. *Baglioni,* Rom geht schon die streng wissenschaftliche Methode des Forschers und zugleich die Wesenseinsicht des Künstlers hervor. Somit waren die Grenzen der „Rassegna" sehr weit gezogen; sie umfaßte, in wichtigen Originalbeiträgen, das Gesamtgebiet der Sexuologie, und es gab kein wichtiges Tagesproblem, worüber nicht leitende Persönlichkeiten Stellung genommen hätten.

In der Berichterstattung wurden natürlich nicht nur die italienischen Verhältnisse ins Auge gefaßt, sondern auch die ausländische Forschung und Bewegung kamen in ihren vornehmsten Vertretern zum Ausdruck. Ganz besonders eindringlich wurde die deutsche Sexuologie behandelt, als Wissenschaft, die in allen Ländern bahnbrechend gewirkt hat. So erscheint die „Rassegna“ in ihrem Gesamtbild als die übernationale Tribüne unserer jungen und doch schon so erfahrungsreichen Wissenschaft.

Neben ihrer publizistischen Funktion als Zeitschrift hat die „Rassegna“ auch dahin gewirkt, daß sich die „Società italiana per lo studio delle questioni sessuali“ konstituieren konnte. Der Erfolg der „Rassegna“ ermutigte mich also, besagte Gesellschaft ins Leben zu rufen. Es nahmen gleich daran teil hochverdiente Forscher wie *Silvestro Baglioni, Pio Foà, Guglielmo Bilancioni. Vincenzo Montesano, Clelia Lollini, Carlo Gallia, Giovanni Regard* und später noch viele andere. Zu Beginn wurde auch eine wichtige Aufklärungsarbeit von Studenten der Medizin vollbracht.

Die Gesellschaft gründet sich nicht nur auf direkte Mitgliedschaft, sondern auch auf Ortsgruppen, die im Lauf der Zeit entstanden und deren wichtigste jene von Roma, Napoli, Torino, Genova und Palermo sind. Diese Ortsgruppen vereinigen sich regelmäßig, wo sowohl wissenschaftliche Arbeiten eingereicht werden als einschlägige Tagesprobleme zur Diskussion gelangen, und zwar so, bis das Thema erschöpft ist: manchmal steht sogar dasselbe Thema ein ganzes Jahr auf der Tagesordnung. Die Referate werden dann in der „Rassegna“ abgedruckt. Überdies wird jährlich ein nationaler Kongreß von der Gesellschaft angesagt. Bis jetzt sind mit wachsendem Erfolg drei davon gehalten worden, und zwar in Catania, Napoli und Torino.

Es ist klar, daß die, von der „Rassegna“ und der „Società“ angebahnte Bewegung auf die sonstige Produktion im Gebiete der Sexuologie den größten Einfluß ausgeübt hat, und dies sowohl in der Spezialforschung, als in den einheitlichen Ergebnissen. Es ist mir hier natürlich nicht möglich, die wichtigen Originalstudien auf diesem Gebiete auch nur zu erwähnen. Ich kann im Rahmen dieses Vortrags nur flüchtig einige Namen und Werke zitieren, wie die ergiebigen anatomischen und physiologischen Arbeiten von *Amantea,* die im Laboratorium von *Baglioni* angefangen wurden; die höchst anregenden Studien von *Dorello* über die Schnecken [5]); die folkloristischen und ethnographischen Aufschlüsse über das Sexualleben in Italien von *Corso* [6]) die psychologischen, psychiatrischen und psychoanalytischen Forschungen von *Morselli, Leonardo Bianchi* und *Levi Bianchini;* Die Arbeiten über forensische Medizin von *Pellegrini, Viglino* und *Dalla Volta* [7]); die Diskussionen über das Verhältnis von Staat und Prostitution, über die Prophylaxe der Geschlechtskrankheiten und über Bevölkerungspolitik von *Montesano, Capasso, Piccardi, De Napoli* usw.; die Betrachtungen von *Vidoni* über die Verbrechen der Minderjähri-

---

[5]) Eine zusammenfassende Arbeit bietet sein hoch anregendes Buch *Primo Dorello,* La vita sessuale delle chiocciole. Roma 1924. Ein Band 8°, p. 186 mit 18 Tafeln.

[6]) Von *Corso,* der jetzt eine selbständige Zeitschrift „Folklore“ leitet, will ich noch eine Arbeit erwähnen, die in deutschem Lande und in deutscher Sprache erschien: *Raffaele Corso,* Das Geschlechtsleben in Sitte, Brauch, Glauben und Gewohnheitsrecht des italienischen Volkes, 1914.

[7]) Ich möchte hier nur zitieren: *Amedeo Dalla Volta,* I fondamenti biologici della prostituzione. Ein Band — 8°, p. XII, 204, Roma 1924.

gen [8]); die Schriften über sexuelle Aufklärung von *Peter Gemelli,* dem bekannten Rektor der katholischen Universität zu Mailand und zum Schluß das umfassende, neu erschienene Werk von *Mariani* über die sexuelle Frage [9]).

Auf diese Weise hat Italien, obwohl es ziemlich spät das Gebiet der Sexuologie betrat, in wenigen Jahren seine Zeitschrift, seine Studiengesellschaft und seine eigenen Buchpublikationen errungen, und es ist seinen Forschern gelungen, sich im internationalen Wettbewerb dieser Wissenschaft jene Position zu sichern, die ihnen gerechterweise zukamen.

Zum Schluß muß noch erwähnt werden, daß die neue italienische Regierung sich angelegentlich jenes Problems annimmt, das von den bisherigen Regierungen beinahe gänzlich vernachlässigt worden war. Die neue Regierung fördert vor allem die sexuelle Aufklärung, und wird in diesem Bestreben auch von den Kommunalbehörden unterstützt. Wichtig erscheinen in diesem Zusammenhang die Vorträge, welche den Soldaten und jene, welche mit Benutzung von kinematographischen Vorführungen in den verschiedenen Bezirken der Stadt auf Veranlassung der Statthalterschaft von Rom gehalten werden. Die Regierung zieht das Problem der Prostitution mit gründlichem Ernst in Betracht und hat schon eine neue Verordnung erlassen, die gute Resultate gezeitigt hat und gegenwärtig auf Grund der Erfahrung leicht umgeformt wird, um noch bessere Ergebnisse zu erzielen. Ein energischer Kampf wurde von der „Direzione generale della Sanità" gegen die Geschlechtskrankheiten aufgenommen. Die Staatsgewalt nimmt sich auch der Bevölkerungspolitik an, indem es vom Standpunkt ausgeht, daß die demographische Vermehrung Italiens eine unabwendbare Notwendigkeit sei, die der Nation zu Gute kommt. Aus diesem und noch anderen Gründen wird von der Regierung die Fruchtabtreibung und der Neomalthusianismus streng verpönt. Damit aber hört die Regierungsaktion nicht auf, weil auch noch viele andere Probleme staatlicherseits untersucht, und ihrer Lösung mit jener Energie und Zielsicherheit entgegengeführt werden, die für das neue Regime charakteristisch sind. Es freut mich, konstatieren zu dürfen, daß, wie immer man auch diese Aktion werten möge, unsere Regierung jene Probleme aufgegriffen hat, die uns hier beschäftigen, und sie so verwertet, wie die nationale Notwendigkeit es erheischt.

Ich bin zum Schlusse meiner kurzen Besprechung über den gegenwärtigen Stand der Sexualforschung in Italien angelangt, und hoffe, bewiesen zu haben, wenn auch in ungenügendem Umfang, daß diese Disziplin das Objekt ernstlicher Bemühungen in Italien bildet, und schon fruchtbar wirkt in den wissenschaftlichen Studien, in der praktischen Aktion und im Werk der Regierung.

8) Erwähnt sei hier nur *Giuseppe Vidoni*. La delinquenza dei minorenni. Ein Band — 8⁰, 124 Seiten, Roma 1924.

9) *Giuseppe Mariani*, La questione sessuale. Fisiopatologia sociologia e legislazione sessuale. Ein Band — 8⁰, p. VIII, 458, Milano 1926. — [Im Frühling 1927 ist noch ein umfassendes Werk von *Ferd. Di Napoli*, Amore e sesso erschienen (Torino, Bocca), das in glänzender Weise das ganze Gebiet der Sexuologie behandelt.

Strafbare Sexualhandlungen an und von den Jugendlichen.

Von *E. v. Pokrziwnitzki*

Kriminaloberkommissar beim Polizeipräsidium der Freien Stadt Danzig.

Wenn ich den Vorzug habe, hier über das Thema: „Strafbare Sexualhandlungen an und von Jugendlichen“ zu referieren, so kann es sich m. E. nur darum handeln, solche aneinandergereihten Einzelfälle aus der kriminalistischen Ermittelungspraxis der Freien Stadt Danzig zu erörtern, die sich entweder durch außergewöhnliche Tatbestände, durch eine komplizierte Rechtslage oder durch die Eigenart der beteiligten Täter bezw. Opfer als Persönlichkeit abzeichnen. Wenn ich hierbei mir einen Hinweis auf die geographische und wirtschaftspolitische Lage meiner Heimat, insbesondere aber auf ihre Bedeutung als Hafenstadt im Überseeverkehr gestatte, so tue ich dieses lediglich im Hinblick darauf, daß diese Umstände auf die Vorkommnisse, die ich hier zu behandeln beabsichtige, nicht ohne Einfluß gewesen sind.

Und nun zum Thema selbst:

Strafbare Sexualhandlungen an und von Jugendlichen sind erfahrungsgemäß leider weit häufiger zu beobachten, als man in Laienkreisen anzunehmen geneigt ist. Die Zahl der Jugendschänder — sowohl Männer wie Frauen —, denen Schüler und Schülerinnen unter 14 Jahren die willkommensten Objekte sind, ist nicht klein. Sie sind in allen Gesellschaftskreisen zu finden und gehören allen Altersklassen an. Bei diesen Delikten spielt Temperatur und Jahreszeit eine nicht unwesentliche Rolle. Im Sommer sind die Kinderschändungen weit häufiger als im Winter. Das unbeaufsichtigte Spielen der Kinder auf den Straßen und in den Anlagen, besonders nach Eintritt der Dunkelheit bringt sie in große Gefahr. Der „nette alte Herr“, der dem Spiel von der nahen Bank längere Zeit und scheinbar mit Interesse zugeschaut hat, nähert sich dem Kinde, lockt es an sich durch Süßigkeiten, kleine Geldgeschenke oder schickt es mit irgend einem kleinen Auftrage fort. Er folgt ihm in einiger Entfernung, um sich schließlich an ihm im Hausflur oder im Keller oder gar in seiner eigenen Wohnung zu vergreifen. Weniger gefährlich ist das Treiben der sogenannten „Voyeurs“, die auf den Spielplätzen auf einer Bank sitzend stark interessiert ihre Zeitung lesen, tatsächlich aber über diese hinweg oder durch ein Loch, das sie in die Zeitung gerissen haben, die spielenden Kinder beobachten, um eine nackte Körperstelle oder die schlecht verhüllten Geschlechtsteile mit den Augen zu erhaschen. Ist ihnen dieses gelungen, so geben sie sich mit diesem Erfolge zufrieden. Die Arten, auf die Kinder verführt werden, sind außerordentlich verschieden. Bemerkenswert ist, daß die Kinder nicht immer schuldlos an dem Verbrechen sind und aus sich heraus den Wunsch äußern, den

Verkehr fortzusetzen. Wohl deshalb kommt es nur zu häufig vor, daß der sträfliche Verkehr monatelang andauert und daß die Aufdeckung solcher bedauerlicher Vorkommnisse nur reinen Zufälligkeiten zuzuschreiben ist.

Wenn vielseitig angenommen wird, daß schon bei 7jährigen Mädchen die Geschlechtsreife eingetreten sein kann, so möchte ich auf Grund der gemachten Beobachtungen dem entgegenhalten, daß in den Fällen, die ich zu bearbeiten hatte, nur rein erotische Momente bei den Mädchen bestimmend gewesen sind. Wiederholt konnte ich bei der Vernehmung des geschändeten Mädchens die Bemerkung von diesem entgegennehmen, daß das häufige Betasten der Geschlechtsteile ihm Spaß bereitet habe. So hat u. a. einem 12jährigen Mädchen, das aus guter Familie stammte, das Treiben eines Exhibitionisten Neugier erweckt. Daneben dürfte sich in dem Mädchen das Gefühl der Lüsternheit geregt haben, aus dem heraus es die Handlungen des Täters betrachtete, ohne aber geschlechtliche Reize empfunden zu haben. Der Exhibitionist erwartete das Mädchen, das um eine bestimmte Stunde vom Klavierunterricht heimkehrte, fast allabendlich am Eingang des Hauses und exhibitionierte in deren Gegenwart mit anschließender Masturbation bis zum Samenerguß. Erst nach mehreren Wochen wurde dem Treiben jenes Mannes durch das zufällige Hinzukommen der Mutter des Mädchens ein Ende bereitet und der Täter der Polizei übergeben. Es handelt sich um einen 43 Jahre alten Arbeiter, der verheiratet und Vater von 3 Kindern ist. Der Strafbarkeit seiner Handlungsweise ist er sich durchaus bewußt gewesen. „Ich kann" — so erklärte er — „nichts dafür, denn es kommt mir zeitweise so an, daß, wenn ich Frauen oder Mädchen sehe, ich meinen Geschlechtsteil zeigen muß; besonders kleinen Mädchen mit kurzen Röcken und nackten Beinen." Die Schuld liegt in diesem Falle nicht allein auf Seiten des Schänders. Hier ging der Reiz von dem körperlich stark entwickelten Mädchen aus, das Röcke getragen hat, die knapp den halben Oberschenkel bedeckten. Der Mann wurde nach Klärung des Sachverhalts entlassen, doch schon einige Wochen später wieder beim Exhibitionieren betroffen. In diesem Falle hat er sogar versucht, 6—8jährige Schülerinnen dazu zu bewegen, daß sie sein entblößtes Glied anfassen und daran „lutschen" sollten. Z. Zt. verbüßt der Mann eine 6monatige Gefängnisstrafe. — Anstelle der Strafhaft erscheint mir in diesem Falle eine ärztliche Zwangsbehandlung zweckmäßig, weil die erlittene Strafe den Mann keineswegs vor weiteren gleichen oder verwandten Handlungen abhalten, vielmehr ihn für die Folge zur Beobachtung größerer Vorsicht anreizen wird.

Zu bemerken wäre noch, daß der Drang zum Exhibitionieren auch bei diesem Individuum nur periodisch auftrat, daß er in der Zwischenzeit mit seiner Ehefrau normalen Geschlechtsverkehr ausübte.

In den beiden folgenden Fällen hat die mangelhafte elterliche Aufsicht in Verbindung mit dem kindlichen Drang zum Herumtreiben zu schweren an ihren Kindern begangenen Sittlichkeitsdelikten geführt.

Ein Kutscher, dessen Bruder wegen vollendeten Sittlichkeitsverbrechens an einer Jugendlichen mit 6 Jahren Zuchthaus bestraft ist, war im Monat Februar bei einem Kaufmann in Stellung. In dieser

Eigenschaft hatte er öfters an bestimmte Kunden Waren zu verfahren. Er lernte hierbei die 11jährige Tochter eines solchen Kunden und deren 2 gleichaltrige Freundinnen kennen. Bald hatte er verstanden, diese 3 Mädchen an sich zu locken und sie zur Duldung unsittlicher Handlungen zu bestimmen. Er hat diese in der Weise vorgenommen, daß er die Mädchen nacheinander im Stall auf einen Heuhaufen legte, ihren Geschlechtsteil entblößen ließ und sich auf sie legte, seinen Geschlechtsteil an den ihren heranführte und beischlafähnliche Bewegungen machte bis Samenerguß eintrat. Hierfür gab er den Mädchen jedesmal Geschenke von 50 Pfg. bis zu 1 G. Er hat mit jedem der drei Mädchen etwa 5mal solche Handlungen getätigt. Er ist damals 16 Jahre alt gewesen und hat ohne Zweifel die zur Erkenntnis der Strafbarkeit erforderliche Einsicht besessen. Während er mit einem Mädchen die unzüchtigen Handlungen im Stall vornahm, haben die anderen beiden Mädchen vor dem Stall „Schmiere" gestanden, um so ein Überraschtwerden zu vermeiden. Daher ist ihm auch vor Gericht geglaubt worden, daß sämtliche 3 Mädchen unter dem Einfluß schlechter Erziehung und mangelhafter Beaufsichtigung seitens der Eltern, jedes natürliche Schamgefühl zu vergessen allzu leicht geneigt gewesen sind und ihn vielleicht nicht gerade zu den Handlungen verleitet haben, aber seiner Lüsternheit bereitwilligst entgegengekommen sind. Dabei sind die verletzten Mädchen Schülerinnen der IV. Klasse eines Lyceums gewesen. Von einer solchen Schülerin hätte man annehmen müssen, daß sie das nötige Urteilsvermögen besitzt, um die Grenze ihres Umgangskreises bestimmen zu können. Deswegen hat das Gericht ihm bei der Verurteilung mildernde Umstände nicht versagt und ihn zu 5 Monaten Gefängnis verurteilt. Das geringe Strafmaß ist nicht zuletzt darauf zurückzuführen, daß der Vater des Täters Gewohnheitstrinker war und daher auch zweifellos eine erbliche Belastung vorlag.

Den freiwillig gestatteten Geschlechtsverkehr stellte eine 13jährige Schülerin in Abrede, in der Absicht, sowohl sich selbst als auch einem Schauspieler, den sie vergötterte, Unannehmlichkeiten zu ersparen. Eines Tages bemerkte die Mutter des Mädchens an der Wäsche ihrer Tochter Hedwig Blutflecke. Hierüber zur Rede gestellt, erzählte Hedwig, daß sie am vorangegangenen Tage in einem Konzertgarten von einem unbekannten Manne vergewaltigt worden sei. Sie sei bis 10 Uhr abends mit ihrer Freundin in dem Konzertgarten zusammen gewesen; während ihre Freundin um diese Zeit den Abort aufsuchte, sei sie von einem Konzertbesucher angesprochen worden und sei dem unbekannten Manne wider ihren Willen gefolgt, wie von einem unsichtbaren Zwange geleitet. Im Gebüsch habe der Mann ihr mit einer Hand die Röcke hochgehoben und mit der anderen Hand sein Glied in ihre Scheide eingeführt. Darauf habe er sie mit beiden Armen umfaßt und an sich gedrückt. Es sei bei dem Manne zum Samenerguß gekommen. Schmerzen will die Geschändete nicht erlitten haben. Sie habe dann später ihre Freundin wieder getroffen, dieser aber aus Scham von dem Vorfall nichts erzählt. Die polizeilichen Nachforschungen ergaben aber, daß die Hedwig nicht von einem Fremden vergewaltigt worden sei, sondern, daß sie sich einem in dem fraglichen Konzertgarten beschäftigt gewesenen Schauspieler freiwillig hingegeben habe. Als ihr nun vorgehalten wurde, daß sie den Vorfall mit dem Fremden nur erfunden habe, um den Schauspieler zu schützen, bejahte sie dieses mit dem Hinzufügen, daß sie sich ihm aus „Liebe" hingegeben habe. Das Mädchen war kräftig, groß, war intelligent und sexuell aufgeklärt, neigte aber zur Lüge. Die strafrechtliche Verfolgung des Schauspielers mußte infolge seiner Abwesenheit eingestellt werden.

Nicht mit Unrecht wird man hier die Frage aufwerfen: „Wie es denn möglich sei, daß die Kinder so tief sinken können?" Mangelhafte Aufsicht seitens der Eltern und Erzieher, die Vorliebe für Näschereien und Putz der kleinen Mädchen und nicht zuletzt die auf der Straße empfangenen Eindrücke läßt das Kind nur zu leicht, den Unterschied zwischen Gut und Böse vergessen.

An einem Sommernachmittag wurden in dem Ostseebade Zoppot, einem Vorort von Danzig, zwei auf dem Wege zur Schule befindliche Mädchen, beide 13 Jahre alt, körperlich stark entwickelt und sexualreif, von einem besser gekleideten Manne angesprochen. Der Fremde, den wir D. nennen wollen, fragte das größere der beiden Mädchen, ob sie sich durch einen Botengang etwas verdienen wolle. Die Angesprochene verneinte dieses mit dem Bemerken, daß sie zur Schule müsse. Dem D. muß dadurch zum Bewußtsein gekommen sein, daß das angesprochene Mädchen unter 14 Jahre alt war. D. entfernte sich hierauf. Als die Mädchen um 4 Uhr die Schule verlassen hatten, trafen sie 10 Minuten später den D. wieder auf ihrem Nachhausewege mit einem kleinen Paket in der Hand. Erneut trat er an die beiden Mädchen heran und bat die Frieda M. mit ihm zu kommen, um ihm ein Paket abzuholen, wofür er ihr außer Wäschestücken einen Gulden versprach. Dem anderen Mädchen gab er einen anderen Auftrag. Die Frieda M. folgte in ihrer unschuldvollen Vertrauensseligkeit dem ihr vollständig fremden D. in den nahe gelegenen Wald bis zu einer hoch gelegenen Stelle, von der man alle Spazierwege zwar übersehen, aber selbst nicht wahrgenommen werden konnte. Hier warf D. die M. mit beiden Händen auf die Erde. Als sie laut zu schreien anfing, hielt D. ihr den Mund zu. Er öffnete nun das Paket und brachte den Inhalt desselben mit dem inzwischen entblösten Gliede in Berührung, so daß es steif wurde, was die am Boden liegende M. gesehen haben will. Zweifellos ist der Fetisch für den Täter das Symbol der Frau gewesen. Nunmehr legte sich D., nachdem er dem Mädchen mit Gewalt das Beinkleid an einem Bein heruntergerissen hatte, auf die M. und führte sein Glied in die Scheide des Mädchens ein. Die M. weinte zunächst, weil sie Schmerzen hatte, die aber später — nach ihrer Angabe — durch ein wollüstiges Gefühl abgelöst wurden, insbesondere in dem Augenblick, als die M. merkte, daß es in ihrem Geschlechtsteil naß wurde. Nachdem der Täter von der M. abgelassen hatte, schenkte er ihr das Paket, das er bei sich getragen hatte. Es enthielt ein Damenhemd, ein Damenbeinkleid, einen Unterrock und ein Paar Damenstrümpfe. Dann haben beide gleichzeitig den Rückweg angetreten. Merkwürdigerweise hat sich der Täter unmittelbar nach der Tat des Fetisches entledigt, eine Erscheinung, die bisher nicht beobachtet worden ist — oder doch nur höchst selten — und die Veranlassung gibt ihr gründlich nachzugehen.

Zwischen 6 und $^1/_2$7 Uhr ungefähr traf die M. mit ihrer Schwester zusammen und erzählte dieser sehr aufgeregt den ganzen Vorfall, worauf beide gleich bei der Polizei Anzeige erstatteten, wobei die Verletzte derart genaue und zuverlässige Angaben über den Täter machte, daß er etwa $^1/_2$ Stunde später festgenommen werden konnte.

Der Täter war z. Zt. der Tat 37 Jahre alt, von kräftigem Körperbau und erst seit 4 Wochen verheiratet. Nach Angaben seiner erst 21 Jahre alten Ehefrau war der eheliche Geschlechtsverkehr durchaus normal und die Ehe glücklich, obgleich der Täter zum Trunke neigte. Andere Eigenarten sind bei ihm nicht beobachtet worden, als daß seine weichlichen Gesichtszüge auf Mangel an Energie und Selbstbeherrschung schließen ließen. Dagegen war sein Vorleben, das erst durch diese Straftat erschöpfend aufgeklärt wurde, schlecht. Seit dem 18. Lebensjahre ist er 10mal vorbestraft worden, hauptsächlich wegen Körperverletzung und einmal auch wegen Sittlichkeitsverbrechen aus § 176, 3 und zwar 10 Jahre vorher. Auch jene Tat ist unter den gleichen Verhältnissen verübt worden wie der jetzt besprochene Fall. Auch damals hatte der Beschuldigte eine Schülerin in den Wald gelockt und ihr als Entlohnung ebenfalls ein Paket mit Damenwäsche gegeben. Leider konnte nicht festgestellt werden, ob er auch damals den Inhalt des Paketes als Fetisch für seine sexuelle Erregung benutzt hat.

Über die geschändete Schülerin ist nur günstiges zu berichten. Als willig, fleißig und wahrheitsliebend, von leichter Auffassung und aufnahmefähig wurde sie von ihrem Klassenlehrer charakterisiert. Hierauf läßt sich wohl auch die scharfe Beobachtungsgabe herleiten, die es ihr ermöglichte, eine Menge von Merkmalen an dem Täter festzustellen. So hat sie u. a. beobachtet, daß dem Täter am Hosenschlitz ein Knopf fehlte, daß dessen Taschenuhr am Zifferblatt in der Nähe der Stundenzahl 2 eine „erbsengroße" Abspaltung aufwies, daß die Haare des Täters an den Schläfen grau waren und daß schließlich auf der linken Oberlippe zwischen den dichten rotblonden Schnurrbarthaaren eine kleine rote Warze zu sehen war. Deshalb ist für den Laien das Benehmen schwer zu begreifen. Nicht mit Unrecht fragt man sich, wie es denn möglich war, daß ein so intelligentes Mädchen einem fremden Manne in so hemmungsloser Weise in den Wald hat folgen können. Möglicherweise hat hier die Aussicht auf Belohnung oder Neugierde — oder beides — jede Hemmung ausgeschaltet. Das Verhalten der Geschändeten *während* des Geschlechtsaktes ist wohl auf das Erwachen sexueller Regungen zurückzuführen.

Das Sexualdelikt der Blutschande mit minderjährigen Mädchen ist nichts seltenes. Kräftige Beeinflussung durch den Verführer, bisweilen auch Zwang und nicht zuletzt der Tiefstand sittlicher Auffassung erleichtern solche Taten. Eines solchen Falles sei hier Erwähnung getan, der dadurch eine besondere Note erhält, daß der bestialische Vater seine 12jährige Tochter durch Drohungen und Schläge gezwungen hat, sich ihm hinzugeben, nachdem er die Scheide des Kindes mit einer Mohrrübe bzw. dem hölzernen Stiel eines Kochlöffels so erweitert hat, daß er beim Beischlaf sein Glied in die Scheide des Mädchens unbehindert hat tief einführen können. Die Bekundungen des geschändeten Mädchens, die der polizeilichen Nachprüfung in jeder Weise standhielten, erscheinen wert, hier wörtlich wiedergegeben zu werden. Sie sagte hierüber folgendes: „Im Oktober 1924 fragte mich mein Vater, ob ich schon etwas vom Geschlechtsverkehr wüßte. Als ich diese Frage verneinte, stellte sich mein Vater vor mich hin, entblößte seinen Geschlechtsteil, zeigte mir diesen und faßte mir dann unter die Röcke. Im Januar 1925, als wir beide allein in der Wohnung waren, mußte ich mich auf Geheiß meines Vaters rücklings auf das Bett legen. Er zog mir dann die Hosen aus, nahm meine Beine auseinander und steckte eine Mohrrübe in meinen Geschlechtsteil. Die Mohrrübe hat er dann eine Zeit lang hin und her bewegt. Er sagte dabei zu mir, daß die Mohrrübe solange hin und her bewegt werden müsse, bis sie ganz hineinginge. Am nächsten Tage wiederholte mein Vater diese Tätigkeit, aber mit dem Stiel eines hölzernen Kochlöffels, den er vorher etwas verkürzt hatte. Dieser Kochlöffel befindet sich noch heute in unserem Haushalt."

„Nach diesen beiden Handlungen hat mein Vater mich vorgenommen, so oft er Gelegenheit hatte, d. h. so oft wir allein in unserer Wohnung waren. Als mein Vater das erste Mal seinen Geschlechtsteil in meine Scheide einführte, verspürte ich starke Schmerzen. Es ist jedesmal bei ihm zum Samenerguß gekommen, denn ich bin dabei zwischen den Oberschenkeln naß geworden. Am 19. Januar ds. Js. hat mein Vater mich zum letzten Mal gebraucht"

Diesem mag noch hinzugefügt werden, daß der Täter sich durch Geschlechtsverkehr mit der Nachbarsehefrau Gonorrhoe zugezogen und neben der eigenen Frau auch die geschändete Tochter infiziert hat.

Der Täter war z. Zt. der Tat 39 Jahre alt. Den Krieg hat er im Westen in vorderster Linie mitgemacht und ist dreimal verwundet worden und zwar durch Kopf-, Schulter- und Hodenschuß. Außerdem will er eine Schädelverletzung erlitten haben, die zeitweise starke sexuelle Erregbarkeit bei ihm auslöst. Infolge der Hodenschußverletzung ist er zeugungsunfähig geworden, dagegen ist eine Geschlechtstriebsteigerung wahrnehmbar in Erscheinung getreten.

Die geschändete Tochter machte gelegentlich der polizeilichen Erhebungen einen glaubwürdigen, bescheidenen Eindruck. Die Schulleiterin hat sich über Charakter und Leistungen des Mädchens dahin ausgelassen, daß sie wenig begabt ist und ihre Leistungen weniger denn mittelmäßig seien. Die Führung dagegen sei im allgemeinen gut und ihr Betragen den Lehrern gegenüber stets anständig und höflich gewesen.

Berechtigtes Aufsehen erregte der Tod des 13jährigen Schülers Hans St., der während der Nachhilfestunden von dem 20jährigen Kaufmann Hugo K. aus Fahrlässigkeit durch einen Revolverschuß tödlich verletzt wurde und ohne nähere Angaben über die Art des Unfalles machen zu können, verstorben ist.

Der Kaufmann Hugo K. erteilte dem Schüler Hans St. Nachhilfestunde in Französisch. Während der Lektion hantierte K. mit einem geladenen Trommelrevolver, so daß sich ein Schuß löste und den am Tisch sitzenden Schüler in die linke Halsseite traf, wodurch die Schlagader zerrissen wurde und den sofortigen Tod durch Verblutung herbeiführte. Der Kaufmann K. ist Führer des Vereins „Jungwandervogel" gewesen, dem auch der getötete Schüler als Mitglied angehörte. Auf den zahlreichen Wandertouren ist es bei mancherlei Gelegenheiten zwischen Hugo K. und den dem „Jungwandervogel" angehörenden Knaben zu sexuellen Ausschweifungen gekommen. Gelegentlich eines solchen Ausfluges war die Gruppe gezwungen, in einem Dorfe zu übernachten. Hierbei legte sich Hugo K. neben einen Schüler, an dem er, als er glaubte, daß alle schliefen, unzüchtige Handlungen vornahm. Er umarmte den Schüler mit einem Arm küßte ihn ab und betastete mit der anderen Hand die Oberschenkel und schließlich den Geschlechtsteil des Schülers, den er erfaßte und an ihm bis zum Samenerguß gerieben hat. Ähnliche Handlungen hat Hugo K. wiederholt auch an anderen Mitgliedern seiner Gruppe vorgenommen. In einem Falle hat er einen Schüler zur wechselseitigen Onanie gezwungen. Fast alle Mitglieder des Vereins erklärten, daß Hugo K. sehr leicht erregbar und daß es wiederholt vorgekommen sei, daß er aus der geringsten Ursache auf die Mitglieder eingeschlagen habe. In seiner höchsten Erregung habe dann Hugo K. seinen Revolver gezogen und mit diesem allerlei Unfug getrieben. Ja, er habe sogar einmal über die Gruppe hinweggeschossen, so daß das Geschoß etwa 50 cm vom Kopfe eines Schülers entfernt vorbeigeflogen sei.

Die polizeilichen Erhebungen hinsichtlich der fahrlässigen Tötung haben leider eine objektive Darstellung der Vorgänge bei dem Unglücksfall in der Wohnung des Schülers St. nicht ermöglicht, weil außer den beiden Beteiligten niemand in der Wohnung anwesend war. Immerhin sind die mit der Aufklärung dieses Falles betraut gewesenen Organe der Ansicht, daß möglicherweise auch den Tod des Schülers sadistische Motive veranlaßt haben können. Die Gerichtverhandlung, in welcher der Beschuldigte wegen fahrlässiger Körperverletzung mit Todeserfolg zu einem Jahr Gefängnis verurteilt worden ist, hat leider volle Klarheit in diesem Punkte nicht erbracht.

Ein Bild tiefster sittlicher Verkommenheit entrollte die am 27. 4. 26 vor der Strafkammer des Danziger Landgerichtes stattgefundene Verhandlung gegen den Tanzlehrer J. und Gen., das an den Unzuchtsverbrecher, Bankier August Sternberg lebhaft erinnert.

Der Humorist J. und die Tänzerin H., zwischen welchen seit einem Jahr ein Liebesverhältnis, verbunden mit Geschlechtsverkehr bestanden hat, hatten sich vor etwa 5 Jahren zu einer „Nr." vereinigt und traten gemeinsam auch in Danziger Kabaretts auf. Bald stellten sie sich eine Tanzgruppe aus 13—16jährigen unerfahrenen und unbescholtenen Mädchen zusammen, die sie durch Zeitungsinserate angeworben hatten. Schon in Berlin, ihrer Heimat haben sie mit solch einer zusammengestellten und selbst ausgebildeten Tanzgruppe Schaustellungen gegeben. Wie in der Hauptverhandlung aus den Akten des Polizeipräsidiums Berlin festgestellt wurde, haben sie das Deutsche Reich deshalb verlassen, weil ihnen in Berlin die Beschäftigung Minderjähriger wegen Unzuverlässigkeit verboten wurde. Sie hatten dort nämlich die Gewohnheit angenommen, sich als Tanzschülerinnen meldende Mädchen vor ihrer Aufnahme in der Weise körperlich zu untersuchen, daß diese sich vollständig nackt ausziehen mußten. Dieses Verfahren haben sie hier in Danzig mit den Mädchen, die sich um

Anstellung in ihrem Ballett bewarben, ebenfalls zur Anwendung gebracht. Die als Tanzschülerinnen sich meldenden Mädchen mußten sich, sofern sie über 14 Jahre alt waren, in Gegenwart des J. und der H., sowie einer Tanzschülerin nackt ausziehen und sich mit gespreizten Beinen quer über das Bett legen. J. faßte ihnen dann mit dem Bemerken: „Die Polizei hat mir das erlaubt" an den Geschlechtsteil, steckte ihnen auch den Finger in die Scheide.

J. gab im Ermittlungsverfahren an, daß diese Untersuchung er lediglich zu dem Zwecke vorgenommen habe, um sich zu überzeugen, ob die sich Meldende auch nicht geschlechtskrank sei, damit sie die Kostüme durch krankhaften Ausfluß nicht verseuche und die übrigen Mädchen nicht anstecke. Diese Untersuchungen hat J. zweifellos aber nur zu dem Zweck vorgenommen, um sich geschlechtlich zu erregen. Dafür spricht noch folgender Vorfall: Bisweilen wurden von der H. mit einzelnen Tanzschülerinnen sogenannte Schagatübungen abgehalten, die darin bestehen, daß die Schülerinnen sich nackt ausziehen und dann auf zwei mit den Lehnen nach außen gestellte Stühle stellen müssen. Alsdann werden die Stühle langsam auseinander gerückt, sodaß die Beine der Schülerin, die dabei von einer anderen Schülerin in der Taille festgehalten wird, allmählich soweit als möglich auseinandergespreizt werden. J., der sich sonst um den Tanzunterricht nicht kümmerte, wohnte diesen Übungen stets mit großem Interesse bei und ergötzte sich dabei an den nackten Körpern und den Geschlechtsteilen der an diesen Übungen beteiligten Schülerinnen. Auch sonst hatte J. ein wüstes Geschlechtsleben geführt. Manchen Schülerinnen zeigte er unsittliche Bilder, um ihre Geschlechtslust zu erregen und als dieser Erfolg eingetreten war, mußte das betreffende Mädchen ihn durch Saugen am Gliede bis zum Samenerguß befriedigen. Schließlich mußten die Mädchen auf Geheiß des J. „lesbische Liebe" miteinander treiben, woran sich J. besonders ergötzte. Derartig widerliche Szenen, an denen mitunter alle Mitglieder der Tanzgruppe beteiligt gewesen sind, haben sich häufig in der Wohnung und in Gegenwart des J. wiederholt bis zu dem Zeitpunkte, wo J. einen 13jährigen Knaben kennen lernte. Diesen Knaben ließ J. in seine Wohnung kommen und bat ihn, seinen Körper abzuwaschen. Darauf entkleidete sich J. vollständig und ließ sich zunächst die ganze Kehrseite mit Wasser und Seife abreiben. Dann drehte sich J. um und ließ sich auch seine Vorderseite, insbesondere seinen Geschlechtsteil von dem Knaben abwaschen. Nachdem dieser ihn abgetrocknet hatte, faßte J. plötzlich den Knaben an den Kopfhaaren, zog dessen Kopf bis an seinen Geschlechtsteil heran, steckte ihm sein Glied in den Mund und forderte ihn auf, daran zu saugen, was der Junge auch willenlos tat. Der Knabe ist dann wiederholt in die Wohnung des J. gekommen, wo sich jedesmal derselbe Vorgang zwischen ihnen abspielte. Der Knabe erhielt jedesmal 2 G. von J. und zur Konfirmation eine silberne Uhr geschenkt. Auch zwei Mädchen der Tanzgruppe mußten dem „Reinlichkeitsbedürfnis" des J. wiederholt Rechnung tragen und ihn in der eben geschilderten Art bedienen".

Die Strafkammer verurteilte den J. zu einer Gesamtstrafe von 1 Jahr 6 Monaten Gefängnis. Aus der Urteilsbegründung dürfte hier folgende Feststellung interessieren:

„Die Neigung zu einem derartigen Verkehr beruht nach der Überzeugung des Gerichts keineswegs, wie der Angeklagte behauptet hat, auf einer perversen Naturanlage. Sie bildet sich vielmehr vorwiegend bei solchen Männern aus, welche durch den im Übermaß ausgeübten normalen Geschlechtsverkehr mit weiblichen Personen derartig übersättigt sind, daß sie an ihm keinen Gefallen mehr finden. Überdies hat ein derartiger anormaler Verkehr den Vorteil, daß der Mann nicht in die Gefahr gerät, später Alimente zahlen zu müssen.“ — —

Als in einer Augustnacht ds. Js. gegen 1 Uhr morgens die Familie des Badegastes M. von einem Unterhaltungsabend in ihre ermietete Sommerwohnung zurückkehrte, fand sie das bei ihr beschäftigte, 17-jährige Kindermädchen Martha G. geknebelt und auf dem Fußboden liegend in besinnungslosem Zustande vor. Sie hatte eine rohe Kartoffel mittlerer Größe im Munde, in welche die Zähne zum Teil eingedrungen waren.

Die Kleiderschränke in der Wohnung waren erbrochen und verschiedene Bekleidungsstücke im Werte von etwa 750 Gulden fehlten. Außerdem wurde ein schwarzer Lacklederkoffer mit Toilettegegenständen vermißt. Das Mädchen wurde aus ihrer Lage befreit und ein Arzt sofort herbeigeholt. Das Mädchen erzählte, daß, als sie gegen 10 Uhr abends aus der Küche kommend das Wohnzimmer betrat, 3 maskierte Männer, die sich in diesem Zimmer versteckt aufgehalten haben, auf sie zugesprungen seien, sie zu Boden geworfen, geknebelt und, um sie am Schreien zu verhindern, ihr die Kartoffel in den Mund gesteckt hätten. Weiter will sie von einem der 3 Räuber vergewaltigt worden sein. Der Arzt stellte beschleunigte Herztätigkeit mit vorübergehender Bewußtlosigkeit und außerdem eine frische Verletzung des Hymen mit reichlichem Schleimausfluß aus der Scheide fest. Nach Verabreichung einer Kampferspritze erholte sich die angeblich Überfallene sehr bald. Der Arzt war von dem Überfall und der Vergewaltigung überzeugt. Über die einzelnen Räuber konnte das Mädchen eine nähere Beschreibung nicht geben, nur daß sämtliche schwarze Masken getragen haben und daß einer dieser Räuber auf dem Rückwege, den alle durch das Fenster genommen haben — die Wohnung lag parterre — seine Maske verloren hatte. Diese Maske wurde durch polizeiliche Erhebungen als ein der Dame des Hauses gehöriges und mit Tinte geschwärztes Taschentuch erkannt. Bei der Vernehmung der Überfallenen wurden auf der Brust — sie trug ein tiefausgeschnittenes Kleid — geringfügige Tintenflecke wahrgenommen, die in Verbindung mit der rohen Kartoffel, die so klein war, daß das Mädchen in sie hat hineinbeißen müssen, um sie überhaupt im Munde zu behalten, gab Veranlassung den angeblichen Raubüberfall als eine fingierte Handlung und das Mädchen als die Urheberin anzusehen. Nach wiederholten und mehrstündigen Verhören gab schließlich das Mädchen zu, den Raubüberfall fingiert zu haben, um den Diebstahl an den Bekleidungsstücken und an dem Reisenecessaire zu verschleiern. Da sie einmal früher in einer Zeitung gelesen hatte, daß ein Dienstmädchen, die eine ähnliche Sache in Szene gesetzt hatte, der Tat schnell überführt werden konnte, glaubte sie bei ihrer Dienstherrschaft und möglicherweise auch bei der Polizei an Glaubwürdigkeit zu gewinnen, wenn sie gleichzeitig ein Sittlichkeitsverbrechen vortäusche. Lediglich aus diesem Gedankengang heraus habe sie sich die Verletzung des Hymen durch Masturbation mit einer Mohrrübe beigebracht.

Das gestohlene Gut, das sie bei einer Freundin untergebracht hatte, konnte bald den Eigentümern zurückgegeben werden. Die Erhebungen über ihre persönlichen Verhältnisse ergaben, daß sie die Tochter eines unteren Eisenbahnbeamten im Nachbarstaate ist, daß sie die Volksschule mit leidlich gutem Erfolge besucht und sich sowohl in Haus und Schule als auch auf ihren bisherigen Stellen ohne Tadel geführt hat. Selbst die letzte Dienstherrschaft hat dem Mädchen das denkbar beste Zeugnis ausgestellt und war nicht wenig überrascht, als sie das Ergebnis der polizeilichen Ermittelungen erfuhr. Wegen Diebstahls wurde das Mädchen zu 2 Monaten Gefängnis verurteilt und nach Verbüßung des Landes verwiesen.

An das Ende meiner Ausführungen möchte ich einen Fall stellen, der nicht nur den Strafrechtler, Sozialpolitiker und Kriminalisten angeht, sondern der auch von internationalrechtlicher Bedeutung sein dürfte und der den Mädchenhandel betrifft.

Im Oktober 1925 wurde in einem Danziger Fremdenheim die 17jährige Ruchla P. aus Warschau unter dem Verdacht der gewerbsmäßigen Unzucht in Schutzhaft genommen. Sie war angeblich nach D. gekommen, um hier Einkäufe zu besorgen. Noch am selben Tage wollte sie nach ihrem Heimatsort zurückkehren. Die polizeilichen Erhebungen hatten aber ergeben, daß Ruchla P. schon vor einigen Tagen eingereist war und zwar in Begleitung eines etwa 40 Jahre alten Mannes, als dessen Ehefrau sie sich ausgab und mit ihm auch ein gemeinsames Zimmer im Fremdenheim bewohnte.

Auch Dovidl Sch., so nannte sich der Begleiter der Ruchla, wurde zur polizeilichen Vernehmung sistiert. Auf dem Wege zur Sittenpolizei versuchte er den Beamten zu bestechen. Hierdurch aufmerksam geworden, richtete die Polizei ihre Ermittelungen hauptsächlich gegen Dovidl wegen Mädchenhandels und vermochte bald den erhofften Erfolg zu buchen.

Über seinen bisherigen Lebensgang und seine Beziehungen zur Ruchla P. befragt, gab Dovidl an, daß er in Smyrna geboren sei und die türkische Staatsangehörigkeit besitze. Bis zum 12. Lebensjahre will er sich bei seinen Eltern aufgehalten haben, dann nach Odessa und im Jahre 1918 nach Konstantinopel verzogen sein, woselbst er sich verheiratet habe. Im Jahre 1921 sei er nach Argentinien verzogen und habe sich in Buenos-Aires niedergelassen.

Ende August 25 will er mit dem deutschen Dampfer „Toledo“ nach Europa und über Paris nach Warschau gefahren sein, um Geschäfte zu tätigen. Da er weder in Paris noch in Warschau hat Geschäfte machen können, sei er nach Danzig gefahren. In Warschau auf dem Bahnhofe will er die Ruchla P. die er in Warschau schon wiederholt getroffen habe, angesprochen haben, die ihm sagte, sie sei im Begriff, nach Danzig zu fahren. Sch. habe dann die Ruchla mitgenommen und sei mit ihr in dem Fremdenheim abgestiegen. Auf die Frage, ob er mit dem Mädchen geschlechtlich verkehrt habe, verweigerte er die Antwort.

Die zweite Vernehmung der Ruchla ergab, daß sie den Dovidl nicht auf dem Bahnhof in Warschau kennen gelernt habe, sondern daß Dovidl in Warschau in die Wohnung ihrer Mutter gekommen sei und ihr Grüße von ihrem Onkel, der sich nach Dovidls Angaben in Danzig aufhalten sollte, bestellte. Die Ruchla hat nun ihre Mutter zu überreden gewußt, ihr doch die Erlaubnis zur Reise nach Danzig zu gestatten. Der Zweck ihrer Reise war in der Hauptsache, den Onkel zu bitten, ihrer Familie mit Geldmitteln auszuhelfen. Der Paß sei ihr durch einen bis dahin unbekannt gewesenen Mann besorgt worden, der sie auch in Warschau zum Zuge begleitet und ihr die Fahrkarte besorgt habe. Der Paß lautete auf einen anderen Namen. Auch Dovidl sei mit diesem Zuge nach Danzig gefahren. Allmählich bekam es Ruchla mit der Angst zu tun, weil sie ihren Onkel in Danzig nicht hat finden können. In dieser Notlage hatte sie sich mehr als es vielleicht notwendig war, dem Dovidl angeschlossen. Sie gab weiter an, mit dem Möbelagenten Jossek Feld in Warschau vor 3 Monaten die Ehe geschlossen zu haben. Die Trauung mit Feld sei jedoch nicht gesetzlich, weil sie nur durch den Rabbiner vollzogen wurde. Inzwischen habe sie den Mann verlassen und sei zu ihrer Mutter zurückgekehrt.

Bei der ersten Abhörung an Amtsstelle verwickelte sich das Paar andauernd in Widersprüche. Die persönliche Durchsuchung ergab, daß die Ruchla P. neben einer Tasche und einem Schirm auffallend wertvollen Schmuck, wie 2 goldene Armbänder und ein goldenes Kollier bei sich führte. Diese Schmuckstücke standen in einem krassen Gegensatz zu ihrer armseligen Kleidung. Dovidl Sch. besaß dagegen einen Betrag von über 13 000 G in fremden Devisen, vornehmlich in Dollar, die er in seinen Taschen versteckt hatte. Über die Herkunft sagte Dovidl zuerst, daß er Geschäftsmann sei und das Geld von einem Hotelverkauf in Odessa herrühre. Irgendwelche Geschäftsverbindungen hier und im Auslande, Geschäftsabschlüsse, Korrespondenzen, wie man sie bei jedem Kaufmann findet, konnte Dovidl nicht nachweisen. Er besaß einen türkischen Paß, ausgestellt in Stambul 1920 oder 1921. Nach diesem Paß ist Dovidl verheiratet. Seine Frau soll in Mexiko wohnen. Der türkische Konsul in Danzig erklärte, daß der Paß schon seit Jahren abgelaufen und durch inzwischen eingetretene politische Umwälzungen in der Türkei überholt sei.

Nach längerem Kreuzverhör gelang es, den richtigen Namen der Ruchla zu ermitteln und den Paß als Falsifikat festzustellen. Hierbei bequemte sich das Mädchen zu einem teilweisen Geständnis, woraus zu folgern war, daß Dovidl mit der Ruchla hier nur die nächste Fahrgelegenheit nach Südamerika und die hierzu erforderlichen Ausreisepapiere erwartete. Dovidl hat während seiner Anwesenheit in Warschau sich mit Auswanderungsagenten in Verbindung gesetzt und seine Ausreise mit der Ruchla P. über Danzig betrieben.

Die Feststellungen in Warschau ergaben, daß die Mutter der Entführten in Warschau in den denkbar ärmlichsten Verhältnissen lebt. Neben zwei unmündigen Kindern hat sie noch eine alte Mutter zu ernähren. Ihr Vater ist einige Wochen vorher gestorben. Bald nach dessen Tode hatte die Tochter den Wunsch geäußert, nach Danzig zu fahren, weil dort nach Angaben eines ihr bekannten Mannes sich ein Cousin der Mutter aufhalten solle, den zu besuchen sie die Absicht habe. Sie, die Mutter, habe zuerst gezögert, diesem Wunsche zu willfahren, sich aber schließlich doch überreden lassen und die Erlaubnis zur Reise gegeben mit dem Vorbehalt, daß die Tochter spätestens nach 3—4 Tagen wieder zurückkehren sollte. Ruchla P. erhielt 50 Zloty Reisegeld (für die Rückreise sollte der Cousin das Geld geben). Sie sei an diesem Tage plötzlich fortgeblieben. Gedanken darüber habe sich die Mutter nicht gemacht, weil sie ja mit einer Reise ihrer Tochter rechnete. Nach dem Tode des Vaters haben sich in der Wohnung in der Panskastraße 29 eine Woche lang bekannte und verwandte Juden zu Bußgebeten versammelt. Unter diesen Juden befand sich auch der in Danzig festgenommene Dovidl. Frau P. hat ihn in ihrer Wohnung zweimal gesehen. Sie hat den Sch. in der ihr vorgezeigten Photographie bestimmt wiedererkannt, auch ihre 13jährige Tochter hat ihn im Bilde erkannt. Ein Irrtum ist ausgeschlossen. Frau P. versicherte, daß sie nicht wisse, daß die Tochter in Begleitung des Dovidl Sch. nach Danzig gefahren sei. Sie hätte ihr nie die Erlaubnis gegeben, mit ihm zusammen nach Danzig zu fahren. Über die Festnahme ihrer Tochter in Danzig habe sie erfahren aus einem Briefe, den Ruchla aus der Untersuchungshaft an sie gerichtet hat. Es ist auch nicht zutreffend, daß die Ruchla P. mit dem Möbelagenten Feld noch verheiratet ist. Jossek Feld erklärte, daß er sich allerdings Ostern d. Js. vor dem Rabbiner mit der Ruchla P. habe trauen lassen, daß er aber nach 8 Tagen wieder von ihr gegangen sei, weil sie die Herstellung der ehelichen Gemeinschaft verweigerte. Der Rabbiner habe sie dann auch nach einigen Versuchen, sich einander zu nähern, wieder geschieden.

Allgemein fällt auf, daß die Ruchla P., bei den Vernehmungen über ihre Herkunft die Wahrheit gesagt, über die Vorbereitungen zur Reise und über denjenigen, der sie zur Reise veranlaßt hat die Unwahrheit gesagt, ja, daß sie sich schützend vor Dovidl stellt und selbst in jenen Fällen lügt, in denen sie überführt ist. Es sei nur an den Geschlechtsverkehr mit Dovidl erinnert, den sie in Abrede stellt, selbst vor dem Rabbiner, obwohl ihn Dovidl indirekt zugibt.

Die erkennungsdienstlichen Ermittlungsmaßnahmen ergaben, daß Dovidl Sch. der argentinischen Staatspolizei ebenso dem internationalen Büro zur Bekämpfung des Mädchenhandels in London als Zuhälter, in Buenos-Aires wohnhaft, bekannt ist.

Diese Tatsache in Verbindung mit dem Ermittlungsergebnis ergibt bezüglich des Sch. zweifellos das Vorliegen einer strafbaren Handlung aus den §§ 235 und 233 R. St. G. Leider ist es nicht gelungen, die Organisation in ihrer Gesamtheit zu erfassen, weil sich die Tat auf drei Länder — Südamerika, Polen und Danzig erstreckt und es an einheitlichen internationalen Strafbestimmungen fehlt. Daß eine Mehrheit von Personen in diesem Falle mit Sch. zusammengearbeitet hat, ergibt sich aus den Vorbereitungen. Es sei nur an die Besorgung und Übersendung der für die Ausreise nach Amerika notwendigen Personalpapiere, die von einem Unbekannten der Inhaberin des Fremdenheims, für Sch. bestimmt, zugesandt wurden, erinnert. Es handelt sich 1. um einen polnischen Personalausweis für Dovidl Sch. und seine Frau. 2. um einen Ausweis des Dovidl Sch. und der Ruchla P., in dem bescheinigt wird, daß Sch. nie geisteskrank gewesen ist und nie Bettelei betrieben hat. 3. um einen Trauschein, daß Dovidl Sch., 27 Jahre alt, mit Fräulein Ruchla P., 19 Jahre alt, am 7. Juli 22 die Ehe geschlossen hat. 4. um drei Banküberweisungszettel der französischen Bank in Rio de la Plata, ausgestellt auf Dovidl Sch.

Dieser Fall interessiert besonders durch die verwickelte Rechtslage. Täter und Opfer sind Ausländer und der Beginn der Tat aus Paragraph 235 R. St. G. ist im Auslande erfolgt. Ruchla P. ist trotz ihrer Verheiratung mit dem Möbelagenten F. jugendlich. Die Trauung hat ein polnischer Rabbiner vorgenommen und auch später die Ehe geschieden. Nach Ansichten der beiden Beteiligten ist die Ehe rechtsgültig, ebenso ist nach Auskunft des polnischen Justizministeriums eine von dem Rabbiner nach den Vorschriften der mosaischen Religion geschlossene Ehe polnischer Staatsangehöriger, mosaischen Bekenntnisses, vor dem Gesetze gültig. Das Gesetz verlangt für die Gültigkeit einer solchen Ehe keine Ausführung anderer Formalitäten. (Artikel 179 und 189 des Eherechtes von 1826). Zwecks Eintragung der Tatsache der geschlossenen Ehe in die Bücher des Standesamtes ist der Rabbiner, der die religiöse Handlung ausgeführt hat, verpflichtet, sich mit den Zeugen und mit den Eheleuten zum Standesamt zu begeben, das berufen ist, die Urkunde über die geschlossene Ehe auszufertigen. (Artikel 187 des Eherechtes). Gemäß Artikel 467 des polnischen Zivilkodex K. P. wird eine minderjährige Person durch die Ehe von gesetzeswegen mündig. Die rechtliche Stellung einer durch die Ehe mündig gewordenen Person ist jedoch nicht identisch mit der rechtlichen Stellung einer volljährigen Person. Eine so mündig gewordene Person besitzt nicht die Vollrechte einer volljährigen Person. Die Volljährigkeit erhalten polnische Staatsangehörige, die den Gesetzen des früheren Königreiches Kongreßpolen unterliegen, mit der Vollendung des 21. Lebensjahres (Artikel 345 Zivilkodex). Die Scheidung von Ehen, die zwischen polnischen Staatsangehörigen mosaischen Bekenntnisses und nach den Vorschriften dieser Religion geschlossen wird, kann ausschließlich im Wege gerichtlichen Verfahrens und gerichtlichen Erkenntnisses erfolgen. (Artikel 189 des Eherechtes).

Dieser Fall beweist erneut, daß die in Deutschland vielfach vertretene Ansicht, es gebe keinen Mädchenhandel und deshalb bestehe kein Grund, besondere Maßnahmen gegen den Mädchenhandel zu ergreifen, widerlegbar ist. Allerdings muß zugegeben werden, daß in letzter Zeit in Deutschland Fälle von Mädchenhandel nicht vorgekommen sind. Diese erfreuliche Tatsache ist zweifellos auf den hohen Kulturstand und nicht zuletzt auf die fruchtbare Arbeit des Nationalen Komitees zur Bekämpfung des Mädchenhandels zurückzuführen. Anders liegen die Verhältnisse in Polen, Galizien und Ungarn, denn nirgends ist die Not der Juden so groß, wie in diesen drei Gebieten. Dazu kommt noch die Individualität und Unerfahrenheit der Person, die sozialen Erscheinungen und, was ausschlaggebend ist, die körperliche Schönheit des Opfers.

Ich bin am Schlusse meiner Ausführung. Wenn es mir gelungen sein sollte, Sie durch das vorgetragene Material zu neuen Gedanken anzuregen, so wäre der Zweck meiner Erörterungen durchaus erfüllt.

Das uneheliche Kind bei „Mehrverkehr" der Mutter.

Von Justizrat Dr. *Max Rosenthal*, Breslau.

Die begrenzte Zeit, die zur Verfügung steht, wird nicht ausreichen, um ein — wenn auch scheinbar — einfaches Problem, wie das vorliegende, in allen seinen wesentlichen Beziehungen zu erörtern. Wir müssen uns damit begnügen, einen Einblick in die Bedeutung der Frage und in ihre hauptsächlichen Auswirkungen, nicht bloß nach der juristischen, sondern nach der rein menschlichen Seite und in allgemeiner, sozialer Hinsicht zu gewinnen. Und so scheint es erwünscht — wenn auch nur mit wenigen Sätzen — auch die tieferen Zusammenhänge, die ursprünglichen Verursachungen zu berühren, bis auf die Urzeiten des Menschengeschlechts zurückzugreifen.

Es gibt vielfach Ideen und Anschauungen, die, uns längst in Fleisch und Blut übergegangen, uns selbstverständlich erscheinen und so, als ob sie von Anbeginn an vorhanden gewesen seien. In Wirklichkeit mußten diese Erkenntnisse in Jahrtausenden der Entwicklung erst errungen und unter harten Kämpfen und Schwankungen als geistiger oder sozialer Besitz der Menschheit verankert werden. So steht es auch mit den Begriffen der „V a t e r s c h a f t" und der „E h e". Betr. der „Vaterschaft" ist uns heute der Satz selbstverständlich: Jedes Kind, das geboren wird, hat einen Vater — in dem d o p p e l t e n Sinne: 1. Es hat einen V a t e r d. i. männlichen Erzeuger, 2. es hat e i n e n Vater, d. i. n u r e i n e n, nicht mehrere Erzeuger. Auch diese Einsicht, deren Aufdämmern doch die Voraussetzung ist für die Entstehung des „Vatergefühls", für die Errungenschaft der väterlichen Fürsorge für das Kind, ist keineswegs von je vorhanden gewesen (vgl. beiläufig: die Lehre von der unbefleckten Empfängnis), und es gibt heute noch primitive Stämme, bei denen sie nicht durchgedrungen ist. Subjektiv betrachtet waren also u r s p r ü g l i c h alle Kinder sozusagen „v a t e r l o s": sie entbehrten des Mannes, der ihnen gegenüber sich bewußt als ihr Erzeuger empfand und damit der väterlichen Fürsorge. Die „Mutterschaft" ist stets gewiß, eine sozusagen greifbare Tatsache. Die Vaterschaft hingegen ist — auch nach unseren heutigen Mitteln — niemals absolut sicher, sie beruht auf einer logischen, erfahrungsgemäßen Schlußfolgerung; sie bleibt stets Sache des „guten Glaubens". Und das gilt sowohl innerhalb der Ehe als außerhalb derselben.

Was nun die „Ehe" anbelangt, so ist auch sie keineswegs zugleich mit den Menschen — sofort nach der Menschwerdung — mit auf die Erde gekommen. Wir sehen die biblische Erzählung von dem Familienidyll im Paradiese, wonach Gott selbst dem Adam die Eva zur „Gefährtin" gab — es ist nicht gut, daß der Mensch allein sei — als eine fromme Fabel an. Tatsächlich sind wir nicht berechtigt, etwas anderes anzunehmen, als daß lange, lange Zeiten hindurch ursprünglich ein irregulärer Verkehr der Geschlechter, wie ihn die Umstände ergaben, erfolgte und in seinem Ergebnis die Fortpflanzung der Gattung Mensch besorgte. Alle Kinder, die zur Welt kamen, waren also „uneheliche". Die Menschheit begann die Fortpflanzung ihrer Gattung mit Nachkommen, die in dem angegebenen Sinne „vaterlos" und „unehelich" waren.

Erst als der Zusammenhang zwischen einem bestimmten Geschlechtsakt und der Geburt des Kindes, also die Notwendigkeit der Beteiligung des Mannes an der Erzeugung des Kindes erkannt wurde, konnte der Begriff der „Vaterschaft" sich bilden, einer der gewaltigsten Fortschritte des menschlichen Geistes in Urzeiten. Hierauf führten in weiterer Entwicklung die wachsenden, immer mehr sich aufdrängenden Interessen, die der Mensch an einem in festere Grenzen gebannten Geschlechtsverkehr, insbesondere der Mann an dem unstreitigen Besitz von Frau und Nachkommen hatte, allmählich zur Entstehung der „Ehe", nämlich einer privilegierten, auf Gattungsfortpflanzung gerichteten Geschlechtsverbindung — in den verschiedenen Formen, in denen wir sie aus der Völkerkunde kennen: Gruppenehe, Vielfrauenehe, Vielmännerehe und Einehe.

Man darf aber nicht glauben, daß die Erkenntnis der „Vaterschaft", d. i. der Blutsverwandtschaft zwischen Vater und Kind alsbald eine irgendmaßgebliche soziale Bedeutung gewann! Daß alsbald eine wesentliche Unterscheidung zwischen legitim und illegitim, zwischen ehelich und unehelich einsetzte! Maßgeblich war vielmehr — wiederum für lange, lange Zeiten — gemäß der Interessennatur des Menschen, die ja auch die Ehe geschaffen hatte, der Vorteil, welchen das Kind brachte. Kinder, die nicht erwünscht waren oder nicht nützlich schienen, wurden unbedenklich ausgesetzt oder getötet. Das Kind gehörte dem Gewalthaber und war Objekt des Eigentums wie irgendeine Sache. Eine soziale Abstufung zwischen ehelichen und unehelichen Kindern, eine soziale Bemakelung der letzteren fand nicht statt, lag völlig außerhalb des Gedankenkreises primitiver Entwicklung.

Erst das zur Geltung gelangende Vermögens- und Standesrecht — der Wunsch der Vererbung der erlangten Güter — erzeugte in langsamer, späterer Entwicklung innerhalb der „Ehe" persönliche Zusammenhänge und zugleich mit dem sogenannten „Familiensinn", die väterliche Fürsorge und Liebe für das Kind. Vielleicht war es, völkerpsychologisch betrachtet, gerade die hauptsächliche Aufgabe der Eheeinrichtung, das Vaterschaftsbewußtsein zu entwickeln, den „Vater" für die Familie und für die bessere Aufzucht der Nachkommenschaft zu gewinnen.

Wir lassen dahingestellt, wie weit und mit welchen Auswirkungen dies bereits innerhalb der Ehe und Familie gelungen ist. Aber außerhalb dieses abgeschlossenen Bezirks — und wir kommen damit zu unserem eigentlichen Thema — sind die Verhältnisse gewissermaßen auf einem primitiven Zustande stehen geblieben. Man nennt den außerehelichen Vater merkwürdiger Weise oft den „natürlichen" Vater, aber in der großen Mehrzahl der Fälle kann bis heute noch von einem wirklichen Vaterschaftsgefühl, von einer blutsverwandtschaftlich begründeten Neigung nicht die Rede sein. Das

„Blut“ erweist sich hier — in der Regel — nicht als ein besonderer Saft und oft als dünner wie Wasser. Der uneheliche Vater will das Kind nicht; er hat — aller Voraussicht nach — nur Nachteile von seiner Existenz und wehrt es, solange es irgend geht, von sich ab. Noch der große Sozialhygieniker, der in der Kinderfürsorge schöpferische Vorkämpfer, Sanitätsrat *Taube,* Leipzig, mußte die harten, aber wohl berechtigten Worte sprechen: der größte Feind, den das außereheliche Kind hat, ist sein eigener Vater. Wir haben also grundsätzlich hier mit einem anderen Verhalten der Väter zu rechnen, als bei den ehelichen Kindern, bei denen Gesetz und Sitte, Gewohnheit und Zusammenleben in der Familie — neben dem Vaterbewußtsein und darüber hinaus — väterliches Empfinden und väterliche Fürsorge hervorgerufen haben.

Von Natur aus gibt es also zwar keine vaterlosen Kinder; aber in der Spiegelung des menschlichen Geistes betrachtet, gibt es in diesem Hinblick doch zwei Arten von Kindern: solche, deren Vater gewiß ist oder erscheint, und solche, deren Vater ungewiß und nicht festzustellen ist. Letzteres tritt insbesondere ein, wenn in der Zeit, in welche vermutlich die Empfängnis fällt, ein „Mehrverkehr“ der Mutter — ein Geschlechtsverkehr mit verschiedenen Männern — stattgefunden hat. Vielleicht wird es später einmal Mittel und Merkmale geben, die in jedem Falle eine sichere Feststellung des Vaters gestatten; heute sind wir hierzu nicht imstande[1]) Und es gibt demzufolge Kinder, deren Väter — weil nicht feststellbar — unbekannt und sozusagen nicht greifbar sind. Das gilt sowohl innerhalb als auch außerhalb der Ehe. Aber in der Ehe war das Problem rechtlich unschwer zu lösen. Man hilft sich hier mit einer sogenannten präsumptio juris, einer Rechtsvermutung. Schon die alten Römer haben diese aufgestellt in dem Rechtssatz: pater est quem nuptiae demonstrant. Dabei ist wohl zu beachten, daß die ursprüngliche Bedeutung des Wortes „pater“ die von Herr und Gebieter ist; pater familias bedeutete den Beherrscher des ganzen Hauswesens einschließlich der Sklaven etc. Der ursprüngliche Sinn des Satzes mag also der gewesen sein, daß der Ehegatte Herr und Eigentümer der Kinder wird, die während der Ehe geboren werden. Erst später dehnte sich diese Rechtsvermutung auch auf die Erzeugerschaft — und auf die damit verbundenen Pflichten — aus.

Auch außerhalb der Ehe, also hinsichtlich der unehelich geborenen Kinder, hat man, um die Feststellung der Erzeugerschaft zu erleichtern, zu einer solchen Rechtsvermutung seine Zuflucht genommen. Als Erzeuger gilt hier — immer vorbehaltlich des Nachweises der offenbaren „Unmöglichkeit“, z. B. Zeugungsunfähigkeit des Mannes oder bereits vorhanden gewesene Schwangerschaft —, wer in der sogenannten „Conzeptionsfrist“, d. i. vom 181. bis 302. Tage vor der Geburt, der Mutter beigewohnt hat.

Haben nun mehrere innerhalb dieser Frist mit der Mutter verkehrt, so ist die Unsicherheit der „Vaterschaft“ eine tatsächliche, nicht wegzuleugnende Folge. Es ergeben sich für die rechtliche Behandlung drei Möglichkeiten:

---

[1]) Den Weg hierzu weisen die neuesten Untersuchungen über Blut-Reaktionen, Vergleichung von Fingerabdrücken etc.

1. Keiner der Beischläfer ist für das Kind verantwortlich, das Kind ist vaterlos und auch materiell lediglich auf den Schutz der Mutter angewiesen; also absolut primitive Zustände. Hier zeigt sich am schroffsten die Wirkung der sogenannten exceptio plurium. Jedem Manne, der auf Grund der oben erwähnten Präsumtion, d. i. auf Grund eines Verkehrs innerhalb der „Conzeptionszeit" in Anspruch genommen wird, steht der Einwand zu, daß innerhalb dieser Frist noch ein — oder mehrere — Andere mit der Kindesmutter verkehrt haben. Gelingt dieser Nachweis, so geht er frei aus. Die gleiche Folge hat — selbst ohne diesen Einwand — ohne weiteres der bekannte Grundsatz des Code civile, wonach der Vater gegen seinen Willen nicht herangezogen werden darf: la recherche de la paternité est interdite.

Wenn nun die exc. plur. dem beklagten Manne vom Gesetze nicht gegeben ist, so kann die Folge die sein, daß entweder

2 alle an dem Verkehr innerhalb der Conzeptionszeit beteiligten Männer für den Unterhalt des Kindes solidarisch oder evt. gemeinschaftlich haften, oder daß

3. nur einer von diesen Männern herausgegriffen und — sei es als „Vater", sei es als Unterhaltspflichtiger — für haftbar erklärt wird.

Zur Folgerung zu 1. — also zur Zulassung der exc. plur. — gelangte man konsequenter Weise, wenn man als Rechtsgrund der Haftung die „Blutsverwandtschaft" annahm. Dann machte jeder weitere Beischläfer die Erzeugerschaft des anderen ungewiß, keiner kann als blutsverwandt — als Vater — in Anspruch genommen werden. Die gesetzliche Haftung Mehrerer beruht ursprünglich auf der sogenannten „Deliktstheorie", indem man den außerehelichen Beischlaf als ein „Vergehen gegen die Moral" hinstellte. Folgeweise konnten sämtliche Beischläfer — wie in dem Falle, daß „Mehrere gemeinschaftlich eine Fensterscheibe eingeschlagen haben", für solidarisch — jeder auf den ganzen Schaden — haftbar gemacht werden, freilich nur für den Unterhalt des Kindes. Dieses blieb ohne Vater: ein Übelstand, dem man durch die Lösung zu 3. abzuhelfen suchte, wonach eben nur einer von den Mehreren herausgegriffen und zwar nicht nur für unterhaltspflichtig, sondern zugleich zum „Vater" erklärt wird.

In den verschiedenen Rechtssystemen sind alle diese Lösungen vertreten. Man hat aber schließlich eingesehen, daß das Problem sich nicht nach einem „Prinzip", sondern nur nach Billigkeit, d. i. in der Richtung des kleinsten Übels lösen läßt und daß dabei das — bisher zumeist sehr vernachlässigte — Interesse des Kindes voranzustellen ist. Die Frage ist: welches ist — unter Berücksichtigung der möglichen Auswirkungen — das kleinste Übel? Die Lösung zu 1., wie sie der Code civile und das deutsche B.G.B. getroffen haben, hat in der Praxis die schwersten Übelstände, insbesondere für das Kind, für dessen Unterhalt, Erziehung und soziale Eingliederung gezeitigt und ist daher ohne weiteres abzulehnen. Nun liegt der Entwurf eines neuen Gesetzes über die unehelichen Kinder für das Deutsche Reich vor. Dieser Entwurf ist zwar zweifellos — im Hinblick auf das von der Deutschen Reichverfassung gegebene Versprechen, den unehelichen Kindern die gleichen Möglichkeiten der Entwicklung zu schaffen, wie den ehelichen — von den allerbesten Absichten getragen. Es erstrebt einen stärkeren wirtschaftlichen Schutz des Kindes und seine bessere Einbeziehung in eine Art von Familienverhältnis zum Erzeuger. Aber er hat gerade in dem hier fraglichen Punkt den stärksten Widerspruch in denjenigen Kreisen, die für einen wirksamen Schutz des Kindes eintreten, hervorgerufen. Der Entwurf will zwar die exc. plur. beseitigen und erklärt die „Mehreren" für solidarisch haftbar. Aber er gibt andererseits dem beklagten Manne einen neuen Einwand, den der „erheblichen Zweifel" daran, daß das Kind aus der kritischen Beiwohnung stamme. Er führt damit, wie man meint, die von vorn hinausgeworfene exc. plur. zu einer Hintertür wieder in das Recht hinein. Wenn auch die Wirkung dieses neuen Einwandes nur dahin gehen soll, die Vaterschaftsfeststellung auszuschließen, nicht aber die Unterhaltspflicht, so würden damit doch die bisher beklagten Übelstände — Prozeßmehrung, Verleitung zu Meineiden, Aufwühlung des Vorlebens der Mutter, längere Schutzlosigkeit des Kindes — nur verschlimmert wiederkehren.

Man wird schließlich, wenn man die exceptio in jeglicher Form verwirft, nur zwischen zwei Wegen zu wählen haben: entweder Haftung der Mehreren — dann ist das Kind freilich ohne Vater, denn nur einer kann Vater sein; oder Haftung nur eines der Mehreren — dies auf die Gefahr hin, daß es der falsche ist.

Auf die Beantwortung dieser einen Frage, welcher von beiden Wegen der bessere sei, spitzte sich auch die Verhandlung einer im Februar ds. Js. stattgehabten Sachverständigen-Konferenz in Dresden zu. Österreichisches und Tschechisches Recht (ersteres seit mehr als 100 Jahren) folgen der letzteren Lösung: Unzulässigkeit der exceptio plur., Zulassung nur des Beweises der Unmöglichkeit und Auswahl eines der Beischläfer als „Vater" unter Ausschluß der übrigen. Die Auswahl steht praktisch der Mutter zu. Das dort geübte Verfahren hat sich — nach Ansicht der Referenten — leidlich gut bewährt und fand — innerhalb der erwähnten Versammlung — überwiegend Zustimmung. Man wollte keine „Aktienkinder", nur Kinder mit einem Vater.

Gegen diese Lösung spricht u. E. aber die tatsächliche Ungewißheit der Dinge. Diese läßt sich nicht aus der Welt schaffen. Man tut den Dingen Gewalt an, wenn man in solchen Fällen der tasächlichen Konkurrenz Mehrerer Einen zum Vater d. i. zum Erzeuger stempelt. Man denke z. B. an einen Fall, wie den vom österreichischen Referenten selbst aus der Praxis angeführten, daß eine Bauernmagd dauernd und wiederholt während der kritischen Zeit mit dem Bauern, zugleich mit dessen Sohn und mit dem Knecht intimen Verkehr pflegte. Niemand kann sagen, wer wirklich des Kindes Vater ist. Werden nun alle drei — grundsätzlich — als haftbar für des Kindes Unterhalt erklärt, so haben sie das als Folge ihres Verkehrs jeder hinzunehmen. Sie konnten diese Folge ja als möglich voraussehen und damit rechnen. Wird einer als „Vater" herausgegriffen und die anderen gehen frei aus, so liegt Willkür vor, die nicht einmal durch das Interesse des Kindes gerechtfertigt erscheint.

Es mag hingehen, auf Grund der bloßen Möglichkeit der Erzeugerschaft den Mann — im voranzustellenden Interesse des Kindes — für verpflichtet zu materiellen Leistungen erklären. Es widerstrebt aber dem gesund-natürlichen und daher auch dem Rechts-Empfinden, auf eine Möglichkeit, neben der andere gleichwertige Möglichkeiten bestehen, ein familienrechtliches Verhältnis von der Bedeutung der Vaterschaft zu gründen. Dabei ist zu bedenken, daß die Mutter oft interessiert ist, den wahren Erzeuger zu verschweigen; daß sie wie ihre Berater mehr Interesse haben, den zahlungsfähigsten, als den wirklichen Erzeuger herauszugreifen und zum „Vater" zu machen. Der ideele Grund für diese Stellungnahme ist ja der, daß die vaterlosen Kinder solche zweiten Ranges sein würden; er scheint kaum durchgreifend. Sind sie ökonomisch gut versorgt, so wird die bessere Erziehung ihnen zugute kommen, und die Volksanschauung die in den letzten Iahrzehnten sich hinsichtlich der Unehelichkeit doch schon erheblich gewandelthat, wird sich dem anpassen.

Mit Rücksicht hierauf scheint ein anderer Vorschlag [1]) mehr in der Richtung des kleinsten Übels zu liegen; nämlich dahin: unter Verzicht auf den künstlich „konstruierten" zwangsweisen Vater, die solidarische Haftung der Mehreren grundsätzlich aufrechtzuhalten, diese aber praktisch nur dann und nur insoweit auf die Mehreren zu erstrecken, als das Kind ein Interesse hieran hat. Hierüber aber ist ebenso wie über die Zulässigkeit des Rückgriffs auf die Mitverpflichteten — zur Verhütung jedes Mißbrauchs sowie einer unzuträglichen Mehrung der Prozesse— dem Vormundschaftsgericht die Entscheidung anheimzugeben.

Die „Vaterschaft" — als „blutsverwandtschaftliche" Beziehung mit ihren Konsequenzen der väterlichen Fürsorge und Liebe gesehen — ist eine Frage nicht nur des guten Glaubens, sondern auch des guten Willens. Vaterlose Kinder sind sozial nicht erwünscht, Zwangsväter aber ebensowenig. Neben den materiellen Pflichten, die er zu tragen hat, soll Vaterrechte nur der erwerben, der sich freiwillig zur „Vaterschaft" bekennt und damit den Willen kund tut, sich dem Kinde gegenüber wirklich wie ein Vater zu verhalten. Anderenfalls muß das Zweifelkind sich mit der materiellen Fürsorge, die ihm eventl. bei einer Mehrheit möglicher Erzeuger sogar in einem stärker gesicherten Maße zuteil wird, abfinden. Diese Lösung scheint uns am besten sowohl den tatsächlichen Verhältnissen als dem Interesse des Kindes gerecht zu werden.

Eine ideale Lösung ist auch diese freilich nicht. Zu einer besseren wird man erst gelangen, wenn die Forderung der primären, öffentlich-rechtlichen Versorgung der unehelichen — wie aller gefährdeten — Kinder überhaupt durchgedrungen sein wird. Eine solche Entwicklung bahnt sich in den nordischen Ländern an. Aber allgemein wird doch erkannt, daß das Problem der Unehelichen — sie machen bei uns rund den zehnten Teil aller

[1]) Von Amtsgerichtsrat Dr. *Rotschild*-Frankfurt. Vgl. Gesetzentwurf hierzu in Heft 2 der Flugschriften des A. D. B. Frankfurt a. M. 1926. Wir folgen diesem Vorschlag nur insoweit nicht, als er alle Verpflichteten als „Väter" ansehen will.

Geburten aus — eine eminent soziale Angelegenheit ist; daß ihre Vernachlässigung die schwersten sozialen und ideellen Mißstände für die Gesamtheit mit sich bringt. Die Gemeinschaften (Staat und Gemeinde) haben das brennendste Interesse an der Erhaltung und Aufziehung der unehelich Geborenen zu körperlich und geistig gesunden, brauchbaren Mitgliedern der Gesellschaft. Für dieses primäre Eingreifen der Gemeinschaft, das bis zum glatten Funktionieren der privatrechtlichen Versorgung des Kindes unbedingt erforderlich ist (so bei Fortfall oder Zahlungsunfähigkeit des Erzeugers oder sonstigen Verzögerungen), treten auch bei uns bereits eine Reihe von Organisationen — insbesondere der deutsche Bund für Muttterschutz seit seiner Begründung vor 20 Jahren — aufs entschiedenste ein.

Aber letzten Endes wird auch eine anderweite, im Interesse der Rechtsfindung der Wahrheit liegende Reform zu erstreben sein: die Beseitigung der aus dem römischen Recht übernommenen starren Formel der „Conzeptionsfrist“. Bei der erfolgenden Neuordnung des Rechtes der Unehelichen wird dies ernstlich in Erwägung zu ziehen sein. Auch diejenigen Rechtsgebiete, welche die exceptio ausschließen, lassen den Beweis der „Unmöglichkeit“ der Vaterschaft zu; und sie begreifen unter dieser „Unmöglichkeit“ auch durchweg den Fall, daß die Entwicklung des Kindes bei der Geburt in Widerspruch steht mit der Zeit des geschlechtlichen Verkehrs des Beklagten mit der Kindesmutter. Wir gelangen auf diesem Umwege dazu, den tatsächlichen Reifegrad des Kindes — der Conceptionsfrist zum Trotz — berücksichtigen zu müssen.

Wir sehen hier davon ab, daß die Frist, trotz ihrer ansehnlichen Länge, sich gemäß vielfachen Feststellungen als zu eng erwiesen hat, indem lebensfähige Kinder auch vor dem 302. bzw. nach dem 181. Tage vor der Geburt empfangen sein können. Es ist aber ein Widersinn, gesetzlich auch nur eine „Vermutung“ dahin aufzustellen, daß z. B. ein normales, voll ausgetragenes Kind von reichlich neun Monaten d. i. von ca. 280 Tagen am 181. Tage, also noch nicht 6 Monate vor der Geburt konzipiert sei; oder umgekehrt, daß eine Frühgeburt von sechs oder sieben Monaten sein Leben einem am 302. Tage vor der Geburt stattgehabten Verkehrsakt verdanke. Die Conzeptionsfrist ist ein veralteter, von der Iuristerei dem praktischen Leben angelegter Zwangsgurt, in dem man glaubt, so schlecht er auch passe, sich weiter fortbewegen zu müssen. Warum nicht einfach eine Bestimmung, die etwa dahin geht: „Als Vater des unehelichen Kindes gilt, wer der Mutter zu einer solchen Zeit beigewohnt hat, daß das Kind nach seinem Reifegrade aus dieser Beiwohnung herrühren kann“? Dies würde die Beweislast nur insoweit modifizieren, daß von vorn herein der Reifegrad des Kindes mit der behaupteten Beiwohnung in ursächlichen Zusammenhang und zwar in eine als „wahrscheinlich“ anzusehende Beziehung zu setzen wäre. Im übrigen wäre gegen die vom Kläger zu erweisende Wahrscheinlichkeit nur der Nachweis der „Unmöglichkeit" (bereits bestehende Schwangerschaft, Zeugungsunfähigkeit etc.) zuzulassen. Fort also nicht nur mit der exceptio plurium, sondern auch mit der gesetzlich fixierten „Conzeptionszeit", die unter Umständen dem Kläger wohl die Beweislast etwas erleichtert, auf der anderen Seite aber oft von vorn herein das Gefühl tatsächlichen Unrechts hervorruft!

Emigranten und Erblichkeit.

Von Prof. Dr. *R. S. Steinmetz*, Amsterdam.

Gewiß ist die Menge der Emigranten und das Maß ihrer Fortpflanzung, die Quantität, von großer Bedeutung, aber noch größeren Wert besitzt die Qualität: was sie bringen, was sie fortpflanzen. Also die erblichen Eigenschaften, besonders die psychischen; schließlich hängen sogar Fortpflanzung und künftige Zahl zum guten Teil von diesen erblichen Eigenschaften ab.

Was nun die Geistesart der Emigranten als solcher betrifft, so ist wohl die gewöhnliche auch annehmbare Auffassung, daß im Allgemeinen n i c h t d i e B e s t e n ihr Land verlassen, und zwar so wenig die wirtschaftlich am besten ausgerüsteten, — die haben ja zu Hause ein gutes Fortkommen —, als die geistig und moralisch hochstehenden, denn diese werden durch die Mühsale der Auswanderung meist nicht angezogen und haben daheim zu große Aufgaben zu erfüllen. Natürlich beides m i t A u s n a h m e n , gelegentlich v i e l e n , wie z. B. die um einer Überzeugung willen Verfolgten, soweit diese wenigstens nicht massal verbreitet ist, denn da hört die Auslese auf und tritt Panmixie ein. Ich denke also an die H u g e n o t t e n , die W i e d e r t ä u f e r , die M o r m o n e n , die P a r s i s , die M o z a b i t e n und andere derartige, geistestüchtig, schon weil sie abzuweichen wagten und weiter durch Verfolgung und Elend gesiebt.

Natürlich gehören die Emigranten, die Auswandrer auch nicht zu den geringsten, und erst recht nicht zu den schwächsten und schlaffsten, den feigsten ihrer Heimat: diese wandern ja nicht aus und sicher nicht weit, sie bleiben, wo sie waren, in Armut und Elend.

Hansen [1]) schilderte seinerzeit ungefähr dieselbe Auswahl bei dem Zug vom flachen Lande in die Stadt. Im großen und ganzen scheint der heutige auerikanische (ich meine in den Vereinigten Staaten) Volkscharakter, so weit man jetzt schon hiervon reden darf, mit dem Ergebnis dieser Auswanderungstheorie übereinzustimmen. Wenn die Amerikaner in irgend einer Eigenschaft uns überlegen sind, so sind es gewiß die Aktivität und die Energie, die Neigung zu Neuheiten und derartiges mehr [2]). Und ebenso werden Bevölkerungen, aus Auswanderern zusammengesetzt, sich, wie die Erblichkeitslehre uns erwarten macht, in geistiger Begabung eigentlich nicht weit über ihre Mutterklasse erheben. Die meisten Urteile stimmen hiermit überein. So tat *P. de Rousiers* [3]) den markanten Ausspruch über die Nachkommen der armen F r a n z o s e n in den Vereinigten Staaten: „On reste

---

[1]) „Die drei Bevölkerungsstufen" 1889.

[2]) „In the American action prevails over imagination and reflection", *Ross* „The foundations of Sociology" 1926 : 389.

[3]) La vie américaine", 1892 : 154.

Auvergnat même au Kansas", und *Lambrecht* [1]) ließ sich nicht anders aus über die Deutschen, deren Ahnen einst kleine arme Bauern in Deutschland waren; *Knortz* sagt von ihnen: „neun Zehntel aller deutschen Immigranten kamen aus sehr bescheidenen Verhältnissen und hatten nur wenig Unterricht genossen"; und *Lamprecht:* „er steht geistig keineswegs besonders hoch". Und kein Wunder! *Münsterberg* urteilte den durchschnitt Deutsch-Amerikaner niedriger als den in Deutschland; *Ross* [2]) in „The old world in the new" vermißte in den Deutsch-Amerikanern den Typus, der die deutsche Kultur schuf und Deutschland groß machte: sie sind ehrlich, treu, nicht spekulativ, ihre Unternehmungen wachsen zwar langsam, sind aber solide. Die Skandinavier in Amerika (*Ross:* 83), sollen weniger begabt sein, sie zeigen weniger Findigkeit und intellektuelle Initiative als die Deutsch-Amerikaner; die Italiener aber industrielle Unfähigkeit, welche mit der Zeit nicht abnimmt; ihre Kinder sind denkfaul (*Ross:* 113, 114); und die Slaven „besitzen keinen besonderen Namen für ihre Befähigung" (138). Umgekehrt werden die Juden, doch meist aus den elenden Verhältnissen Ost-Europas emporgekommen, wegen ihrer geistigen Befähigung und Zähigkeit sehr gelobt (157—164). Es mag dieses Urteil wohl nicht für alle Juden gelten, aber neben den allgemeinen Eigenschaften der Juden, muß es doch wohl seinen Grund darin haben, daß eben alle Juden, welche einigermaßen dazu fähig waren, sich aufrafften und auswanderten; gar zu wenige konnten in Ost-Europa gedeihen, sogar die besseren und besten nicht; und so kam es, daß auch die Begabteren, vielleicht diese am meisten, auszogen. Mutatis mutandis gilt Ähnliches für die Iren: früher kam eine erwünschte Klasse nach Amerika um der englischen Mißregierung und Unterdrückung zu entgehen, nach der Hungersnot in den vierziger Jahren des 19. Jahrh. aber ein niedriger, unterstützter Typus, dann wieder die besseren, obwohl die ruheliebende Besitzerklasse, überhaupt die zu Hause Emporgekommenen nicht auswanderten. Aber die jungen und die energischen Iren verließen ihr Land, die mehr Befähigten und die Gesunden überhaupt; zurück blieben die alten, die geistig und körperlich Schwachen (26—7). Bei Ost-Juden und Iren kam die grausam unterdrückte natürliche Befähigung, da nicht alle auswanderten und erst recht nicht die Schwachen und gering Befähigten, in Amerika schnell und kräftig zum Ausdruck und zur ungehemmten Entfaltung.

Soweit stimmt die Wirklichkeit mit unserer Erwartung überein. Nur daß wir eigentlich noch etwas weniger Aktivität vermuten könnten, weil doch jeder relativ Energische, der in die Weite zieht, einige andere, mitunter sehr viele, mit sich reißt, und diese gar keine Aktive oder Tüchtige zu sein brauchen, eher das Umgekehrte, weil sie sich ja von einem Anderen bestimmen ließen. Lassen wir das dahingestellt.

Manchmal hat man aber den deutlichen Eindruck, — ja, leider fehlt es uns in allen solchen Sachen an jedem Maße —, den Eindruck aber hat man oft, daß die zu Tage tretende Aktivität, die Energie, die

[1]) *Lamprecht,* Americana", 1906 : 25.
[2]) *Ross,* „The old world in the new", 1914 : 64.

Begabtheit überhaupt oder wenigstens in mehr als einer Richtung, doch auffallend größer sei bei einer Kolonistengruppe als man von diesen Emigranten erwarten konnte. Einige Beispiele! Die Niederländer, welche sich aus hauptsächlich religiösen Gründen in der Mitte des 19. Jahrh. nach Amerika begaben unter Führung einiger tüchtiger Pfarrer, gehörten wahrlich zu den ganz kleinen, fast armen Leuten, und man findet bei ihnen und ihresgleichen in Holland gar wenige Spuren von Energie oder sonstiger Begabung. Wie aus einer ausführlichen Beschreibung ihrer Schicksale bis auf den heutigen Tag, die demnächst erscheinen wird, hervorgeht, haben sie dennoch in Amerika viel mehr erreicht und sich viel tüchtiger erwiesen als man ihnen je zugetraut hätte; allerdings gingen manche ihrer Schwächsten unter den Anstrengungen der Reise und der schweren Anfänge zu Grunde. Also doch ein Plus!

Die Chinesen, welche in Holländisch-Ostindien so viel bedeuten und es sehr oft zu Wohlfahrt, ja zu Reichtum bringen, stammen aus den ärmsten Klassen Süd-Chinas, die Triebfeder ihrer Auswanderung war allein die Not in dem übervölkerten Mutterlande; allerdings wird oft behauptet, daß ihr Wert bei langem Verbleib in Indien zurückgeht, aber das könnte aus der Mischung mit den Javanen und anderen Eingeborenen, da die chinesischen Frauen meist daheim bleiben, leicht erklärt werden. Von persönlicher Auslese ist hier wahrscheinlich keine Rede. Also ebenfalls ein Plus über die angeborene Klassenbegabung hinaus!

Die russischen Bauern waren wohl immer arm, ihre Verhältnisse auch sonst jahrhundertelang die schlechtesten; dazu waren sie wanderlustig, so kann es uns gar nicht wundernehmen, daß große Mengen nach Sibirien auswanderten. Man unterscheide aber zwischen den alten Pionieren auf eigener Faust, welche einen schweren Kampf zu bestehen hatten und auch Außerordentliches leisteten, und den neuen, aus den Jahren 1900—1913 besonders, welche von der Regierung unterstützt wurden, feste Landstücke zugewiesen bekamen und ungefähr dasselbe Leben wie im Mutterlande führen.

Die Altsibirier bekamen harte Charaktere, wie *Arved Schultz* sich ausdrückt, „stets kalt und berechnend, ständig von der skrupellosen Jagd nach dem Gelde beherrscht". Religion und Kultur sind ihm gleichgiltig, „im Vergleich zum russischen Bauern ist er aber kulturell ungleich höher entwickelt, besonders viel energischer und selbständiger". Beide Gruppen sind ungefähr gleich zahlreich und zwischen ihnen besteht ein scharfer Gegensatz, daher große Abneigung. In den Städten, allerdings besonders bei den gebildeten Klassen, finden wir ein wesentlich regeres geistiges Leben als in Rußland, Jagd nach dem Gelde herrscht vor, aber keine Abneigung gegen die Kultur, keine Dekadenz. *Schultz* [1]) spricht sogar von der „großzügigen Natur der Sibirier". Gewiß wirkten zu dem Resultate manche Umstände zusammen auf welche *Wiedenfeld* [2]) hinweist, — wie das Fehlen von Leibeigenschaft, die größere Wohlfahrt, die bessere Ernährung, weshalb er dort in Sibirien das Land auch der qualitativ-kulturellen

1) *Schultz*, „Sibirien". 1923 : 163—5.
2) *Wiedenfeld*, „Sibirien in Kultur und Wirtschaft", 1916 : 30—1.

Erhebung des Russentums erblickt, — welche aber m. E. nicht ausreichen, um dasselbe gänzlich zu erklären. Ich neige dazu hier ebenfalls ein Plus anzunehmen. Aber natürlich: dieses Mehr hat seine Gründe, Zauberei ist es nicht.

Ich meine eben, daß die neue Umgebung des Kolonisten sehr tief auf seine ganze Person einwirken muß: die weiten, endlosen Möglichkeiten, das Wegfallen des altgewohnten Druckes, das unbegrenzte Freiheitsgefühl, vielleicht auch die bessere Nahrung, die andere, meist vielseitige und abwechslungsreiche Tätigkeit, dieses alles und viel Ähnliches muß tief-umpflügenden, aufweckenden Einfluß ausüben. Vielleicht auch manchmal das Umgekehrte, ein Minus! Es hat Eroberer, Auswanderer von wilder Unternehmungslust, unglaublicher Ausdauer, großem Mute gegeben, welche diese Eigenschaften auch auf ihre ungemischten, reinen Nachkommen keineswegs übertragen zu haben scheinen[1]). Auch diese Erscheinung verlangt genaue Feststellung und Erklärung, wahrscheinlich aus den umgekehrten, nachteiligen Einflüssen, wobei zu beachten wäre, das was auf die eine Rasse günstig wirkt, für die andere nachteilig sein kann. Die große Frage wäre, ob dieses Resultat erhalten bleibt, erblich festgelegt auch in späteren Generationen. Also ob wir hier eine Art geistiger Mutation antreffen? Bleibt alles schließlich beim Alten was die Begabung, den erblichen psychischen Charakter betrifft, oder ist hier einigermaßen ein neuer Anfang?

Meine Damen und Herren, diese Frage ihnen vorzulegen war meine ganze Absicht, leider konnte ich meine Mutmaßung nur durch sehr wenige und wenig genaue Tatsachen stützen, welche eigentlich mehr zum Nachdenken und Wahrnehmen anregen sollen.

---

[1]) Man denke an die Nachkommen der Conquistadores! Vgl. *G. Friederici*, „Der Geist der Entdeckung und Eroberung Amerikas durch die Europäer", I, 1925.

Psychologische Begutachtung jugendlicher Zeugen in Sexualprozessen.

Von Professor Dr. *William Stern*, Hamburg.

Meine Damen und Herren! Während wir seit Jahrzehnten eine ausgebaute Psychologie des Verbrechers und des Angeklagten haben, ist die Psychologie des Zeugen erst Gegenstand tastender und noch weit hinter den anderen zurückstehender Versuche. Dabei erfordert die Psychologie des Zeugen in neuerer Zeit immer stärkere Beachtung, und ich hoffe, Ihnen zeigen zu können, daß auch dieses so lange vernachlässigte Gebiet der Kriminalpsychologie endlich dringend der Bearbeitung bedarf. Während die Psychologie des Delinquenten ganz vorwiegend von Medizinern bearbeitet worden ist, aus dem sehr verständlichen Grunde, weil hier das Mitwirken pathologischer Züge immer besonders untersucht werden mußte, gehört die Psychologie des Zeugen zu ihrem wesentlichen Teil in das Gebiet der normalen Psychologie, bildet also eine Aufgabe des eigentlichen Psychologen. Es ist ja klar, daß unter den Zeugen im allgemeinen pathologische Fälle nicht häufiger sind als im großen Publikum überhaupt. Nun wird man sagen können, daß man ja, wenn die Zeugen im großen und ganzen durchschnittliche, normale Menschen seien, gar nicht der Mitarbeit eines Spezialisten, eben des Psychologen, bedürfe, weil hier der Jurist selber sachverständig sei. Das ist ein Urteil, das man sehr oft hört, das aber doch, wie mir scheint, durchaus nicht zutrifft, insbesondere nicht bei dem gegenwärtigen Stand der psychologischen Vorbildung des Durchschnittsjuristen.

Es gibt innerhalb der Normalität eine große Reihe von psychologischen Bedingungen, von denen die Zeugenaussage abhängig ist. Diese Bedingungen sind durchaus nicht so leicht durchschaubar, daß sie von jedem durchschnittlichen Juristen ohne weiteres erkannt werden könnten. Hier ist also doch die Mitwirkung des Psychologen erforderlich.

Dies gilt nun in besonders hohem Maße von jener engeren Kategorie von Zeugen, über die sich mein heutiger Vortrag aussprechen soll, von den kindlichen und jugendlichen Zeugen. Es ist ja eigentlich sehr merkwürdig, daß, während wir jetzt ein gesondertes Jugendstrafrecht haben, bezüglich der Zeugenvernehmungen überhaupt keine Scheidung nach Altersstufen gemacht wird. Unter Umständen kann ein dreijähriges Kind genau so geladen und verhört werden wie ein Erwachsener. Die Differenzierung in der Behandlung der Zeugen ist eine psychologische Forderung, die bisher im wesentlichen noch auf dem Papier steht. Erfreulicherweise fangen eben jetzt einige Justizbehörden an, in dieser Beziehung besondere Verfügungen zu treffen.

Nun sind kindliche und jugendliche Zeugen (abgesehen von Mißhandlungsprozessen, deren Anzahl ja relativ klein ist), hauptsächlich in Sittlichkeitsprozessen zu vernehmen. Damit ist die Beschränkung meines Themas gegeben. Die besondere Schwierigkeit der Vernehmung kindlicher und jugendlicher Zeugen in Sittlichkeitsprozessen beruht darin, daß wir es hier nicht mit einer rein juristischen Angelegenheit zu tun haben, sondern mit vier Aufgaben, die gleichzeitig beachtet werden müssen.

Die erste Aufgabe bezieht sich auf den Angeschuldigten. Es muß ebenso die Bestrafung des schuldigen wie der Schutz des unschuldigen Angeklagten gewährleistet sein. Gerade in solchen Prozessen ist der Schutz der Unschuldigen sehr wichtig, weil die Zahl der Falschbeschuldigungen besonders groß ist. Hier möchte ich unterstreichen, was mein Herr Vorredner ausgeführt hat: Es handelt sich ja nicht nur um ganz eindeutige Sexualverbrechen etwa im Sinne eines versuchten oder ausgeführten Beischlafs, sondern oft um sog. „unsittliche Berührungen" und verwandter Akte, bei denen die Grenze zwischen einer Umarmung oder einer etwas derben körperlichen Annäherung und wirklich unzüchtigen Handlungen fließend ist. Diese Tatsache kann dazu führen, daß manche Menschen vor das Gericht kommen, die es wirklich nicht verdienen. Da kann denn, wenn die Angaben des Kindes ohne weiteres für wahr genommen werden, das größte Unheil entstehen. Dies wären also die ersten beiden Aufgaben: Bestrafung des Schuldigen, aber Schutz des Unschuldigen.

Dazu kommen zwei Aufgaben gegenüber dem kindlichen oder jugendlichen Zeugen. Seine Aussage soll einmal der Wahrheitsfindung dienen, und es muß deshalb festgestellt werden, inwieweit sie glaubhaft ist. Es muß dafür gesorgt werden, daß Einflüsse, die die Richtigkeit der Aussage beeinträchtigen könnten, möglichst ausgeschaltet werden. Es gibt aber noch einen zweiten Gesichtspunkt, der bisher viel zu sehr zurückgetreten ist. Ich war erfreut, auch von dem Herrn Vorredner betont zu hören, daß die Vernehmung von Kindern und Jugendlichen in Sittlichkeitsprozessen zuweilen eine größere Schädigung für sie bedeuten kann als das Delikt, um dessentwillen sie vernommen werden. Wir müssen ja bedenken, daß eine solche Vernehmung im allgemeinen nicht einmal stattfindet, sondern häufiger: vor der Polizei, vor dem Untersuchungsrichter, in der Hauptverhandlung, im Wiederaufnahmeverfahren usw. Diese Vernehmungen können sich unter Umständen über Monate und Jahre erstrecken. Daß dadurch in den Kindern bestimmte Gedankengänge und Interessenrichtungen aufgepeitscht werden können, die von selbst vielleicht noch gar nicht erwacht wären, sieht man ohne weiteres ein. Das Problem des Jugendschutzes spielt also hier eine größere Rolle, als man bisher vielleicht angenommen hat.

Durch diese Vierfältigkeit der Aufgaben ist die richtige Behandlung und Bewertung der Aussagen von Kindern und Jugendlichen so erschwert, daß die Teilnahme eines kindespsychologisch und pädagogisch geschulten Sachverständigen außerordentlich dringlich wird. Wenn heute noch viele Juristen meinen, sofern sie sich selbst kein Urteil zutrauten, hätten sie ja ihren medizinischen Sachverständigen, ihren Gerichtsarzt, ihren Gerichtspsychiater, so möchte ich, wie schon vorhin angedeutet, betonen, daß neben dem medizinischen Sachverständigen und in enger Verbindung mit ihm der Normalpsychologe sein volles Recht wahren muß; denn die Betrachtung des kindlichen oder jugendlichen Zeugen lediglich unter dem Gesichtspunkt, ob er schwer hysterisch oder sonstwie pathologisch sei, ist zu eng. Wir müssen auch auf jene besonderen normalpsychologischen Bedingungen achten, für die nun einmal der Normalpsychologe besser vorgeschult ist als der Mediziner. Dabei soll nicht etwa künstlich eine Art Gegensatz zwischen dem medizinischen und dem psychologischen Sachverständigen konstruiert werden, sondern beide sollen nebeneinander wirken.

Welche Aufgaben hätte nun ein psychologischer Gutachter zu erfüllen? Er hätte zwei große Tätigkeitsgebiete: einmal als Begutachter, dann aber auch als ein aktiv an dem Verfahren Mitwirkender.

Als Begutachter hat er die Aussagen der Kinder und Jugendlichen unter folgenden Gesichtspunkten zu betrachten. Er hat erstens aussagepsychologische Gesichtspunkte heranzuziehen: die Frage der Leistungsfähigkeit und der Täuschungsmöglichkeit der Wahrnehmung und der Erinnerung, die Frage, inwieweit es möglich ist, daß ein um Jahre zurückliegendes Ereignis überhaupt noch erinnert werden kann, und zwar in Einzelheiten, wie sie von manchen Gerichten mit merkwürdiger Naivität angenommen werden. Hier kann der Psychologe dem Gerichtshof sehr wohl die Grenzen der Erinnerungsfähigkeit auseinandersetzen. Auch die Frage der Aufmerksamkeit und Unaufmerksamkeit müßte beachtet werden. Man kann es wohl als fast unumstößliches psychologisches Gesetz hinstellen, daß man über einen Menschen, dessen Kleidung und Äußeres man nicht mit Aufmerksamkeit beachtet hat, nachträgliche Signalementsangaben mit Sicherheit überhaupt nicht machen kann. Wenn ein solcher Zeuge dann doch eine genaue Beschreibung gibt, so ist seiner Aussage sehr wenig zu trauen; es können auf diese Weise Personenverwechslungen vorkommen.

Weiter ist wichtig das Problem der Suggestivität und der Suggestibilität, besonders der Suggestibilität des Kindes, der Beeinflußbarkeit durch alle möglichen Faktoren, insbesondere durch die Fragestellung. Hier haben wir Psychologen immer wieder auf einen der Hauptfaktoren hingewiesen, die die Glaubwürdigkeit der kindlichen Aussage vermindern, auf die Erstvernehmungen durch Polizisten. Einfache Leute können natürlich nicht so vorsichtig und differenziert fragen, sie können die suggestive Form der Frage nicht vermeiden. So kommt es denn häufig vor, daß die robust eindringlichen Fragen des Kriminalbeamten zu bestimmten Äußerungen führen, die dann nachher im Protokoll als feste, sichere Aussagen des Kindes figurieren und den Rahmen für die weiteren Aussagen abgeben. In den Erstverhören, also in der Voruntersuchung, wird alles verdorben oder alles gewonnen; das kann man wohl ohne Übertreibung sagen. Hier Sicherungen zu treffen, ist eine unserer ersten Aufgaben.

Zu diesen aussagepsychologischen Momenten kommen nun die sexualpsychologischen Faktoren. Wir wollen dabei an dieser Stelle ganz von den sexualpathologischen Momenten absehen, die natürlich auch eine Rolle spielen können. Aber man bedenke, daß auch normaler Weise in Pubertät und Vorpubertät eine außerordentliche Labilität des erotischen und sexuellen Erlebens vorhanden ist, daß da die Phantastik eine große Rolle spielt, daß Schein- und Sein nicht genügend auseinandergehalten werden, daß durch Affekte, wie Liebe und Haß und Eifersucht bestimmte Sexualerlebnisse vorgetäuscht oder umgestaltet werden. Es ist wohl klar, daß die Berücksichtigung solcher Gesichtspunkte dem Gerichtshof wichtige Anhaltspunkte geben muß.

Drittens kommt der kollektivpsychologische Gesichtspunkt hinzu. Es handelt sich ja nicht nur um die Aussage des einzelnen Individuums X, sondern dieses Kind oder dieser Jugendliche steht in einem gewissen Milieu, ist durch Gerüchte und durch die Einstellung seiner Schulklasse oder seiner Familie gegen oder für einen bestimmten Menschen stark beeinflußt. Es gibt Situationen, in denen dieses Kollektivmoment durchaus entscheidend ist. Wenn etwa sämtliche Schüler einer Klasse etwas gesehen haben wollen, kann man nur mit Mühe herausbekommen, ob es sich wirklich um eine gemeinsame Wahrnehmung handelt, oder ob eine große psychologische Infektion vorliegt.

Das sind in kurzen Umrissen, lange nicht vollständig, die psychologischen Gesichtspunkte, die ein solcher Sachverständiger vorzubringen hat.

Die Methode des Vorgehens des Sachverständigen muß sich nach dem speziellen Fall richten. Bald kommt eine direkte Beobachtung des Zeugen in Frage, bald Milieustudien, bald die Verfolgung der Geschichte der Aussage von den ersten Protokollen bei der Polizei durch die mannigfachen Niederschriften hindurch, wobei sich oft ein sehr merkwürdiger Wandel zeigt. Hier muß der Psychologe ähnlich wie ein Historiker Quellenstudien treiben. Er muß dabei Beispiele teils aus der wissenschaftlichen Psychologie, teils aus der forensichen Praxis heranziehen. Dagegen würde ich die unmittelbare Anwendung von Experimenten im Gerichtssaal als etwas ganz Sekundäres und nur ausnahmsweise einmal Mögliches hinstellen. In dieser Beziehung hat sich bei uns Psychologen ein Wandel vollzogen. Wir haben allerdings den experimentellen Untersuchungen unendlich viel zu danken, weil sie uns erst die Augen geöffnet haben, und unter Umständen kann ein Experiment außerhalb des Gerichtssaals, das etwa einer forensischen Situation angeähnelt ist, zu Anschauungszwecken sehr wertvoll sein.

Bezog sich das bisher Gesagte auf die Begutachtung, so sagte ich schon, daß der Psychologe auch als aktiv Mitwirkender in Frage kommt. Vor allen Dingen sollte er schon im Vorverfahren zur Mitarbeit herangezogen werden. Die Begründung für diese Forderung liegt in dem, was ich vorhin gesagt habe: nicht die Hauptverhandlung, sondern das Vorverfahren ist entscheidend. Die zahlreichen Vernehmungen im Vorverfahren beeinflußen natürlich die Aussagen, die nachher in der Hauptverhandlung gegeben werden. Man darf infolgedessen die in der Hauptverhandlung gemachte Aussage lediglich als eine Phase in einer langen Entwicklung betrachten, die man nur verstehen kann, wenn man das Vorangehende weiß, und die sehr viel besser sein könnte, wenn diese vorangehenden Phasen unter psychologischen Gesichtspunkten herbeigeführt worden wären. Unsere Forderung geht schon seit langer Zeit dahin, daß bei allen irgendwie zweifelhaften oder schwierigen Fällen die Voruntersuchung nicht ausschließlich in die Hand psychologisch ungeschulter Polizisten und Juristen gelegt werden sollte, sondern daß zu deren Unterstützung und Beratung eine gründlich geschulte Persönlichkeit (Mann oder Frau) herangezogen werde. Bei der heutigen Lage der Dinge wird das in den meisten Fällen ein wirklicher Psychologe sein müssen. Von einer künftigen Zeit wird zu erhoffen sein, daß auch unter den Medizinern, den Juristen, den Fürsorgern und Fürsorgerinnen solche Spezialisten in Aussage- und Kindespsychologie vorhanden sein werden. Die Zugehörigkeit zu diesem oder jenem Beruf ist weniger wichtig als die wirklich vorhandene Schulung. Ich will gern zugeben, daß es heute auch unter den Psychologen noch viele gibt, die diese Schulung nicht besitzen. Solange das der Fall ist, könnte es so gemacht werden, wie es heute schon in Leipzig geschieht, wo ein gründlichst geschulter pädagogischer Psychologe für diese Zwecke vereidigt ist und sofort jeden derartigen Fall, der bekannt wird, zugewiesen bekommt. Die Tatsache, daß dieser Mann in die Schule, in die Klassen. ins Elternhaus gehen kann, wo er zwangslos mit dem Kinde sprechen kann, daß er von vornherein das Erscheinen der beängstigenden Person des Polizisten oder Untersuchungsrichters unnötig machen kann, wird oft günstige Folgen haben. Durch die Art, wie ein solcher Mann mit dem Kinde umgeht und es befragt, kann die Aussage in einer etwa kommenden Verhandlung viel besser gesichert und von Fehlern freigehalten werden als bei der gewöhnlichen Vernehmung. Ich halte es sogar für durchaus möglich — und eine bayerische Verfügung ist auch schon in diesem Sinne erlassen worden —, daß unter solchen Umständen die Zuziehung des Jugendlichen zur Hauptverhandlung gar nicht mehr unbedingt nötig ist, wenn dieser Sachverständige ein ausführliches Protokoll angefertigt hat. Wenn die Zahl der Vernehmungen verringert werden kann, und wenn solche Massenaufgebote von Jugendlichen, wie wir sie in der letzten Zeit in einem bekannten Sensationsprozesse in Berlin gesehen haben, überflüssig gemacht werden können, dann ist schon außerordentlich viel gewonnen.

Ein anderer wichtiger Erfolg dieses Verfahrens würde darin liegen, daß ein solcher pädagogisch-psychologischer Sachverständiger zuweilen feststellen kann: es hat keinen Sinn, hier eine Anklage zu erheben. Ich glaube, sehr viele Anklagen, die heute auf Grund der polizeilichen Meldungen erhoben werden, und die selbst dann, wenn nachher Freispruch erfolgt, monatelang Menschen in große Erregung gebracht haben, würden hinfällig werden, wenn wir so verfahren würden, wie ich es angedeutet habe. Vorläufig wird allerdings die Hinzuziehung des Psychologen zum Vorverfahren leider noch nicht sehr allgemein werden, er wird wohl im wesentlichen nur zur Hauptverhandlung zugezogen werden. Bis vor kurzem waren es meistens nur die Verteidiger, die die Zuziehung eines solchen Sachverständigen verlangten. Erfreulicherweise aber fangen jetzt auch die Gerichte und die Staatsanwaltschaften an, in besonders gelagerten Fällen Psychologen zur Hauptverhandlung zu laden. Auch hier kann der Psychologe noch praktisch eingreifen, insbesondere dadurch, daß er Fragen formuliert, Konfrontationen vorschlägt, die Ladung der Polizisten, die die Kinder zuerst vernommen haben, verlangt, usw. Mir ist es zum Beispiel einmal begegnet, daß durch die von mir verlangte Gegenüberstellung des Polizisten mit den Kindern die Anklage erschüttert wurde. Derartige Möglichkeiten der aktiven Mitwirkung gibt es natürlich in mannigfacher Form.

Die dritte Art der aktiven Mitwirkung ist die reine Aktenpsychologie, etwa bei Prozessen, die wieder aufgenommen werden sollen. Hier muß natürlich sehr viel konstruktiv gearbeitet werden; aber schließlich muß ja auch der Richter oft genug sein Urteil auf Indizien aufbauen, und der Psychologe, der mit einer ganz anderen Kenntnis der Kinderseele arbeitet, kann oft zu einem abweichenden Urteil kommen. Auch dazu nur ein Beispiel! Ein Schuldirektor war rechtskräftig zu 2 Jahren Zuchthaus verurteilt worden, weil er ein 14jähriges Mädchen unsittlich berührt haben sollte. Dieses Mädchen hat später Selbstmord verübt. Wir bekamen nachträglich die Akten, auf Grund deren mir dieses Urteil nicht gerechtfertigt zu sein schien, weil hier auf die besondere Pubertätspsyche dieser vierzehnjährigen Selbstmörderin absolut keine Rücksicht genommen worden war. Leider war es trotz der gegenteiligen Gutachten von drei Psychologen nicht möglich, eine Wiederaufnahme dieses Falles herbeizuführen.

Ich muß hier abschließen, ohne, wie ich es eigentlich vorhatte, Ihnen aus meinen eigenen Erfahrungen sowie aus den Erfahrungen anderer einige konkrete Beispiele gegeben zu haben [1]; aber ich glaube, diese dürftigen Andeutungen werden Ihnen gezeigt haben, daß wir hier vor einer Frage stehen, deren Tragweite bisher nicht genügend beachtet worden ist. Freilich darf man obige Darlegungen nicht in dem Sinne auffassen, als ob wir Psychologen nun à tout prix in jedem Falle, wo ein Kind angibt, sexuell irgendwie belästigt worden zu sein, den Angeklagten entlasten wollen. Das wäre eine völlige Verkennung; das ist durchaus nicht unsere Absicht. Es gibt auch jetzt schon in unserer Praxis eine Reihe von Fällen, wo wir zu einem positiven Urteil über die Glaubwürdigkeit des Jugendlichen gekommen sind. Leider gibt es unzählige tatsächliche Sexualverbrechen an Kindern und Jugendlichen, und eine völlig negative Bewertung aller Kinderaussagen wäre ja geradezu eine Prämie auf solche Verbrechen. Es gibt aber auch eine vielleicht kleine, aber immerhin beachtenswerte Zahl von Fällen, in denen durch Vernachlässigung der psychologischen Gesichtspunkte Fehlurteile ergangen sind. Denken Sie an das, was mein Herr Vorredner sagte: wenn es sich darum handelt, ob der Lehrer nur das Knie des Mädchens gestreichelt hat, oder ob er mit der Hand ein wenig weiter hinauf gekommen ist, vielleicht bis

[1]) Eine umfangreiche Kasuistik nebst psychologischen Gutachten findet sich in meinem Buche „Jugendliche Zeugen in Sittlichkeitsprozessen“, Leipzig 1926.

an das Geschlechtsorgan, dann sind das so feine Unterschiede, daß eine feste Erinnerung an den tatsächlichen Vorgang gar nicht da zu sein braucht, so daß man durch eine solche Aussage nicht das Schicksal eines Menschen bestimmt sein lassen kann.

Ich schließe hiermit und hoffe, daß eine oder andere noch in der Diskussion nachholen zu können.

Kriminalität und Sexualität.

Von Dr. *Ricardo Royo Villanova*, Saragossa.

Der Widerhall, den die Lehren *Freud's* und seiner Anhänger in der ganzen Welt gefunden haben, zeigt deutlich, bis zu welchem Punkte das Sexuelle eine Sorge für den größten Teil der Denker aller Stände und Kreise bildet.

Die Sphäre der Leidenschaft vergrößert sich täglich mehr und umfaßt in ihren Grenzen eine Unzahl von Verbrechen, die man früher als außerhalb der Wollust stehend, betrachtete, jetzt aber auf Grund psychologischer Analysen mit zu ihrem Bestande zählt.

Für uns ist es unzweifelhaft, daß das Verbrechen ein sexuelles Problem ist; denn nur die, welche ein Geschlecht haben, begehen Verbrechen.

Verbrechen werden von Männern und Weibern ausgeführt. Was das weibliche Geschlecht erst zu Weibern macht und das männliche erst zu Männern, ist nur ihr Geschlechtstrieb, und nur um das, was die Männer männliches und die Weiber weibliches haben, sind sie Verbrecher.

Diese Kriminalität ändert sich und wird mehr pathologisch innerhalb ihrer Krankhaftigkeit, sobald bei einem Geschlecht physische oder psychische Charaktere des anderen Geschlechtes auftreten, die man als Geschlechtsabweichungen bezeichnet.

Nach dieser Meinung könnte man eine Beziehung der Verantwortlichkeit des Verbrechens und der überlebten Theorie des „geborenen Verbrechers" oder mit der moderneren und besser verständlicheren der „Geschlechtsverfassung" gewisser Verbrecher annehmen.

Dies ist aber nicht meine These. Es ist bewiesen, daß es „geborene Verbrecher" nicht gibt. Die kriminelle Veranlagung bestimmter Verbrecher würde die geeignetste für die sogenannten „Lustverbrechen" sein.

Aber unsere These ist weitgehender. Sie besteht darin, aufrecht zu erhalten und zu sagen, daß nur solche, bei denen sexuelle Vorgänge stattfinden, und nur während sie bei ihnen stattfinden, befähigt sind, sich als Verbrecher zu betätigen, und deshalb im Geschlecht der Ursprung der Kriminalität zu suchen und durch Eingriff in dasselbe zu bekämpfen ist.

Erinnern wir uns: 1. daß nur Tiere Verbrechen begehen, 2. daß nur Tiere, die sich durch Begattung fortpflanzen, solche begehen, 3. daß vor dem Auftreten des sexuellen Instinktes und nach seinem Erlöschen keine Verbrechen existieren, 4. daß verbrecherische Kinder Erscheinungen geschlechtlicher Frühreife sind, und 5. daß alte Verbrecher als langdauernde Besitzer von Geschlechtstrieben anzusehen sind.

Die allgemeine Praxis zeigt uns täglich, daß der tapferste und angriffslustigste Kampfhahn, nachdem er kastriert ist, sich in einen ruhigen und friedlichen Kapaun verwandelt; daß der wilde oder Kampfstier, der eine gefürchtete Bestie ist, nachdem ihm die Hoden genommen sind, zu landwirtschaftlichen Arbeiten zu verwenden ist und sich zum Schlachten mästen läßt, — und ebenso sämtliche männliche und weibliche Säugetiere, die dem Menschen im sozialen Leben am nächsten stehen.

In Bezug auf die menschliche Rasse hat es noch nicht einen einzigen Fall gegeben, bei dem Wesen ohne Hoden oder ohne Eierstock ein Verbrechen begangen hätten.

Wir können eine kleine Statistik von 24 Fällen anführen; 15 Männer und 9 Frauen, bei denen aus verschiedenen Gründen die Notwendigkeit bestand, in den Geschlechtsorganen die fraglichen Drüsen auszuschalten, sei es durch chirurgischen Eingriff oder durch Röntgenstrahlen; aus jähzornigen, leidenschaftlichen Zänkern und Raufbolden, als die sie vor dem heilsamen Eingriff gefürchtet waren, wurden es friedliche, bescheidene und resignierte Personen.

Wir können nicht bestimmt sagen, welcher Teil der Geschlechtsorgane in anatomischer Anordnung, auch nicht, welches System in der embryologischen, nicht welche Tätigkeit im physiologischen verantwortlich ist. Wir wissen nicht ob es die innere oder äußere Sekretion ist, auch wissen wir nicht ob ihre Tätigkeit eine direkt auf die Gehirnsubstanz oder eine sekundäre auf das Nervensystem (vagosympatico) wirkende ist. Nicht einmal beobachten können wir, ob die Leidenschaft durch einen unausgebildeten Mechanismus des tropismus hormonicus oder durch aufreizende oder abschwächende Vorgänge anderer Hormone erweckt wird. Aber wir behaupten, daß die Quelle aller Verbrechen im Hoden oder im Eierstock ist und demzufolge ist die blutige oder unblutige Kastrierung das einzigste Mittel und die einzigste Sühne für jeden Verbrechensakt von der einfachsten Lüge bis zum haarsträubendsten Vatermord oder dem grauenhaftesten und größten gesellschaftlichen Verbrechen.

Deshalb verlangen wir vom Kongreß, daß man, unsere Ideen in Betracht ziehend, für deren Verteidigung mehr als zuviel Beweise, die keiner großartigen Erläuterung bedürfen, vorliegen, und die die Eingeweihten besser kennen als wir, und Laien dieser Angelegenheit sollten nicht ohne Furcht und Abscheu zusehen, in allen Staaten der Welt dahin strebe, daß den Spezialärzten in diesem Fach und in der sterilisierenden Technik diejenigen Verbrecher zur Verfügung gestellt werden, die nach dem jeweiligen Landesgesetz die letzte Strafe verwirkt haben, um an deren geschlechtslosen Organen die vorkommenden physischen Veränderungen zu beobachten, außerdem an ihnen die sittliche Führung, quantitative und qualitative Veränderungen zu studieren, von denen psychische Reflexe, Basen der Ideen, Wörter und Verbrechen genannt werden können.

Wenn wir uns wieder zu einem ähnlichen Kongreß vereinigen, hoffen wir, daß genügend praktisches und gut kontrolliertes Material vorgelegt werden kann, welches uns als Grundlage für späteren sozialpädagogischen Gebrauch dienen kann und für die Frage einer gesunden Rasse von unausehbarer Tragweite sein wird.

Beliefs relating to Sexual Matters in Morocco.

By Professor *Edward Westermarck*, Guildford (England).

The following notes are based on observations made by me during my stay in Morocco, where I have altogether spent seven years engaged in the study of the beliefs and ceremonies of the *Moors,* that is, the Muhammadan natives of the country. They chiefly belong to the Berber race, although a large portion of them have changed their original mother-tongue for Arabic.

Sexual intercourse is regarded as defiling and in certain circumstances as a mysterious cause of evil. This is most prominently the case when sexual uncleanness comes in contact with b a r a k a , or "holiness". It spoils the b a r a k a , and may also injure the holy person or object in a more positive manner; and at the same time the unclean individual himself may be hurt by the contact, not only on account of the resentment which the holy person naturally feels against the defiler, but because b a r a k a reacts quite mechanically against any pollution, to the destruction or discomfort of the polluted individual. Many facts may be quoted as evidence of these various effects resulting from the contact of sexual uncleanness with b a r a k a and of the taboos to which they have given rise.

Thus no sexual act must be committed in a holy place, a mosque or a shrine, nor is a person who has been polluted by any discharge of sexual matter allowed to enter such a place before he has washed himself. Should he do so he would suffer some misfortune; he would grow blind, or lame, or mad, or he or some member of his family would become ill or die, or he would lose some of his animals, or his corn crop would be bad. If he enters a mosque, his guardian angels will leave him. I was told that if a person who is not sexually clean visits the tomb of the saint *Sîdi Daud,* which is situated on an island near Aglu in Sūs, he will find that the water in the sea has suddenly risen to such a height that he cannot go back to the mainland, but has to wait till it has gone down. Nor is a person who is sexually unclean allowed to pray; once when I was staying in a place where the water supply had become extremely scarce, my Berber teacher, who had always before most regularly said his daily prayers, refrained from doing so for a couple of days because his clothes had been defiled by a pollution. While wearing his garb the pilgrim must abstain from sexual intercourse. Owing to its injurious effect upon holiness, an act generally looked upon as sacred would, if performed by an unclean individual, lack that magic efficacy which is otherwise ascribed to it. The Moors say that a scribe is afraid of evil spirits only when he is sexually unclean, because then his reciting of passages of the Koran — the most powerful weapon aganist such spirits — would be of no avail.

Sexual cleanness is required of those who have anything to do with the corn; for such persons are otherwise supposed to pollute its holiness, and also, in many cases, to do injury to themselves. In most parts of Morocco it is considered necessary for the ploughman to be sexually clean; otherwise there will be no b a r a k a in the seed, or there will grow mostly grass and weeds in the field. So also the reapers and anybody who comes to the threshing-floor when the corn is there must be clean; and the same is the case with the women who clear the crops of weeds in the spring, lest their work should be without result and they should become ill themselves. If an unclean person goes into a granary it is believed not only that the grain will lose its b a r a k a , but that he himself will fall ill; a Berber told me that he once got bad boils because he entered a granary in a state of uncleanness. Nor must an unclean individual enter the vegetable garden, as such a visit would do harm both to the garden and to the person who went there. When a woman is grinding corn she must be clean.

Women should be sexually clean when they milk the cows, sheep, or goats. If an unclean person goes among the sheep they will die, because they are holy animals and in consequence easily hurt by defilement, and the person himself may also have to suffer some misfortune. Sexual cleanness is required of any one who goes to the place where the bees, which likewise have b a r a k a , are living; if this rule is not observed they will leave the place or become diseased or produce only a small amount of honey, or there will be worms in the honey, or the bees may even die; while the unclean individual will be stung by them.

The horse, which has much b a r a k a , must be well guarded against pollution. It seems to be a universal belief in Morocco that if a person who is sexually unclean rides a horse some evil will happen to him: he will tumble down, or be late in arriving at his destination, or will not succeed in his business, or will have boils, or become ill or die. I have been told that such a rider will never come back to his home alive, except on one condition: if a man who is sexually polluted while travelling and has no opportunity to wash himself promises his horse, by speaking in its ear, that he will make an ablution as soon as they come to a place where there is water, then no evil will result from his uncleanness. It is, moreover, a very general belief that not only the unclean rider, but the horse, too, will have to suffer, being particularly liable to get sores on its back. Some people even say that the mule, though not a holy animal, will get sores if ridden by an unclean individual, whereas nothing will happen to the rider. When a person gives barley to a horse, mule, or donkey, he should be clean, since the barley would otherwise be bad for the animal, and when he gives it he should say the b i s m i l l a h , "In the name of God". I was told that these rules owe their origin to the b a r a k a of the barley.

A person who writes a charm which contains words from the Koran and is intended to serve a good purpose must be sexually clean; and sexual intercourse destroys the magic efficacy of a charm if it is not removed before the act, though some people manintain that a metal case protects a charm from defilement of any kind. Moreover, sexual intercourse is said not only to affect the charm, but also to make the person who wears it ill; and if the charm used by hunters to attract animals is worn by an unclean person he will be haunted by evil spirits. If a person goes out hunting he must be clean anyhow; otherwise the animals and birds will run away from him, and if he fires a shot the gun — which is a holy object — will burst. A single unclean individual among a party of hunters may give bad luck to the whole party. An unclean person must not even touch a gun; if loaded, it will easily explode in his hand. Sexual intercourse on the sea — which contains forty saints or is itself a saint — may wreck the boat; the Moors are consequently much concerned for their own steamers. It is said that if an unclean person bathes in the sea, "the angels of the sea" will run away; but I have also heard the opinion that a bath in the sea removes sexual uncleanness, even if the defilement has been sevenfold. Some Berbers in Central Morocco believe that the wound of a circumcised boy gets inflamed if an unclean person looks at it.

Sexual intercourse should in any case be followed by an ablution. A person who is sexually defiled sleeps badly, being haunted by evil spirits or abandoned by his guardian angels. If he steps over another person, the latter will have boils or other sickness in consequence. He must keep out of sight of any one who has been bitten by a mad dog, so as not to cause the rabies to break out. No woman who has omitted to cleanse herself after sexual intercourse is allowed to enter the room in which a dying person is lying. The persons who take part in the washing of a dead body must be in a state of ritual purity. Anyone who visits a grave must be sexually clean.

Matrimonial intercourse should be preceded by the bismillah on the part of the husband; if he omits it the devil enters the woman and will be half the father of the child. No sexual intercourse must take place in a public bath, because it is haunted by evil spirits. Bloodletting, which exposes a person to the attacks of such spirits, should be followed by one, or even three days', continence. At Fez I was told that it is bad for a person to have sexual intercourse on the night before he starts on a journey; but at Tangier I heard just the reverse. It is a widespread rule that if a man and his wife spend a night together in another person's house, they must sleep apart, a transgression of this rule being supposed to injure the host; and I have also been told that sexual intercourse of a guest with a member of the household will cause death among its animals. But in some tribes a host is, on the contrary, even said to lend his daughter or some other female member of the family to his guest. I was informed by a native friend, who spoke from experience, that such a custom is found in the Shāwîa, in the neighbourhood of Casablanca. The stranger is asked whether he is "a guest of the mosque" or "a guest of the tent"; if he says that he is the former, food is brought for him to the mosque of the village, whereas if he says that he is a guest of the tent, he is taken to a private tent and provided with a temporary wife by its owner; and I have even heard that in rare cases he may have the company of the wife of his host. This is an extreme incident of the stringent custom of hospitality, which is closely connected with the fear of the stranger's curses and evil eye and with the belief in the efficacy of his blessings.

Sexual intercourse should be avoided in moonlight; at Fez it is said that a child conceived in such circumstances would have ringworm. The mountaineers of Andjra in Northern Morocco maintain that the same will happen to a child conceived on a Saturday night, or that such a child will become an unfortunate individual; whereas it is widely believed that matrimonial intercourse is very auspicious on the nights between Sunday and Monday and between Thursday and Friday, in consequence of which Sundays and Thursday are favourite days for the fetching of a bride to her new home. At Tangier matrimonial intercourse should be suspended on the eve of the 10th of Muharram, which is practically the Muhammadan New Year's day, since a girl conceived on that night would be born without the distinctive character of a virgin. In Andjra and among some of the Berbers of the Rīf there is a similar taboo of longer duration, lasting for the first ten days of the month; the latter maintain that a child conceived in that period would be deaf and dumb, or consider it advisable to refrain from sexual intercourse even till the end of the month because a child conceived in Muharram will never have any offspring. But in some other parts of the country I have heard that a man who has connubial connection on the eve of the 10th of Muharram will thereby strengthen his sexual capacity for the whole year, in accordance with the general idea that whatever people do on that night or the following morning they will do during the ensuing year.

Matrimonial intercourse may be suspended on certain other occasions for fear of undesirable effects on the offspring. There is a belief that if a woman sees "a monkey, a Christian, a Jew, or a slave", her husband must not have intercourse with her that night, lest the offspring should become like the animal or person she has seen; and before they go to bed the following night they should have a good supper together and talk and joke, so that she may no longer think of what she has seen. So also, if a woman has attended a wedding or some other feast, her husband should refrain from conjugal intercourse that night, lest the offspring should resemble any man she might have taken a fancy to. Moreover, if a married man has been away from home for a considerable time, he should have no intercourse with his wife for three or four days after his return, because she may during his absence have got fond of another man, and in such a case the child would look like him and not like its father; and he should not only practise abstinence, but do his best to please his wife and thus make her forget her new friend.

Everywhere it is a stringent rule to refrain from sexual connection with a woman who has her monthly courses and with a woman who has just given birth to a child; in the former case the abstinence should last for eight or twelve or even fifteen days, and in the latter case for forty or sixty days, though this rule is by no means always observed. In Andjra I was told that if the husband sleeps with his wife on the evening of the day when the child is named — that is, a week after its birth — he may also sleep with her every night afterwards; whereas if he refrains from matrimonial intercourse on that night he must also do so till the forty days have passed. But before they have intercourse he must put under her one of his own garments; otherwise the children borne by her will suffer from ringworm on their heads. Menstruous blood is due to Eve's eating of the forbidden fruit in Paradise, which was transformed into such blood, and the blood of a parturient woman is equally polluting; withcraft is practised with both. As to hymeneal blood opinions differ. It is sometimes said to contain b a r a k a and be wholesome for the eyes; in Dukkâla, when the blood-stained garment of the bride is exhibited, the peole come and look at it and rub their eyes with the stains. But I have also heard it emphatically denied that there is any benign virtue in such blood, and it is regarded as a seat of danger. There are bridegrooms who take care that no offspring can result from the defloration of the bride, since many people believe that the child would be diseased if the semen came in contact with the hymeneal blood; while others maintain that the child will be all right if only the bride and bridegroom avoid cleaning themselves with the same towel.

There is b ä s , or evil energy, in the male organ of generation. To see a man's penis in the morning makes the day unlucky; and if in starting on a journey in the morning you see the nakedness of a man who is urinating or bathing you should turn back. If a barber does not carefully clean the razor after shaving a man's pubes, the next person whose head he shaves will have boils, or the part of a man's body he shaves next will get diseased; he should clean the razor with water and ashes and then smear it with oil. The pubic region of a woman exhales evil influences. Among some tribes in Central Morocco, if a strange woman spends a night as guest in another person's house, she is not allowed to undo her girdle unless a fowl is killed or a cut is made in the ear of a sheep; the blood of the fowl or sheep is then supposed to destroy the b ä s emanating from her when she loosens her belt. Or she is in no circumstances allowed to loosen her girdle in the dwelling of her host.

It seems that sexual intercourse and, generally, the discharge of sexual matter are looked upon as polluting largely on account of the mysterious propensities of such matter and the veil of mystery which surrounds the whole sexual nature of man. But the defiling effects ascribed to them are also in all probability connected with the notion that woman is an unclean being. Particularly during menstruation and at childbirth she is supposed to be charged with mysterious baneful energy, no doubt on account of the marvellous nature of these processes and especially the appearance of blood; and it is presumably such frequent temporary defilement of a specifically feminine character that has led to the notion of the permanent uncleanness of the female sex.

There are, however, also circumstances in which mysterious energy of a benefical character is ascribed to sexual intercourse. Such intercourse with a saintly person is looked upon as a blessing. Chénier, in his book on Morocco written in the latter part of the eighteenth century, speaks of a saint in Tetuan who seized a young woman and had commerce with her in the midst of the street; "her companions, who surrounded her, uttered exclamations of joy, felicitated her on her good fortune, and the husband himself received complimentary visits on this occasion". Supernatural benefits are expected even from homosexual intercourse with a person possessed of b a r a k a. I know of an instance in which a young man, who was regarded as a saint on account of the miracles he performed, traced his holiness to the fact that he had been the favourite of a shereef; and it is a common belief among the Arabic-speaking mountainers of Northern Morocco that a boy cannot learn the Koran well unless a scribe commits pederasty with him. So also an apprentice is supposed to learn his trade by having sexual intercourse with his master.

Facts of this sort may throw light on the sodomitic acts committed with the q e ḍ ē š ī m, or male prostitutes, attached to the temples of the ancient Canaanites, and therefore, indirectly, on the excessive severity with which homosexual practices have been treated by Christian legislators: those acts may, in conformity to Moorish notions, have had in view to transfer blessings to the worshippers. It was natural that Yahveh's people should regard such practices with the utmost horror as forming part of an idolatrous cult; and the Hebrew conception of sodomy passed into Christianity. The notion that it is a form of sacrilege was here strengthened by the habits of the gentiles; St. Paul found the abominations of Sodom prevalent among nations who had "changed the truth of God into a lie". During the Middle Ages heretics were accused of unnatural vice as a matter of course; indeed, so closely was sodomy associated with heresy that the same name was applied to both (see my *Origin and Development of the Moral Ideas*, vol. ii. p. 489). In mediaeval laws it was also repeatedly mentioned together with heresy, and the punishment was the same for both. It hus remained a religious offence of the first order; it was one of the four "clamantia peccata," or crying sins, a "crime de Majestie, vers le Roy celestre."

Bestiality, which is much less frequent than homosexuality but anything but uncommon, is in some cases practised for curative or other useful purposes. Sexual intercourse with a she-mule is a remedy for polyuria. A cure for gonorrhea is to have connection with a she-ass on three days in succession. Young boys who have not yet attained the age of puberty have intercourse with she-asses in order to get sexual capacity and make the penis grow. Men secure themselves against ever being put in prison by having sexual intercourse with a black dog. In Andjra I was told that the sperm of a man is injurious to a female animal. A man who has intercourse with another person's animal has to buy for it new shoes, a new pack-saddle, and new panniers; he must also feed it for a day, and if it becomes ill he will have to pay its price. But with his own animal a man can with impunity do whatever he likes.

The notion that sexual intercourse is defiling and a potential cause of evil is partly at the bottom of the numerous purificatory and protective rites practised at a wedding. Bride and bridegroom are supposed to be in a dangerous condition, when bride or bridegroom for the first time. She or he enters into a new state, the wedding is a *rite de passage*; and to pass into a new condition or to do a thing for the first time is not only in this, but in many other cases, considered to be attended with danger. But it must in addition be noticed that in the present instance the nature of the act by which the marriage is consummated is apt to increase the supposed peril. In my book Marriage Ceremonies in Morocco I have dealt with the Moorish wedding ritual and the ideas underlying it.

Die Sexualnot der Straf- und Untersuchungsgefangenen.

Von Ministerialdirektor Dr. *Erich Wulffen*, Dresden.

Die Sexualwisenschaften hatten schon vor dem Weltkriege in Literatur sowohl als in aufklärenden Vorträgen einen großen Aufschwung genommen. Es waren eigentlich alle wichtigen Einzelfragen, die für das Sexualleben des Gefangenen insbesondere in Betracht kommen, wenigstens bis zu einem gewissen Grade geklärt: so die Frage nach der Schädlichkeit der sexuellen Abstinenz, der Masturbation, der Pollutionen, die Frage nach der sexuellen Not der Jugendlichen im allgemeinen, die Homosexualität und die homosexuellen Handlungen. Aber der Straf- und Untersuchungsgefangene selbst spielte natürlich in dem unabsehbaren Bereiche der Sexualwissenschaften nur eine verschwindende Rolle. Monographische Arbeiten sind kaum bekannt geworden. Der Heidelberger Gelehrte Karl Wilmanns berührt in seiner Schrift „Über Gefängnispsychosen" (Halle 1908) die sexuelle Frage nur auf einer einzigen Seite (51), wo er von der exzessiven Onanie der Gefangenen und dem deprimierenden und beschämenden Gefühl spricht, das den Gefangenen befällt, wenn er sich immer wieder den masturbatorischen Trieben erliegen sieht. Dr. Friedrich Leppmann widmet in seinem Buche „Der Gefängnisarzt" (Berlin 1909) dem sexuellen Problem knapp drei Seiten (65ff.) und gelangt im allgemeinen zu beruhigenden Ergebnissen. Sonst finden sich in der Literatur nur Einzelbemerkungen, z. B. von der Massenonanie in Gefängnissen, vom Zusammenhange der geistigen Erkrankung und Onanie an der Hand von Material aus Irrenanstalten, von Notzuchtstaten entlassener Gefangener. Daneben wird aber schon gegenüber Masturbation, Exhibitionismus, Paedophilie und Homosexualität Heilbehandlung im Gefängnisse während der Strafverbüßung gefordert. Ich selbst hatte bereits — mehr prophylaktisch — auf den Zusammenhang zwischen Masturbation und Verbrechensverübung ganz allgemein hingewiesen, indem neben und mit der onanistischen Lustgewinnung andere, kriminelle Begehrungen erwachsen und wachsen, ja sich mit jener kumulieren und als deren Äquivalente auftreten können, und andererseits der durch die Masturbation geschwächte Wille die normalen Hemmungen gegen den kriminellen Anreiz lockert.

Erst der große Krieg und die Nachkriegszeit haben gewissermaßen eine neue praktische Anwendung der sexuellen Frage gezeitigt. Die sexuelle Abstinenz so vieler Millionen Männer an der Front und in der Kriegsgefangenschaft lenkte die Aufmerksamkeit auf sich, mehr noch die um sich greifende Seuche der Geschlechtskrankheiten. Und dann kam endlich bei uns der neue Strafvollzug mit seinen reichsrechtlichen Grundsätzen, die zum ersten Male die Rechte der Gefangenen gegen den Staat formulierten und unter den Pflichten des letzteren auch die Pflege und Erhaltung der Gesundheit der Gefangenen hervorhoben.

Wie die deutsche Revolution — nach berühmten Vorbildern! — erotische Übertreibnugen und sexuelle Entartungen als Begleiterscheinungen hatte, so zeitigte sie doch andrerseits auch eine gesunde und natürliche Aufrichtigkeit in der Öffentlichkeit über sexuelle Dinge, die wenige Jahre früher kaum möglich gewesen wäre. So sprachen sich z. B. bekannte politische Gefangene über das Sexualleben in den Gefängnissen aus (u. a. Erich Mühsam in einem Vortrag „Sexualleben und Strafvollzug" im Sexualwissenschaftlichen Institut in Berlin). Mediziner folgten in Tageszeitungen, andere Stimmen aus der Öffentlichkeit erhoben sich. Die Gefängnisverwaltungen haben die Schlußfolgerung zu ziehen.

So hat die sächsische Gefängnisverwaltung, deren Chef ich bin, vor einem halben Jahre unter Mitwirkung medizinischer Autoritäten genaue Bestimmungen verordnet, nach denen in den Gefängnissen Sachsens geschlechtskranke Gefangene zu behandeln sind, nachdem eine Statistik ergeben hatte, daß ein beträchtlicher Prozentsatz aller Geschlechtskranken gerade durch die Gefängnisse geht und also in ihnen zum Zwecke der Heilbehandlung erfaßt werden kann.

Und neuerdings bin ich dazu übergegangen, in unseren sächsischen Gefangenenanstalten das Material über die sogenannte sexuelle Not der Gefangenen zu sammeln. Beim ersten Angriff ergab sich nämlich die Merkwürdigkeit, daß über diese Frage amtliches Material so gut wie gar nicht vorlag. Weder die Jahresberichte der Anstaltsdirektoren noch die Sonderberichte der Anstaltsärzte berührten das sexuelle Thema. Disziplinelle Bestrafungen der Gefangenen wegen sexueller Verfehlungen in der Haft wurden nicht erwähnt, und Beschwerden von Gefangenen wegen Unerträglichkeit der sexuellen Abstinenz sind bei uns in Sachsen an der Zentralstelle niemals erhoben worden, obwohl sonst die Beschwerden über alle möglichen Geringfügigkeiten sich zu häufen pflegen.

Und doch ergab meine Nachforschung in den Gefangenenanstalten selbst sehr bald, daß wenn auch nicht allzureiches Material, so doch Erfahrungen genug vorliegen, um immerhin zu einem vorläufig abschließenden Urteil zu gelangen.

Ich habe veranlaßt, daß die sexuelle Frage der Gefangenschaft auf das Programm der diesjährigen Versammlung der sächsischen Gefängnis- und Gerichtsärzte als erster Punkt gesetzt worden ist und bin schon in der Lage die Ergebnisse mitzuverwerten.

Wenn man das sexuelle Problem der Gefangenschaft studiert, so trifft man zunächst auf eine Reihe von Umständen, die ganz offenbar den Sexualtrieb hemmen, die Libido abschwächen.

Die Tatsache der Verurteilung und der Strafverbüßung mit allen ihren einzelnen, vom Gefühl und von der Vorstellung immer wieder erhobenen peinlichen Begleiterscheinungen, Wirkungen und Folgen erzeugt im Gefangenen eine gemütliche Depression, die sich im allgemeinen auch in einer Herabsetzung der animalischen Lebenssphäre und des Trieblebens äußert.

Bedeutungsvoll ist weiter, daß die in der Freiheit so zahlreichen sexuellen Anreize aus dem Milieu in der Gefangenschaft fehlen. Die Gefängnisküche liefert eine reizlose Kost; die flüssige Abendkost, die früher die Blase des Gefangenen bedrückte (sodaß einzelne Gefangene nächtlich 2 Nachtgeschirre in ihrer Koje haben mußten!) und damit auch den Sexualtrieb reizte, ist zu einem Teil in feste Kost umgewandelt. Es fehlt der Alkohol. Die Lektüre ist so gewählt, daß sie keinen geschlechtlichen Anreiz bietet.

Es fehlen die erotischen und sexuellen Anreize, die in der Freiheit Varietebühnen, Kino, Theater, Tanzdiele, Schaufensterauslagen (man vergleiche die dezenten Auslagen in England, auch in London; auch in Paris kommen die Schaufensterauslagen in dieser Beziehung nicht an die deutschen Schaustellungen heran!), Zeitungsannoncen u. a. bieten.

Es fehlt eine verführerische Berührung mit dem anderen Geschlecht. In die Männeranstalten kommen keine weiblichen Wesen; in der Frauenansalt erscheinen höchstens vereinzelte männliche Beamte. Nur mit Außenarbeiten beschäftigte Gefangene haben Gelegenheit, Personen des anderen Geschlechts zu sehen.

Die Unmöglichkeit, den natürlichen Geschlechtsverkehr auszuüben, hat wenn auch nicht allgemein, so doch in vielen Fällen eine Anpassung des sexuellen Verlangens im Gefolge. Auch die Kriegserfahrungen haben bestätigt, daß sich eine gewisse Anpassung vollzieht. Die Entwöhnung geht individuell verschieden vor sich. Die Produktion der Drüsen kann im Laufe der zwanghaften Abstinenz wenigstens vorübergehend eine Einschränkung erfahren. Auch nach *Friedrich Leppmann* wird das geschlechtliche Bedürfnis in der Haft — unter Einfluß von deren Milieu — in der Regel eher geringer als größer. Sind die ersten Wochen überwunden, tritt eine sexuelle Beruhigung ein, wie mir mancher Gefangene erklärt hat. Die langandauernde, zum Teil schwere Arbeit ermüdet und absorbiert die Körperkraft. In den deutschen Zuchthäusern beträgt die Arbeitszeit 10 Stunden, in den Gefängnissen 9 und für Jugendliche 8 Stunden. Vor allen Dingen produktive Arbeit, die dem Gefangenen das Bewußtsein der Zweckmäßigkeit und Nützlichkeit seines Tuns gibt, lenkt von sexuellen Gefühls- und Gedankenabschweifungen ab.

Man darf auch bei den Gefangenen nicht etwa jegliche sittliche Willenskraft wegdenken. Dies träfe nur bei einem Teile derselben zu. Schuldbewußtsein, Reue und Besserungswille sind bei vielen — natürlich in verschiedenem Grade — vorhanden und kämpfen auch gegen die sexuellen Begehrungen an.

Es gibt andererseits eine Reihe von Umständen, die geeignet sind, im Gefangenen die sexuelle Triebrichtung zu verstärken und anzuregen.

Die mit der Isolierung verbundene Einsamkeit gibt dem Vorstellungs- und Gefühlsleben, gibt der Phantasie Gelegenheit zu sexuellen Ausschweifungen, die nach bekannter Erfahrung zu sexueller Betätigung drängen. Gefährdend in dieser Beziehung ist die Langeweile, beispielsweise an Sonntagen, und die lange Bettruhe von dem zeitigen abendlichen Einschluß ab. Auch die warme Temperatur in den Schlafräumen, die deshalb immer gut durchgelüftet sein müssen, wirkt sexuell anregend.

Die gemeinsamen Schlafsäle bieten manchen geschlechtlichen Anreiz. Der dem anderen Geschlecht entrückte Gefangene macht bei dem gemeinsamen Zubettgehen und Entkleiden unwillkürlich Betrachtun gen am entkleideten Körper seiner Mitgefangenen und wird durch die Nacktheit, auch ohne homosexuelle Veranlagung, nicht selten sexuell erregt. Es wiederholen sich im gemeinschaftlichen Schlafsaal die Erscheinungen des Internates, des ehemaligen Kadettenhauses, der neueren Jugendherbergen usw. Auch die Erfahrungen des Krieges bestätigen diese Tatsachen. Selbst der gemeinschaftliche Krankenhausschlafsaal des Gefängnisses bleibt nicht unentweiht.

Vor allem für Jugendliche ist deshalb die nächtliche Isolierung — wenigstens in Kojen eines Schlafsaales — vorzuziehen.

Ganz merkwürdige Verhältnisse sah man 1924 in dem vielgerühmten hamburgischen Jugendgefängnisse auf der Elbinsel Hahnöfersand. Da wurden in den Schlafsälen eigenartige Doppelbettstellen aus Eisen verwendet, in welchen zwei Jugendliche, lediglich durch einen Eisenstab getrennt, schliefen. Der Gefängnisdirektor wollte *Aschaffenburgs* und meinen Bedenken kaum Glauben schenken; er behauptete, seine Jungen seien von der Tagesarbeit im Freien des Abends so ermüdet, daß sofortiger fester Schlaf keine sexuelle Betätigung aufkommen lasse. Daß der gemeinsame Schlafsaal — auch mit Kojen — der mündlichen Zote die meiste Gelegenheit bietet und auch dadurch verführerisch wirkt, liegt auf der Hand. Der Zotenerzählung wird übrigens auch in den gemeinsamen Unterhaltungsräumen, in den Spiel- und Lesezimmern gefrönt. Ein großer Teil der Gefangenen — diese Mitteilung stammt aus dem Munde von Gefangenen selbst — kennt keinen anderen Unterhaltungsstoff als Verbrechensberichte und Zoten. Wie in der Freiheit wird die Zote aber auch im Gefängnis mit der Abreaktion der sexuellen Gefühle dienen.

Auch in gemeinsamen Wasch- und Baderäumen kann sexueller Anreiz drohen, wenn die Gefangenen, insbesondere Jugendliche, sich nackt sehen. Selbst wenn zwischen den einzelnen Duschen sich hohe Zwischenwände befinden, können bei starkem Verkehr der Badenden und nicht genügender Aufsicht die benachbarten Badenden, wie die Erfahrung lehrt, in Verkehr treten.

Ganz fehlerhaft war der Waschraum im Jugendgefängnis Eisenach, wie ich ihn 1924 sah. Hier hatten die Duschen überhaupt keine Zwischenwände, die Jugendlichen betraten den Baderaum völlig nackt und konnten sich gegenseitig sehen und betrachten. Diese Einrichtung — ob sie inzwischen geändert worden ist, weiß ich nicht — soll von dem bekannten, allzujugendlichen Eisenacher Jugendfürsorger Zirker getroffen worden sein, der sehr bald durch einen gräßlichen Selbstmord aus dem Leben schied!

Eintönigkeit der Arbeit oder gar Arbeitsmangel lassen dem Vorstellungsleben und der Phantasie zuviel Spielraum, sodaß sexuelle Begehrungen sich ausbreiten können.

Daß die lange oder längere sexuelle Abstinenz an sich die Libido steigert, braucht nicht weiter ausgeführt zu werden.

Endlich ist hier noch einer Erfahrung zu gedenken: Gerade in der vorhin geschilderten Depression, die den Gefangenen ergreift, vermag sich unter Umständen der Sexualtrieb mächtig aufzurecken. Es ist, als ob bei dem vorläufigen Zusammenbruche der moralischen Persönlichkeit, bei der augenblicklichen Abgeschlossenheit von freier Lebensbetätigung, bei dem Zusammensturze der geistigen Welt sich im Gefangenen der stärkste animalische Trieb als seine unveräußerliche Lebensfunktion aufbäume und nach Betätigung und Befriedigung schreie. *Oskar Wilde* hat das in seiner „Ballade vom Zuchthause zu Reading" so ausgedrückt: „Und alles erstickt, nur die Wollust nicht, diese Humanitätsanstalt."

Man ist versucht, bei den Einflüssen der Gefangenschaft auf die Sexualität der Gefangenen zu differenzieren, um nähere Anhaltspunkte zu gewinnen. Der Untersuchungsgefangene kann sich anders abfinden als der Strafgefangene. Im allgemeinen hat er gegen Gedankenunzucht und Onanie mehr Hemmungen. Er wird durch den fortschreitenden Gang der Untersuchung abgezogen. Er muß alle Kraft zusammennehmen, um im Kampf gegen Staatsanwalt und Richter zu bestehen; er darf seine Willenskraft, seine Gesundheit nicht schädigen. Es geht um sein Lebensschicksal, eine unsichere Zukunft droht. Alle Tage wird ein neues Verteidigungswerk gegen die Anklage aufgebaut, abgebrochen, verändert; eine fortwährende Gedankenarbeit vollzieht sich. Die Vorführungen zum Staatsanwalt, zum Untersuchungsrichter halten in Spannung, erschrecken, wecken verzweifelte Stimmung. Die hohen Selbstmordziffern gerade bei Untersuchungsgefangenen scheinen zu beweisen, daß sie weniger am Leben, am Animalischen hängen. Abgestumpftere Naturen freilich zeigen sich gleichgiltig. Andrerseits winkt dem Untersuchungsgefangenen die Hoffnung: er glaubt mit seiner Verteidigung durchzukommen, sieht baldiger Freiheit entgegen. Er kann im Zweifel mit Sexualbetätigung warten. Eine Erschwerung liegt vielleicht darin, daß er unter Umständen zu plötzlich aus einem regen Sexualleben herausgerissen wird. Dann wirkt aber die Plötzlichkeit eines so einschneidenden Ereignisses auch sexuell hemmend.

Die Gemütsverfassung des Strafgefangenen ist etwas anders. Der große Kampf mit Staatsanwalt und Gericht ist vorüber, ist verloren, es folgt eine Abspannung der Kräfte. Die Unabänderlichkeit der Entscheidung bringt auch Erleichterungen. Man richtet sich im Gefängnis ein, mit der Hoffnung auf ein späteres besseres Schicksal stellen sich Lebensmut, in dessen Gefolge sexuelle Wünsche und Befriedigungen ein. Vielleicht wird in vielen Fällen auch rege Sexualbetätigung vor dem freiwilligen Strafantritt geübt.

Von Bedeutung ist natürlich die Dauer der Strafzeit. Kürzere Abstinenzen werden bei einigem guten Willen leicht ertragen. Bei Strafen von längerer oder langer Dauer ist natürlich eine mit Beschwerden verbundene Stauung des Sexualtriebes unvermeidlich. Was in der Freiheit geschieht, wiederholt sich mit Verstärkung im Gefängnis. In der Freiheit masturbieren nach allgemeiner, anerkannter Schätzung 90% der Männer und 60% der Frauen; bei längerer Haft onanieren die Gefangenen mit verschwindender Ausnahme (so auch *Leppmann)*, die weiblichen Gefangenen aus natürlichen Gründen wahrscheinlich etwas weniger als die männlichen. Von den Lebenslänglichen später.

Die Arten der Unterbringung im Gefängnis zeigen verschiedenen Einfluß. Einzelhaft in der Zelle gibt Anreiz zur Selbstbefriedigung. Gemeinschaftshaft regt sexuell an durch zotige Reden, durch Anblick wechselseitiger Onanie und lockt zu Pädikation. Von der sexuellen Gefahr der gemeinschaftlichen Schlafsäle wurde schon gesprochen.

Es fragt sich, ob der Verheiratete oder der Ledige sich sexuell im Gefängnis günstiger steht.

Der Verheiratete ist an Sexualverkehr mit gewisser Regelmäßigkeit, allerdings auch — bei Krankheit und Abwesenheit der Frau — an das Periodisieren des ehelichen Umganges gewöhnt. Der jäh abgebrochene Verkehr ist überwindlich. Vielleicht ist auch eine vorübergehende Flucht aus dem ehelichen Schlafgemach nicht ganz unwillkommen. Zur Onanie wird nicht ohne weiteres zurückgekehrt, soweit sie nicht schon auch sonst während der Ehe geübt wurde.

Bei dem Unverheirateten entscheidet die sexuelle Einstellung in der Freiheit. Der Onanist wird auch im Gefängnis — vielleicht erst recht — onanieren. Der Bedürfnislose findet sich ohne Beschwerden ab. Mädchenjäger, Don Juans, Wüstlinge werden schnell masturbieren. Wer einen regelrechten außerehelichen Geschlechtsverkehr mit einer Geliebten, einem Verhältnis hat, ist ähnlich wie ein Verheirateter zu beurteilen.

Auch das Lebensalter kommt in Betracht. Der junge Mann und das Mädchen folgen einem natürlichen Trieb; aber die Selbstbefriedigung liegt ihnen nahe. Der reife Mann und die reife Frau stehen zwar im Sexualbegehren auf einer gewissen Höhe, aber sie haben schon viel ausgekostet, können zeitweise entbehren, kehren im allgemeinen nicht ohne weiteres zur Masturbation zurück. Der Trieb des älteren Mannes ist meist noch nicht gemildert, er pfropft Perversitäten auf, die ihn in Erregung halten. Die ältere Frau verliert in der Rückbildung im allgemeinen an Libido. Der alte Mann, zu normalem Verkehr nicht mehr ohne weiteres im Stande, hilft sich mit masturbatorischen Maßnahmen.

Ausschlaggebend ist natürlich die sexuelle Veranlagung. Da haben wir die Gruppen der Asexuellen, die im Gefängnis nicht gefährdet sind, der Individuen mit geringer und mit mittlerer Sexualität und die Gruppe der Hypersexuellen.

Die Frau hat wohl keine schwächere Libido als der Mann, sondern nur andere Breiten der Libido. Teils ist sie frigid, kalt, teils von mittlerer Sexualität, teils auch von stärkerer Sexualität als der Mann.

Die Formen der Sexualbetätigung im Gefängnis sind: Masturbation, auch wechselseitige, Homosexualität und homosexuelle Handlungen, in milder Gestalt Liebesneigungen mit Küssen und Briefchen.

Vom Umfang der Onanie im Gefängnisse wurde schon einiges gesagt. Unsere Gefängnisärzte schätzen die Zahl der Onanisten verschieden, so auf 70%, andere sagen, das Onanieren sei allgemein, die Zahl der exzessiv Onanierenden auf 20—25%, das wäre sehr viel!

Wie steht es nun mit der Wirkung der gemäßigten Masturbation auf den Gefangenen? Im allgemeinen wird die wohl ärztlich feststehende Auffassung von ihrer Wirkung in der Freiheit gelten: sie ist im großen und ganzen nicht schädlich, ist ähnlich wie die nächtliche Pollution gewissermaßen ein Notbehelf und Sicherheitsventil der Natur.

Aber ihre körperliche und seelische Ausgleichung erscheint doch im Gefängnis mit seiner Einengung, mit seinem Abschluß von frischer Luft und Bewegung sowie von allerhand äußeren Zerstreuungen schwieriger als in der Freiheit. Dazu kommt anderes. Ethisch höher stehende Charaktere schämen sich und leiden deshalb, daß sie im Gefängnis zur Onanie greifen müssen; andere Charaktere finden sich leichter ab. Es besteht eine Scheu, sich dem Gefängnisarzt zu offenbaren (anders *Leppmann* u. a. O.); nur einige wenige tun es und bringen ihre Beschwerden vor. Dem Privatarzt wird später eher gebeichtet. Beschwerden über zu häufige Pollutionen sind selten. Beschwerden von weiblichen Gefangenen sind aus begreiflichen Gründen ganz selten. Halblaute Beschwerden über das Auftreten von Künstlerinnen bei den musikalischen Darbietungen!

Wahrscheinlich steckt hinter manchem Gesuch um Strafunterbrechung auf wenige Tage aus irgend einem äußeren mehr oder minder glaubhaften Anlaß der Wunsch, sich in der Freiheit sexuell normal zu betätigen. Während der Strafunterbrechung wird manches Kind außerehelich oder ehelich gezeugt.

Die noch verbreitete Furcht vor den dauernden Schädigungen der Onanie wirkt bei vielen Gefangenen eindämmend.

Bedenklicher steht es mit den exzessiven Onanisten, die täglich 2—3mal, 6—8mal, ja bis zum Blut masturbieren. Schwere Fälle kommen vor: einer verzehrte jedesmal sein Sperma und nannte dem Arzt gegenüber seine Handlungsweise den „ewigen Kreislauf", ein anderer schnürte sich das Präputium mit Bindfäden ab, da er sich nur so von Erektionen befreien könne. Ein dritter „notzüchtigte", wie er selbst sagte, seine Matratze.

Sieht man sich diese Gefangenen näher an, so enthüllen sie sich als die Haltlosen, die Labilen, als psychopathische Persönlichkeiten, die zuweilen die Absicht verfolgen, sich durch maßlose Masturbation körperlich zu ruinieren, dabei vielleicht ins Krankenhaus oder gar auf freien Fuß kommen wollen. Hierher gehören auch die Hypersexuellen, die Hysterischen, die Neurastheniker, einige Dirnen, die Perversen und die typischen Sexualverbrecher, die Exhibitionisten, die Kinderschänder, Notzüchter, Homosexuellen. Es sind also alles Individuen, die in der Freiheit ebenfalls exzessiv onanieren werden. Aber das Gefängnismilieu scheint doch noch eine Steigerung zu bewirken. Wir haben schriftliche, ganze Diarien füllende Berichte solcher Menschen, die auf Veranlassung des Gefängnisarztes sich ausgesprochen haben und — wenn auch nicht ohne, vielleicht schwelgende Übertreibung und Ausmalung — erkennen lassen, daß sie unter sexuellen Qualen, Kämpfen und Niederlagen ihre Tage hinbringen. Das Vorhandensein einer sexuellen Not — man denke auch an die sexuellen Träume solcher Personen — ist hier zu bejahen, aber sie ist nicht erst im Gefängnis, sondern war schon vorher in der Freiheit vorhanden. Ein Wäschefetisch ist, der in Waschhäusern nasse Frauenwäsche — mehrere nasse Hemden und Beinkleider übereinanderanzog und so masturbierte, bediente sich im Gefängnis zu gleichem Zwecke des nassen Handtuchs.

Noch ein Wort über die Jugendlichen und ihnen im Alter nahestehenden Individuen. Ich stehe nicht an, für einen Teil der Jugendlichen und der jungen Leute, die durchaus keine Psychopathen oder Anormalen zu sein brauchen, schon in der Freiheit den Zustand einer sexuellen Not anzuerkennen, wenn sie, mit einem natürlichen, gesunden, kräftigen Geschlechtstrieb veranlagt, aus Mangel an Gelegenheit, aus Scheu vor den Folgen (Ansteckung, Schwängerung), aus moralischen Grundsätzen usw. zu keiner natürlichen Sexualbefriedigung gelangen können. Diese Zustände können so quälend, so peinvoll sein, daß sie den jungen Menschen zum mindesten zu Gedankenverbrechen sexueller Art, ja zu Verzweiflung am Leben und an der Zukunft treiben. Diese Zustände können sich im Gefängnis mildern, teils werden sie sich auch steigern. Auch hier wird also von einer sexuellen Not im Gefängnis gesprochen werden müssen, die aber — das ist bemerkenswert! — auch schon vorher in der Freiheit vorhanden war.

Nicht selten werden von den Gefangenen gleichgeschlechtliche Ersatzhandlungen verübt, ohne daß Homosexualität oder homosexuelle Veranlagung vorzuliegen braucht.

Die Versuchungen kommen, wie die Erfahrung lehrt, von allen Seiten.

Gefährlich ist vor allem der Schlafsaal ohne Kojen; der Krankensaal, der gemeinsame Abort, Arbeit in der Zuputze usw. Gleichgeschlechtliche Handlungen in allen Variationen — in os, inter femora, in anum — sind an der Tagesordnung. Alle möglichen Gelegenheiten werden erspäht und benutzt, selbst auf den sogen. Sammeltransporten. Dabei kommen auch gewisse seelische Zuneigungen sogar mit Eifersuchtsgefühlen zu einem bestimmten Gefangenen mit vor.

Ein als Zellenwärter verwendeter Gefangener lockte einen Gefangenen in eine fremde Zelle und masturbierte ihn. Einen anderen Gefangenen hieß er sich in seiner Zelle völlig entkleiden und beobachtete ihn dann in solchem Zustande lange durch das Guckloch der Zellentür. Ein Gefangener bohrte sich durch die Kojenwand ein Loch und steckte seinen erigierten Penis hindurch dem Nachbar in os.

Eine zu lebenslänglichem Zuchthaus verurteilte Mörderin verführte in der Sakristei der Anstaltskirche eine unbescholtene Aufseherin, die sich deshalb später das Leben nahm, zu mutueller Masturbation.

Ein Gefangener, der für den Gefängnisarzt seine sexuellen Bekenntnisse niederschrieb, behauptete, von 60 Gefangenen der Abteilung befriedigten 16 sich gegenseitig.

Das ist nur ein kleiner Ausschnitt. Der Verlauf der homosexuellen Ersatzhandlungen ist verschieden.

Labile, psychopathische Persönlichkeiten usw. sind vielfach bisexuell eingestellt gewesen. Das Gefängnis schädigt sie also nicht zu sehr.

Eine Reihe anderer Gefangener nehmen die gleichgeschlechtlichen Handlungen als lediglichen Ersatz vorübergehend vor, entwöhnen sich ihrer in der Freiheit schnell und ohne bleibenden Schaden.

Bei einer dritten Gruppe endlich wird die homosexuelle Komponente, die zuvor sich nicht regte, geweckt und kann zu einer auch über das Gefängnis hinaus dauernden, zum mindesten bisexuellen Betätigung führen. Hier sind vor allem die Jugendlichen und jüngeren Leute gefährdet, weil ihr noch undifferenzierter Sexualtrieb in homosexuelle Bahnen gelenkt werden kann.

Es sind dies alles übrigens Erscheinungen, die überall zu Tage treten, wo eine Mehrzahl von Personen desselben Geschlechtes — in Internaten, Pensionen, Kasernen, Jugendherbergen, im Kriege — zusammenströmen.

Wie steht es mit den zu lebenslänglicher Freiheitsstrafe Verurteilten? Die meisten stehen bei ihrer Einlieferung in die Strafanstalt im Alter von 20—30 Jahren, also im Alter stärksten Sexualbegehrens. Nach Ansicht der Gefängnisärzte finden sich diese Lebenslänglichen mit der Sexualfrage verhältnismäßig schnell ab und verfallen einem Turnus der Masturbation. Sie waren zum Tode verurteilt, die Todesstrafe wurde in lebenslängliche Zuchthausstrafe umgewandelt, was zunächst Jahre lang als eine Erleichterung angesehen wird. Dann kommen die Hoffnungen auf Amnestien oder Einzelbegnadigung. Der Gedanke, der vielleicht eine Verzweiflung in sich schließen könnte, nie wieder im Leben normaler Sexualbefriedigung teilhaftig zu werden, taucht ernsthaft kaum auf. Aber der Wunsch danach ist rege und erhält mit aufrecht. Wir sind in Deutschland schon lange allgemein dazu übergegangen, die Lebenslänglichen nach einer bestimmten Zeit zu begnadigen. Früher war die Spanne 25 Jahre und länger, dann sank sie auf 20 Jahre, wir in Sachsen rechnen jetzt mit einer Verbüßung von etwa 15 Jahren, zuweilen auch weniger. Eine sexuelle Not wird also bei den Lebenslänglichen nicht fehlen.

Kann behauptet werden, daß die zwangsmäßige Sexualabstinenz die Gefangenen körperlich oder geistig schädigt?

Die Gefängnisärzte sind skeptisch. Sie sagen fast übereinstimmend, daß sie keine solchen Schädigungen beobachtet haben.

Lokale Schädigungen werden bei exzessiver Masturbation beobachtet: Reizung der Prostata und der Blase. Ferner: Zittern der Finger, der Lider, der Zunge. Eine Empfindlichkeit des Tastgefühls, eine Unsicherheit des Pulses. Alles dies kann eine nervöse Reizbarkeit bedingen, die körperlich und seelisch fühlbar ist.

Für kurzzeitige Strafen kommen zufolge der Sexualabstinenz körperliche oder seelische Schädigungen nicht in Frage.

Auch für Strafen mittlerer Dauer — etwa bis zu 3 Jahren — erkennen die Gefängnisärzte im allgemeinen solche Schädigungen nicht an.

Die Langjährigen und die Lebenslänglichen, die, ohne Psychopathen, Labile oder exzessive Masturbanten zu sein, Sexualnot leiden, kommen deswegen kaum zu Psychosen. In Grenzfällen kann die Depression zufolge exzessiver Onanie eine sekundäre Ursache von Psychosen sein. An starke Onanieperioden kann sich Ausbruch geistiger Störungen anschließen. Eine Mitursache von Geisteskrankheiten ist die Sexualnot mit ihren Folgen nach Ansicht unserer Gefängnisärzte selten, auch nicht bei Lebenslänglichen. Die Geisteskrankheit ist das Primäre, die Onanie ist nur das Symptom. Es kann auch umgekehrt sein. (*Leppmann* u. a. O.)

Wenn unter den Lebenslänglichen ein nicht unerheblicher Prozentsatz in Geisteskrankheit verfällt, so liegt dies in ihrer sonstigen mit Degenerationserscheinungen behafteten Veranlagung.

In den Gefängnissen kommen keine Gewaltsunzuchtshandlungen vor; das wird als Beweis für die Beherrschbarkeit des Triebes gerade im Gefängnisse angesehen.

Wirkliche Sexualnot leiden im Gefängnisse nur solche Gefangene, die an ihr auch in der Freiheit leiden.

Ein hemmungslos masturbierender Psychopath schreibt in seiner Sexualbeichte: „Daß ich dem Geschlechtsverkehr im Strafhaus entsagen mußte, empfand ich als größtes, hohnvolles Verbrechen an meinem Naturrechte, dem gegenüber sich meine eigene begangene Tat klein darstellte.“

Man erkennt, aus welchem Munde solche Aufschreie kommen! Auch ein Mittel, um nach bekannten psychologischen Gesetzen (Abwehrreaktion, Protest) die eigene Schuld zu verringern!

Ein politischer Gefangener beklagt sich in einer Aufsichtsbeschwerde jüngsten Datums darüber, daß in einer Woche dreimal gewürzte Fischspeisen (Hering, Rollmops, Sülze) verabfolgt worden sind (von der Anstalt als Ausnahme bestätigt). „Der natürlichste und heftigste Trieb des Menschen ist der sexuelle Trieb; er wird durch Speisen der genannten Art künstlich und bis zur Unerträglichkeit gesteigert. Berücksichtigen Sie nur die Psyche der Gefangenen überhaupt, das Milieu des Strafhauses, das durchschnittliche geistige Niveau der Gefangenen, so werden Sie sich der entsetzlichen Folgen, die der Genuß von solchen mit den schärfsten Gewürzen, Paprika und Pfeffer, zubereiteten Fischspeisen zeitigt, bewußt werden. In der Tat findet man auch auf der einen Seite ein sich hemmungslos dem Laster Hingeben; auf der anderen Seite eine fast übermenschliche Anstrengung gegen das Laster. Die auszustehenden Qualen der Gefangenen sind kaum zu ermessen, zu schildern sind sie ebensowenig, man muß sie selbst empfunden haben. Nie, auch in den drückendsten Stunden meines Lebens, als ich durch Richterspruch mein Leben und meine Jugend vernichtet sah, auch in den nun annähernd 7 Haftjahren von 27 meines Lebens empfand ich nicht halb soviel Qualen, gebrauchte ich nicht ein Viertel der Energie, die ich jetzt in nächtlichen Stunden nach dem Genuß der reizbaren Fischspeisen zum Überwinden, zum Bewahren meines Menschseins verausgaben muß.“ Nach dem Berichte hat der Anstaltsarzt den Speisewochenzettel gebilligt.

Es gibt noch eine andere Art Sexualnot, die für Eheleute in Betracht kommt, deren einer Teil eine längere oder lange Freiheitsstrafe verbüßt. Der in der Freiheit lebende Gatte steht unter allen verführerischen Einflüssen seines Milieus und leidet — auch die Ehefrau — zuweilen sexuell mehr als der gefangene Teil. Zweifellos sind die

Fälle der Untreue des freien Ehegatten sehr zahlreich. Die seelische Rückwirkung auf den gefangenen Teil in Mißtrauen, Eifersucht, Sorge, Verzweiflung bleibt nicht aus. Urlaubsgesuche der Gefangenen, um die Frau von Untreue abzuhalten, sind nicht selten; zuweilen wird sogar behauptet, die Frau bedürfe aus Gesundheitsrücksichten des ehelichen Umganges. Freilich finden sich auch Fälle, wo die Frau auch schon früher, als der Mann noch auf freiem Fuße war, untreu lebte. Oder der Mann, der nun im Gefängnis sitzt, war früher ein Ehebrecher und fürchtet jetzt Vergeltung seitens der Frau. Daß aber die durch den langen Strafvollzug getrennte eheliche Gemeinschaft manche Ehe stört und vernichtet, ist gewiß. Aber auch ohne Ehebruch leidet schon das Gefühlsverhältnis zwischen Eheleuten, das auch auf der sexuellen Einstellung beruht, Schaden, indem eine innerliche Entfremdung eintritt. Man darf aber nicht vergessen: die Ehe litt schon vorher durch die Tat und Verurteilung des einen Ehegatten, also in den meisten Fällen durch dessen Schuld. Wenn der andere Teil untreu wird, sieht er sein Verschulden leicht als ausgeglichen an.

Was kann geschehen, was hat zu geschehen, um die Lage der Gefangenen in Bezug auf die sexuelle Frage nach Möglichkeit zu erleichtern?

Eine Reihe einzelner Maßnahmen wurden schon erwähnt. Reichliche tägliche Bewegung in frischer Luft mit Turnen und Sport; gute Durchlüftung der Schlafräume; Einzelschlafzellen, keine Gemeinschaftsschlafsäle; Regelung der Ernährung durch den Arzt mit Vermeidung jeder Überreizung. Verstopfungen reizen den Darm und die benachbarte Sexualsphäre. Produktive Arbeit, Arbeit im Freien, zweckmäßige Ausfüllung der Freistunden, keine zu lange Bettruhe u. a. Bei akuten Fällen wirken Schlafpulver (Brom) mildernd. Beseitigung von Madenwürmern, die beim weiblichen Geschlecht aus dem After in die Scheide übertreten und hier lebhaften Reiz ausüben. Also Behandlung der Wurmkrankheit, sexuelle Gefahr des Nähmaschinentretens, Onanie mit den Schenkeln. Die Masturbation läßt sich ärztlich beeinflussen und oft wenigstens auf ein unschädliches Mindestmaß herabdrücken: durch Wachsuggestionen des Arztes, indem er Hemmungen im Gefangenen gegen den Trieb aufrichtet. (Auch der Gefängnislehrer kann bei dem Thema „Ihr müßt euch beherrschen!“ die sexuelle Frage streifen.)

Der Hypnose scheint eine weitgehende Heilwirkung beizumessen zu sein. Obermedizinalrat *Dr. Lange* im sächsischen Zuchthause Waldheim versichert, in zahlreichen Fällen die Exzessivität der Onanie geheilt zu haben, zum mindesten für die Dauer der Gefangenschaft, worauf es ja ankäme. In der Hypnose werden bekanntlich Hemmungen wirkungsvoll suggeriert. *Dr. Lange* behandelt auch Homosexuelle, Kinderschänder, Sadisten usw. hypnotisch, indem er den anormalen Trieb umzustellen versucht. Er suggeriert nicht Ekel, sondern erziehliche Hemmungen. Dahingestellt, ob Dauerwirkungen erzielt werden, so genügen Beruhigungen des Patienten für die Zeit im Gefängnisse. Von mancher Seite wird die Bedeutung einer solchen Heilhandlung skeptisch beurteilt. Aber der Anstaltsdirektor in Waldheim, ein nüchterner Jurist, hat einige ganz auffällige Erfolge bestätigt.

Die Heilbehandlungen der sexuellen Perversitäten während der Strafverbüßung ist ein Ziel, auf's innigste zu wünschen.

Auch psychoanalytische Heilbehandlung kann mit Vorsicht versucht werden. Mißlich scheint mir hierbei zu sein, daß die Psychoanalyse eine schon an sich, beim Gefangenen aber doppelt gefährliche ausdrückliche Einstellung auf das Geschlechtliche fordert und in ihren Feinheiten für die Mentalität des Durchschnittsgefangenen sich schwer eignet.

Zweckmäßig erscheinen kürzere Strafunterbrechungen, zumal bei Verheirateten. Freilich dürfen sie nicht unter der ausdrücklichen Bezugnahme auf das Sexuelle bewilligt werden, sonst würde die Begehrlichkeit der Gefangenen ins Ungemessene wachsen und das Gefängnis einem Taubenschlag gleichen. Es ist überhaupt nicht ungefährlich, das sexuelle Thema offen ins Gefängnis hineinzutragen. Schon die wenigen Jahre des neueren Strafvollzugs haben gezeigt, daß gewisse Milderungen nicht am Platze sind, weil sie den Gefangenen zu Miß, brauch reizen. Strafunterbrechungen, die aus anderem Grunde erbeten werden, kann man unter stillschweigender Berücksichtigung der sexuellen Frage wohlwollend behandeln. Freilich droht auch hier der Mißbrauch: Gefangene mit Strafunterbrechungen setzen in der Freiheit alles in Bewegung, nicht wieder ins Gefängnis zurückkehren zu müssen! Dabei wäre auch noch den Grundsätzen der Rassenhygiene Rechnung zu tragen: Der Staat kann kein Interesse daran haben, daß sich wirklich verbrecherische, asoziale Naturen fortpflanzen! Manches außereheliche und eheliche Kind wird während einer Strafunterbrechung gezeugt, auch aus praktischen Gründen, um bei Niederkunft der Frau oder Braut entlassen zu werden. Eine Schwächung der Libido der Gefangenen ließe sich zeitweise bekanntlich auch durch Röntgenbestrahlung, auf Atrophie der Hoden gerichtet, erzielen. Aber Anregungen aus den Kreisen der Gefangenenärzte fehlen.

In äußersten Fällen käme mit Zustimmung des Gefangenen selbst die Kastrierung in Betracht. Die praktische Seite dieser Maßnahme ist noch umstrittener.

Zusamenfassend kommt man zu denselben Ergebnissen wie *Fr. Leppmann*. „Die Gefahr der sexuellen Abstinenz für die Gesundheit der Gefangenen ist im Ganzen nicht so groß. Bedenkliche masturbatorische Exzesse entwickeln sich bei bestimmten dazu veranlagten Personen, mehr oder minder gefährdet durch die Art der Unterbringung und der Arbeit. Einem Teil dieser Gefährdeten ist die Zellenhaft unzuträglicher als die Gemeinschaftshaft. Letztere ist gefährlicher für Jugendliche mit noch schlummerndem oder undifferenziertem Geschlechtstrieb."

Jedenfalls ist es von Wichtigkeit, daß auf die sexuelle Frage der Gefangenschaft das Augenmerk gelenkt worden ist. Zwar halten die in der Öffentlichkeit erhobenen Vorwürfe gegen den Staat einer wissenschaftlichen Kritik, man darf sagen: glücklicherweise, nicht stand. Immerhin hat diese Dinge zur Sprache gebracht, die bisher als ein noli me tangere betrachtet wurden. Für die Gefängnisverwaltung be, steht die Pflicht, weitere Erfahrungen zu sammeln und ihre Ärzte zu Rate zu ziehen. In Sachsen bin ich hierzu eifrigst am Werk.

Diskussion:

Röschmann: Eine besondere Tagung der Deutschen Gesellschaft zur Bekämpfung der Geschlechtskrankheiten hat sich mit der Fürsorge für Geschlechtskranke in den Gefängnissen und Strafanstalten beschäftigt, falls Sie Unterlagen darüber interessieren, so bitte ich Sie, sich sie von unserer Geschäftsstelle Berlin W. 8, Wilhelmstr. 45, anzufordern.

Herr *Wulffen* hat darauf hingewiesen, daß in Sachsen bestimmte Vorschriften für die Untersuchung erlassen worden sind. Die Reichsregierung hat die Absicht, die Länder zusammenzuberufen, um einheitliche Richtlinien auf diesem Gebiete zu schaffen. Wir haben uns aber nicht nur mit den Geschlechtskrankheiten unter den Gefangenen zu beschäftigen, sondern auch mit den sonstigen sexuellen Fragen. Ich habe in der letzten Zeit wiederholt Gelegenheit gehabt, nicht nur hier in Berlin, sondern auch außerhalb über diese Fragen vor Gefangenen der Strafanstalten und der großen Untersuchungsgefängnisse zu sprechen, und ich muß sagen: es ist eine außerordentlich dankbare Aufgabe, und ich würde allen denen, die dazu berufen sind, danken, wenn sie uns durch Übernahme von Vorträgen in dieser Arbeit unterstützen würden. Bei den zuständigen Behörden finden wir lebhaftes Interesse und lebhafte Unterstützung. Die Gefangenen dürsten danach, Aufklärung zu bekommen. Ebenso wie wir den Jugendlichen durch eine verständige Sexualpädagogik und durch geeignete Aufklärung sehr viel bieten können, können wir auch den Gefangenen sehr viel geben. Ich halte es für sehr gut, wenn wir als Ärzte auch unseren Einfluß auf die Lehrer der Strafanstalten geltend machen. Jede Strafanstalt und jedes größere Untersuchungsgefängnis hat einen hauptamtlich angestellten Lehrer, der sich gerade dieser Fragen gerne annimmt. Anschauungsmaterial stellen wir gern von unserer Gesellschaft aus kostenlos zur Verfügung.

Ich würde mich gern über die Frage des Geschlechtslebens von Inhaftierten verbreiten. Ich könnte es auf Grund eigener Erfahrung von $3^1/_2$ Monaten tun. Ich habe auch auf langen Expeditionen im Innern von Süd-Amerika Gelegenheit gehabt, zu prüfen, wie es ist, wenn man von jedem Geschlechtsverkehr ferngehalten ist. Uns stehen jetzt auch diesbezügliche Erfahrungen aus dem Kriege zur Verfügung. Es würde mich zu weit führen, auf diese Dinge einzugehen. Ich möchte nur das unterschreiben, was Herr *Wulffen* hier gesagt hat, daß die Sexualnot auf diesem Gebiete nicht so groß ist, wie sie oft geschildert wird. Eine sehr große Rolle spielt dabei die Umwelt.

E. Levinger, Berlin-Buch, Hospital: Herr Ministerialdirektor *Wulffen* hat angedeutet, daß die Sexualität im Alter sich bei Männern in der Hauptsache im Masturbation äußere, und daß Frauen eine geringe Libido sexualis zeigen. Mein Material erstreckt sich auf etwa 1500 Insassen des Hospitals Buch. Danach liegen die Verhältnisse etwas anders. Ich bemerke, daß Fälle von ausgesprochenen senilen Psychosen von meinen Beobachtungen ausgeschlossen sind. Bei älteren Männern — etwa von 60 Jahren aufwärts — äußert sich die Libido zunächst besonders häufig dadurch, daß sie sich bemühen, nicht gehfähige Frauen zu fahren, auch den gehfähigen das Essen zu besorgen, sie bei Spaziergängen zu begleiten usw. Eine Reihe von Männern haben in diesem Sinne ihr „Verhältnis", selbst Blinde und Taube sind davon nicht ausgenommen. Bei den Frauen äußert sich das sexuelle Moment etwas anders, und das hängt damit zusammen, daß die Frau ganz allgemein nicht so aktiv vorgeht wie der Mann. Man sieht häufig, wie die Frauen, wenn sie Anschluß an ein männliches Wesen gefunden haben, in gehobenere Stimmung kommen und daß sich bei ihnen, wenn sie einmal infolge körperlicher Störungen vorübergehend bettlägerig werden, reaktive Depressionen einstellen. Eine in dieser Beziehung bemerkenswerte Einrichtung ist das sogenannte Familienhaus des Hospitals, wo ältere Ehepaare in Einzelzimmern untergebracht sind. Da haben wir die Beobachtung gemacht, daß eine Anzahl von Eheleuten noch regelmäßig Sexualverkehr ausüben, und daß sich 70 jährige Frauen unglücklich fühlen, wenn der Mann die ehelichen Pflichten nicht mehr erfüllt.

Ich möchte betonen, daß die Sexualität im Alter eine bedeutend größere Rolle spielt als im allgemeinen angenommen wird. Es mag damit zusammenhängen, daß die Beobachtungsgelegenheiten hierzu nicht allzu häufig sind. Die Äußerungsformen der Sexualität im Alter ähneln weitgehend denen der Pubertätsphase, wobei auch ebenfalls die Phantasie, der Gedankenaustausch und die Liebe aus der Ferne eine bedeutsame Rolle spielen. Es tritt jedoch neben dem infantilen Kern der Sexualität als Niederschlag der durchlebten Sexualperiode im Alter das körperliche Moment deutlicher hervor, wodurch man nach dem Ausdruck von *Stern* von einem „Ernstspiel-Charakter" auch der Sexualität des Alters sprechen kann.

Ich konnte hier nur einige kurze Bemerkungen bringen und glaube, daß eingehende Untersuchungen über die Sexualität des Alters zur weiteren Klärung des Problems überhaupt unentbehrlich sind.

Gedruckt bei der
von Münchow'schen Universitäts-Druckerei
Otto Kindt in Gießen

FSC
www.fsc.org
MIX
Papier | Fördert gute Waldnutzung
FSC® C083411

Kolibri 360 GmbH
Ferdinand-Jühlke-Straße 7
99095 Erfurt, Deutschland
produktsicherheit@kolibri360.de